Kurt Nagel / Jürgen Stalder

Unternehmensanalyse: schnell und punktgenau

Kurt Nagel / Jürgen Stalder

Unternehmensanalyse: schnell und punktgenau

Risiken rechtzeitig erkennen – Chancen sofort nutzen

Die Deutsche Bibliothek – CIP-Einheitsaufnahme

> **Nagel, Kurt; Stalder, Jürgen**
> Unternehmensanalyse : schnell und punktgenau. – Landsberg/Lech : Verl. Moderne Industrie, 2001
>   ISBN 3-478-38790-6

© 2001 verlag moderne industrie, 86895 Landsberg/Lech
http://www.mi-verlag.de

Alle Rechte, insbesondere das Recht der Vervielfältigung und Verbreitung sowie der Übersetzung, vorbehalten. Kein Teil des Werkes darf in irgendeiner Form (durch Fotokopie, Mikrofilm oder ein anderes Verfahren) ohne schriftliche Genehmigung des Verlages reproduziert oder unter Verwendung elektronischer Systeme gespeichert, verarbeitet, vervielfältigt oder verbreitet werden.
Umschlaggestaltung: Farenholtz-Büro für Gestaltung, Landsberg
Druck: Himmer, Augsburg
Bindung: Thomas, Augsburg
Printed in Germany 38 790 / 030101
ISBN 3-478-38790-6

Inhaltsverzeichnis

Vorwort: Zielsetzung der Publikation 7

I. Tendenzen in der Unternehmensführung und Strukturierung der Methoden 9
   1. Die Produkte oder die „Hardware" 11
   2. Problemlösungen für die Zielgruppen oder die Software 12
   3. Prozessoptimierung oder die Brainware 13
   4. Partnerschaften oder die Netware 13
   5. Die Standortbestimmung und Überblick über die einzelnen Methoden 16

II. Instrumente zur Strategie- und Vertriebsanalyse 21
   1. Wettbewerbsanalyse 22
   2. Kundenanalyse 29
   3. Portfolioanalyse 32
   4. Analyse der Alleinstellungsmerkmale (Mehrwertanalyse) 36
   5. Trendanalyse 45

III. Instrumente zur Finanz- und Kostenanalyse 59
   1. Kennzahlenanalyse 60
   2. Quicktestanalyse (nach Kralicek) 65
   3. Investitionsanalyse 68
   4. Nutzenanalyse 75
   5. Die Nutzwertanalyse – eine Methode zur besseren Entscheidungsfindung 82

IV. Instrumente zur Organisations- und Informationsanalyse 87
   1. Analyse der generellen Erfolgsfaktoren 88
   2. Analyse der Branchenerfolgsfaktoren 94
   3. Analyse der unternehmensspezifischen Erfolgsfaktoren 100
   4. Kundenzufriedenheitsanalyse 103
   5. Kundenbetreuungsanalyse 122

V. Instrumente zur Führungs- und Mitarbeiteranalyse 125
   1. Führungsstilanalyse 126
   2. Mitarbeiterportfolio 132
   3. Mitarbeiterumfrage 138
   4. Qualitätssicherung 144
   5. Vier-Stunden-Coachinganalyse 150

VI. Bewährte Instrumente für ganzheitliche Quick-check-ups 155
   1. Die ganzheitliche Unternehmensanalyse 155
   2. Der Unternehmens-Check-up – ein PC-Programm zur Finanz- und Kostenanalyse 194
   3. Ein Modell zur Ertragssteigerung – ein Praxisbeispiel mit den Instrumenten „Interne Wertschöpfung" und dem „PC-Programm Unternehmens-Check-up" 215

© Kurt Nagel „Systeme für den Erfolg"

VII. Online-Quick-check-ups 231
    1. Drei Anwendungsbeispiele von Expertensystemen 231
    2. Das Analyse- und Therapiesystem „Top im Handwerk" 238
    3. Das Analyse- und Therapiesystem „Top im Mittelstand" 255
    4. Das Expertensystem „Kreditrating" 271

VIII. Abschließende Empfehlungen 293

Stichwortverzeichnis 295

Vorwort: Zielsetzung der Publikation

Dieses Buch verfolgt das Ziel, Ihnen Methoden, Checklisten und Produktpakete zur Diagnose und Therapie von Unternehmen zur Verfügung zu stellen sowie Anregungen zur Unternehmensanalyse zu geben. Die vorgestellten Managementinstrumente haben ihre Bewährungsprobe in der Praxis bereits bestanden. Es ist aber dennoch zu betonen, dass keine Methode ein Allheilmittel darstellt. Im Einzelfall gilt es, alle Instrumente stets zu modifizieren und weiterzuentwickeln. Entscheidend für die Anwendung muss immer die jeweilige Zielsetzung sein.

Die Instrumente werden unterteilt in die Kategorien:

- Strategie- und Vertriebsanalyse (Kapitel 2)
- Finanz- und Kostenanalyse (Kapitel 3)
- Organisations- und Informationsanalyse (Kapitel 4)
- Führungs- und Mitarbeiteranalyse (Kapitel 5)

Aus der in Kapitel 1 dargestellten Strukturübersicht geht die Zuordnung sämtlicher Methoden hervor.

Es ist die Absicht, die einzelnen Wege kurz zu beschreiben und – soweit sinnvoll – mit einem Beispiel zu verdeutlichen.

Im Kapitel 6 werden drei Beispiele für die Paketierung der dargestellten Methoden behandelt.

Das Instrument „Die ganzheitliche Unternehmensanalyse" erlaubt darüber hinaus, eine Firma ganzheitlich, und zwar in wenigen Stunden, zu analysieren. Zahlreiche Analysen haben gezeigt, dass das in fünf Schritten möglich ist:

- Schritt 1: Analyse der Probleme,
- Schritt 2: Analyse der Erfolgsfaktoren,
- Schritt 3: Analyse des Marktes,
- Schritt 4: Analyse der Finanzen und Kosten,
- Schritt 5: Priorisieren der Aktivitäten.

Das Instrument „Der Unternehmens-Check-up" hat eine detaillierte Analyse der Finanz- und Kostenstrukturen in mittelständischen Betrieben zum Inhalt und das „Modell zur Ertragssteigerung" zeigt konkrete Schritte zur Verbesserung der Wertschöpfung auf.

Im Kapitel 7 werden erprobte Expertensysteme für Quick-check-ups vorgestellt. Diese sind konzipiert für drei Anwendungsfelder:

- die ganzheitliche Analyse von Handwerksbetrieben,
- die ganzheitliche Analyse von Mittelstandsbetrieben,
- die Analyse von Unternehmen mit einem Kreditratingsystem.

Mit Hilfe dieser Systeme ist es möglich, eine „Onlineprüfung" des Unternehmens zu realisieren.

© Kurt Nagel „Systeme für den Erfolg"

Die Verfasser sind dabei, weiterführende Analysen zur Diagnose und Therapie von Unternehmen zusammenzustellen und zu erproben. Sie bedanken sich bei allen Anwendern, dass sie so ausführlich über ihre Erfahrungen berichtet haben.

Ein besonderes Dankeschön gilt den Netzwerkpartnern, die mit Anwendungsbeispielen zur Abrundung dieses Werkes beigetragen haben. Hier seien besonders Gerd Haas, Peter Messner und Dr. Peter Pautsch erwähnt.

Die Verfasser würden sich freuen, von den Lesern und Anwendern dieser Publikation Feedback und Anregungen zu erhalten.

Landsberg, März 2001   Kurt Nagel
                                        Jürgen Stalder

I. Tendenzen in der Unternehmensführung und Strukturierung der Methoden

Die Welt im Bereich der Unternehmensführung steht Kopf. Vieles, was früher richtig war, ist heute mehr und mehr mit einem Fragezeichen zu versehen. Dies betrifft Erfahrungen, Konzepte und Methoden ebenso wie Prognosen, Wertvorstellungen und Änderungen des Umfelds. Die Turbulenzen nehmen zu. Wer als Unternehmer heute erfolgreich agiert, kann morgen nur dann schwarze Zahlen schreiben, wenn Postulate wie:

- Schnelligkeit,
- Flexibilität und
- Innovation

ständig im Unternehmen gelebt werden.

Schnelligkeit
Das Naturgesetz des Lernens besagt, dass eine Spezies nur dann überleben kann, wenn ihre Lerngeschwindigkeit gleich oder größer ist als die Änderungsgeschwindigkeit des Umfeldes. Dieses Gesetz lässt sich auch auf Unternehmen übertragen. Eine Analyse der Änderungsgeschwindigkeit der externen und internen Faktoren ist daher unabdingbar.

Schnelligkeit ist eine wesentliche Säule jeder Erfolgsstrategie. Es gilt, Entscheidungen schneller zu treffen. Tom Peters, einer der Gurus erfolgreichen Managements, unterstreicht die Bedeutung schneller Entscheidungen indem er sagt, dass zahlreiche Entscheidungen allein deshalb schon falsch sind, weil sie zu spät getroffen werden. Auch Michael Porter, ein weltbekannter Wettbewerbsstratege, fordert von den Unternehmen eine aktivere Rolle. Ansonsten liefen sie Gefahr, so Porter, Veränderungen hinnehmen zu müssen, die andere eingeleitet haben.

Flexibilität
Eine weitere Säule für erfolgreiches Agieren im Wettbewerb ist die Flexibilität der Organisation und der Organisationsmitglieder. Die Zusammenarbeit aller Unternehmensmitglieder, das Einsparen überflüssiger Hierarchieebenen und ein vernetztes, kybernetisches Denken sind notwendig. Um diese Fähigkeiten aber nutzen zu können, ist es unabdingbar, die eigenen Stärken und Schwächen zu analysieren. Es ist wichtig, sich dabei insbesondere auf die Stärken zu besinnen.

Innovation
Die dritte wesentliche Säule für erfolgreiche Unternehmen sind Innovationen. Diese umfassen Produkt-/Dienstleistungsinnovationen, Marktinnovationen, Prozessinnovationen, Strategieinnovationen.

Anders formuliert sind es die vier P, an deren ständiger Weiterentwicklung gearbeitet werden muss (vgl. nachfolgende Abbildung).

Die vier P für Erfolg

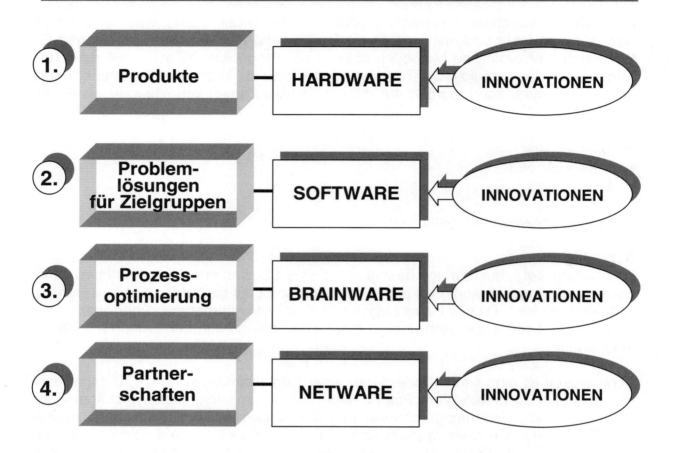

Im Folgenden werden die vier P näher beschrieben.
Prüfen Sie für Ihr Unternehmen:

> die Ausprägungen heute,
> die Ausprägungen morgen,
> die notwendigen Aktivitäten.

1. Die Produkte oder die „Hardware"

... Folgende Aspekte sind entscheidend:

- **Dem Kunden wird es in Zukunft immer gleichgültiger sein, wo und von wem er seine Leistung kauft.** Deshalb kommt es darauf an, ihm einen Mehrwert zu bieten – ob in qualitativer, servicetechnischer, innovativer oder emotionaler Hinsicht –, der dem Unternehmen wenigstens für eine gewisse Zeit einen Wettbewerbsvorteil einbringt.

- **Wettbewerbsvorteile werden heute nicht mehr in Jahren gemessen, sondern in Monaten und sogar Wochen.** Die Betonung der Zeitkomponente macht deutlich, dass es Mitbewerbern immer schneller gelingen wird, den erzielten Vorsprung aufzuholen (siehe Abbildung auf der folgenden Seite).

- **Standardprodukte und standardisierte Dienstleistungen werden verstärkt austauschbar.**

- **Insbesondere die ausländische Konkurrenz ist kurzfristig in der Lage, als Produktimitator aufzutreten und regelmäßig kostengünstigere Angebote zu machen.**

In Einzelfällen kennt man sogar die Lieferanten für die Maschinen und Materialien und ordert ebenfalls in diesen Häusern. Die Wettbewerbsvorteile durch den Innovator sind meist auf maximal sechs Monate begrenzt.

Für die Wirtschaft erhalten Innovationen einen immer höheren Stellenwert. Gegenwärtig steht die Produktinnovation im Mittelpunkt innovativen Denkens. Um Wettbewerbsvorteile zu erreichen, ist es deshalb nach wie vor notwendig, die richtigen Produkte zur richtigen Zeit der richtigen Zielgruppe zu offerieren.

Die Wettbewerbsvorteile durch spezifische Produkte und Dienstleistungen waren in der Vergangenheit oft ein sanftes Ruhekissen. Heute stellt sich der Zusammenhang jedoch zunehmend anders dar: Die zeitlichen Wettbewerbsvorteile bestehen häufig nur kurzfristig. Die Mitbewerber sind in der Lage, rasch zu imitieren und zu verbessern.

Künftig wird es nicht mehr ausreichen, nur einzelne, isolierte Produkte dem Markt anzubieten. Wer meint, in den kommenden Jahren mit z. B. einer beliebigen Pumpe die notwendigen Umsatzzahlen erreichen zu können, wird sich schwer tun. Was der Markt fordert, ist ein „Entsorgungssystem".

2. Problemlösungen für die Zielgruppen oder die Software

Will man die Wettbewerbsvorteile zeitlich ausdehnen, dann ist es zweckmäßig, Problemlösungsangebote für Zielgruppen zu erarbeiten. Diese Angebote stiften einen Zusatznutzen für die einzelnen Kundensegmente. Problemlösungspakete können nicht ohne weiteres in kürzester Frist kopiert werden.

Eine genaue Kenntnis der Kundenprobleme in jeder einzelnen Zielgruppe ist erforderlich. Basierend auf diesen Voraussetzungen ist der Wettbewerbsvorteil in einem zeitlichen Rahmen von sechs Monaten bis zu einem Jahr zu sehen.

© Kurt Nagel „Systeme für den Erfolg"

Bei den Problemlösungen für Zielgruppen geht es darum, für jede einzelne Zielgruppe konkrete Lösungen zu erarbeiten.

Überprüfen Sie:

- Welche wesentlichen Zielgruppen haben Sie?
- Welche Anforderungen stellen die Zielgruppen an Problemlösungen heute?
- Welche Anforderungen stellen die Zielgruppen an Problemlösungen morgen?
- Wie können strategische Wettbewerbsvorteile erreicht werden?

3. Prozessoptimierung oder die Brainware

Während der Schwerpunkt der Produktinnovation und Problemlösung häufig im produktionswirtschaftlichen Bereich liegt, ist der Schwerpunkt der Prozessinnovationen im organisatorischen und logistischen Bereich zu suchen.

In der Zukunft wird es dabei darauf ankommen, die Prozesse mit den Geschäftspartnern zu verknüpfen. Im Rahmen des Prozessmanagements gilt es, Innovationen – vor allem vor dem Hintergrund der Optimierung der Prozesse – über Team-, Abteilungs-, ja Unternehmensgrenzen hinweg zu optimieren. Gerade hier ist ein vernetztes Denken angesagt. Im Mittelpunkt dieser Überlegungen steht insbesondere der Einsatz von Logistik- und Informationssystemen. Je mehr es gelingt, diese Organisationsprozesse zu vereinheitlichen und im Sinne eines Gewinner-Gewinner-Spiels umzusetzen, desto erfolgreicher wird ein Unternehmen sein.

Zur Verbesserung von Prozessen ist das Vorhandensein konkreter „Messlatten" wünschenswert. Diesbezügliche Vorgaben können z.B. für einzelne Betriebe sein:

- Die Durchlaufzeit in der Produktion ist für das Produkt C zwei Tage.
- Die Auftragsabwicklungszeit ist um 30 Prozent zu reduzieren.
- Zugesagte Kundentermine sind zu 100 Prozent einzuhalten.
- Die Reaktion auf Kundenprobleme – Meldung bis Bearbeitungsbeginn – ist um x Stunden zu verkürzen.

4. Partnerschaften oder die Netware

Die Zusammenarbeit von Unternehmen dient generell der gemeinsamen Nutzung von Wettbewerbsvorteilen, die in dieser Form allein oder per Übernahme nicht möglich wären. Partnerschaften können vertikal, horizontal oder diagonal stattfinden. Letztere Variante nennt man strategische Netzwerke; sie basieren auf der Kunden-Lieferanten-Verbindung oder dienen einer Diversifikationsstrategie.

Die Größe derartiger Netzwerke kann sehr unterschiedlich sein, was ebenfalls für die räumliche Ausdehnung gilt (regional, national, international).

In der nachfolgenden Abbildung werden diese Zusammenhänge verdeutlicht.

© Kurt Nagel „Systeme für den Erfolg"

Ausrichtung von Kooperationen

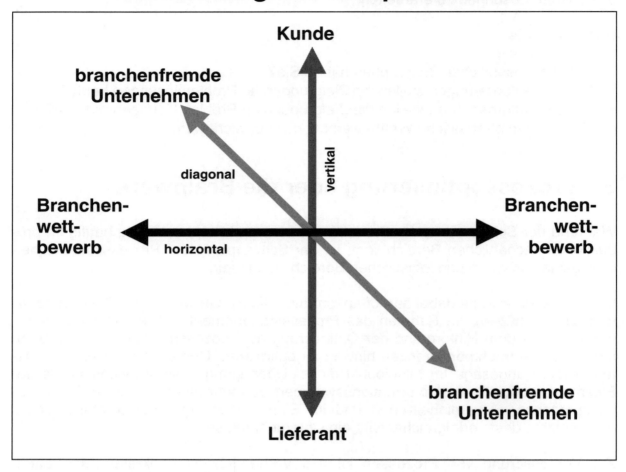

Strategische Allianzen sind Koalitionen von zwei oder mehr selbstständigen Unternehmen, die mit dem Ziel eingegangen werden, die individuellen Stärken in einzelnen Geschäftsfeldern zu vereinen. Dabei

- bleiben die Partner selbstständig,
- geben sie einen Teil der Entscheidungsautonomie ab,
- legen sie die Beziehung auf Zielerreichung und nicht auf Dauer an,
- bringen sie je nach Zielsetzung und Aufgabenabgrenzung oft nur Teile ihrer Organisation zur Umsetzung ein.

Strategische Allianzen können auf nationaler oder internationaler Basis konzipiert werden. Sie können sich dabei auf einen oder mehrere Unternehmensbereiche beschränken, wodurch ebenso Projekt- oder Fertigungsallianzen denkbar sind wie Volumen-, Markterschließungs- und Kompetenzallianzen. Es ist möglich, dass eine neue Unternehmung oder aber nur eine gemeinsam betriebene Forschungsstätte das Produkt der Allianz ist.

Ist dann das angestrebte Ziel erreicht, löst sich die Verbindung. Marketingallianzen dagegen können über viele Jahre bestehen. Häufig steht am Ende die Übernahme des gemeinsamen Betriebes durch einen der Partner, unter Umständen der Zusammenschluss der Muttergesellschaften.

© Kurt Nagel „Systeme für den Erfolg"

Wichtig ist, dass strategische Allianzen an Bedeutung gewinnen. Dies geht aus der nachfolgenden Abbildung hervor.

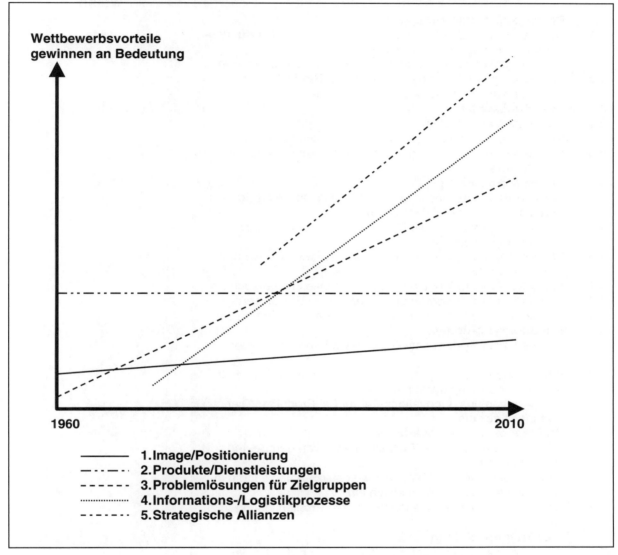

Fazit: Überprüfen Sie Ihre Ausprägung bei den vier P. Nutzen Sie die Chancen, und erkennen Sie rechtzeitig die Risiken. Die folgende Checkliste „Die Standortbestimmung" soll Ihnen dabei behilflich sein.

5. Die Standortbestimmung und Überblick über die einzelnen Methoden

		Ja	Teil-weise	Nein
1.	**Produkte/Dienstleistungen**			
1.1	Unsere Produkte/Dienstleistungen schneiden in den Kundenbeurteilungen überdurchschnittlich gut ab.			
1.2	Unser Angebot ist im Grundsatz der Konkurrenz überlegen.			
1.3	Wir treffen große Vorsorge, dass unsere Produkte/Dienstleistungen auch morgen noch gefragt sind.			
2.	**Problemlösungen**			
2.1	Wir kennen die Probleme jeder Kundenzielgruppe.			
2.2	Wir lösen die Probleme der einzelnen Zielgruppen optimal.			
2.3	In unseren Problemlösungen sind wir der Konkurrenz zwei Schritte voraus.			
3.	**Prozessoptimierung**			
3.1	Wir wissen genau, was in der Phase des Presale (vor dem Verkauf) an Prozessaktivitäten zu tun ist.			
3.2	Wir wissen genau, wie die Prozesse in der Verkaufsphase optimal zu gestalten sind.			
3.3	Wir wissen, wie Prozesse im Aftersale abgewickelt werden.			
4.	**Partnerschaften**			
4.1	Mögliche Kooperationen werden systematisch untersucht.			
4.2	Partnerschaften haben für uns einen hohen Stellenwert.			
4.3	Wir gehen in den nächsten drei Jahren Partnerschaften ein.			
5.	**Produktinnovationen**			
5.1	Wir haben ein System entwickelt, wie wir von den Besten lernen.			
5.2	Wir verfügen über ein gutes Innovationsklima und setzen Innovationstechniken systematisch ein.			
5.3	Wir bemühen uns, Innovations-Führer bei Produkten/Dienstleistungen zu sein.			
6.	**Problemlösungs-Innovationen**			
6.1	Wir haben ein System entwickelt, wie wir von den Besten lernen können.			
6.2	Wir verfügen über ein gutes Innovationsklima und setzen Innovationstechniken systematisch ein.			
6.3	Wir bemühen uns, Innovationsführer bei Problemlösungen zu sein.			
7.	**Prozessinnovationen**			
7.1	Wir haben ein System entwickelt, wie wir von den Besten lernen.			
7.2	Wir verfügen über ein gutes Innovationsklima und setzen Innovationstechniken systematisch ein.			
7.3	Wir bemühen uns, Innovationsführer bei Prozessen zu sein.			
8.	**Partnerschaftsinnovationen**			
8.1	Wir versuchen, von erfolgreichen Partnerschaften zu lernen.			
8.2	Wir verfügen über ein gutes Innovationsklima und setzen Innovationstechniken systematisch ein.			
8.3	Wir bemühen uns, Innovationsführer bei Partnerschaften zu sein.			

© Kurt Nagel „Systeme für den Erfolg"

Es liegt im Wesen jeglicher unternehmerischen Betätigung, dass ständig Entscheidungen – oft unter beträchtlichen Risiken – zu treffen sind. Von der Qualität dieser Entscheidungen hängt auch häufig der Erfolg einer Organisation ab. Eine einzige Fehlentscheidung in einer wichtigen Sachlage kann zum Untergang eines Betriebs führen. Ruinös kann es sich aber auch auswirken, wenn viele weniger wichtige Entscheidungen falsch getroffen werden. Daher sollte man viel mehr als bisher darüber wissen, wie man seine Situation analysiert, bewertet und daraufhin rationale Entscheidungen trifft. Das Ziel der systematischen Unternehmensanalyse ist, die Stärken auszubauen, die Schwachstellen zu beseitigen und die Wahrscheinlichkeit von Fehlentscheidungen auf ein Mindestmaß herabzusetzen.

Häufig haben Führungskräfte Schwierigkeiten beim Erkennen von Chancen und Risiken und auch bei der Entscheidungsfindung. Als Gründe kommen zum Beispiel in Frage:

- Es fehlt an konkreten Zielen und Strategien.
- Das wahre Problem wird nicht erkannt.
- Der Mensch trifft Entscheidungen aus seinem gewohnheitsmäßigen Verhalten heraus.
- Die Instrumente zur Analyse und Bewertung sind nicht bekannt.
- Die Informationen sind nicht ausreichend.
- Im Allgemeinen wird zu wenig methodisch gearbeitet.
- Entscheidungen müssen unter Zeitdruck gefällt werden.
- Es fehlt an Kontrollinstrumenten und Frühwarnsystemen.
- Die lernende Organisation ist zu wenig entwickelt.

„Das Schwerste ist der Entschluss." *(Franz Grillparzer)*

„Im Überlegen darf man zögern, die überlegte Tat solle jedoch rasch sein." *(Thomas von Aquin)*

„Der größte Feind, den wir haben, ist die Entschlusslosigkeit!" *(Volksweisheit)*

„Methode erzwingt Erfolg." *(Kurt Nagel)*

Die im Folgenden behandelten Methoden und Lösungspakete machen deutlich, dass immer noch zu viele Bauchentscheidungen getroffen werden. Dagegen sollte es das Ziel sein, in Unternehmen verstärkt Entscheidungen zu treffen, die objektiv, transparent, nachvollziehbar und, wenn möglich, für das gesamte Unternehmen optimal sind.

Die folgenden drei Übersichten zeigen die Strukturierung der in diesem Buch verwendeten Methoden und Analyseprogramme auf. Prüfen Sie diese Darstellungen, und wählen Sie die für die jeweilige Situation passenden Methoden bzw. Analyseprogramme aus.

© Kurt Nagel „Systeme für den Erfolg"

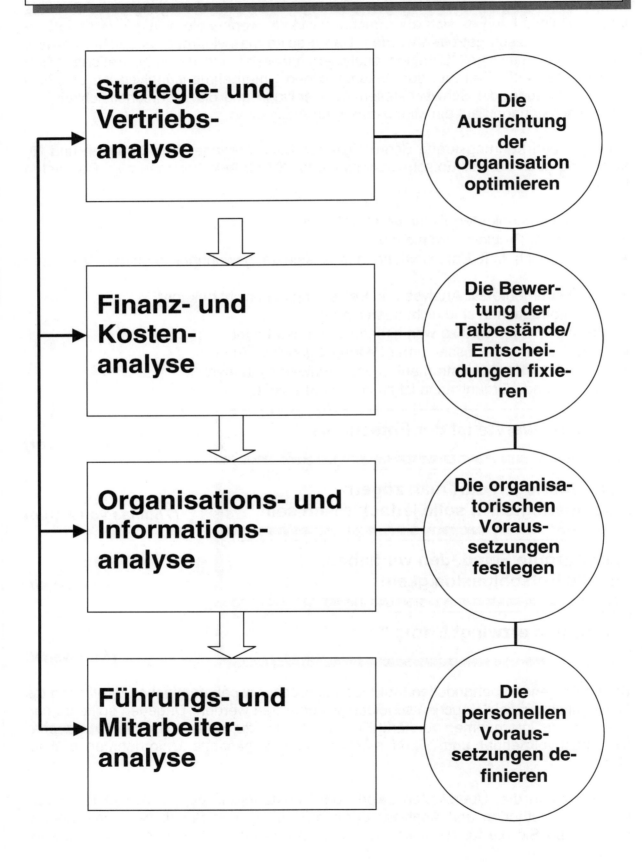

Instrumente zur Unternehmensanalyse – Überblick

Strategie- und Vertriebsanalyse
1. Wettbewerbsanalyse
2. Kundenanalyse
3. Portfolioanalyse
4. Mehrwertanalyse
5. Trendanalyse

Finanz- und Kostenanalyse
1. Kennzahlenanalyse
2. Quicktestanalyse
3. Investitionsanalyse
4. Nutzenanalyse
5. Nutzwertanalyse

Organisations- und Informationsanalyse
1. Analyse der generellen Erfolgsfaktoren
2. Analyse der Branchenerfolgsfaktoren
3. Analyse der spezifischen Erfolgsfaktoren
4. Kundenzufriedenheitsanalyse
5. Kundenbetreuungsanalyse

Führungs- und Mitarbeiteranalyse
1. Führungsstilanalyse
2. Mitarbeiterportfolio
3. Mitarbeiterumfrage
4. Qualitätssicherung
5. Vier-Stunden-Coachinganalyse

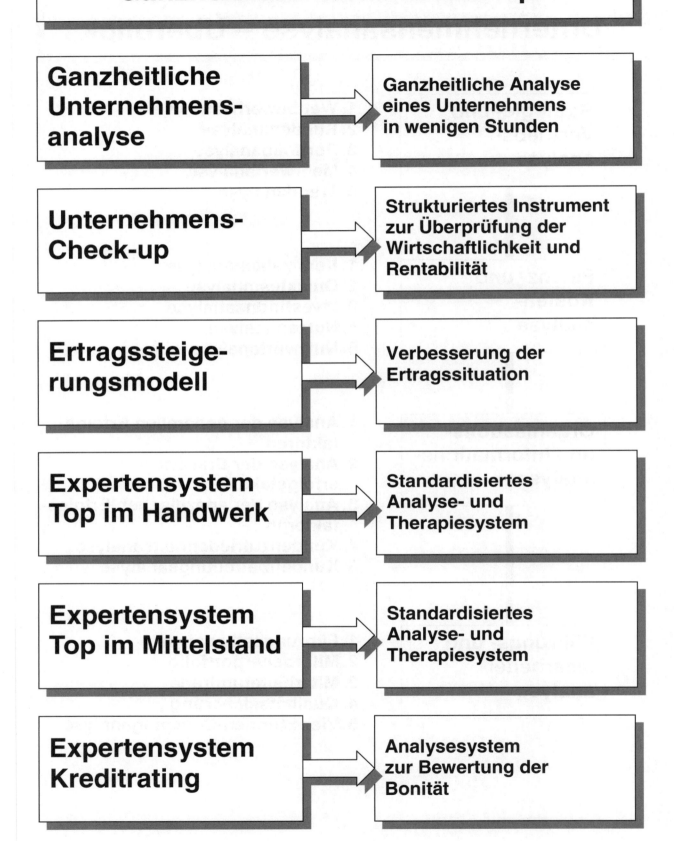

II. Instrumente zur Strategie- und Vertriebsanalyse

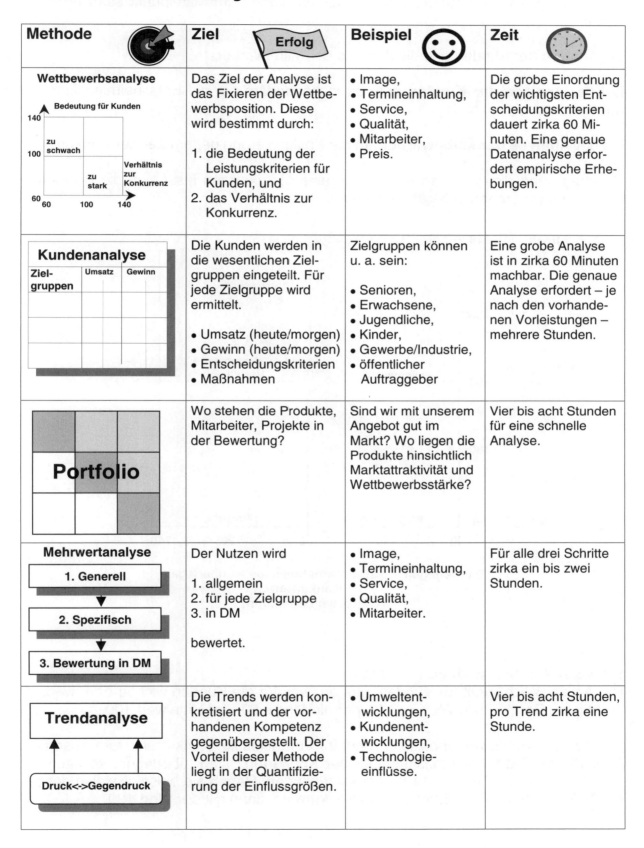

Methode	Ziel	Beispiel	Zeit
Wettbewerbsanalyse (Diagramm: Bedeutung für Kunden / Verhältnis zur Konkurrenz, zu schwach / zu stark)	Das Ziel der Analyse ist das Fixieren der Wettbewerbsposition. Diese wird bestimmt durch: 1. die Bedeutung der Leistungskriterien für Kunden, und 2. das Verhältnis zur Konkurrenz.	• Image, • Termineinhaltung, • Service, • Qualität, • Mitarbeiter, • Preis.	Die grobe Einordnung der wichtigsten Entscheidungskriterien dauert zirka 60 Minuten. Eine genaue Datenanalyse erfordert empirische Erhebungen.
Kundenanalyse (Zielgruppen, Umsatz, Gewinn)	Die Kunden werden in die wesentlichen Zielgruppen eingeteilt. Für jede Zielgruppe wird ermittelt. • Umsatz (heute/morgen) • Gewinn (heute/morgen) • Entscheidungskriterien • Maßnahmen	Zielgruppen können u. a. sein: • Senioren, • Erwachsene, • Jugendliche, • Kinder, • Gewerbe/Industrie, • öffentlicher Auftraggeber	Eine grobe Analyse ist in zirka 60 Minuten machbar. Die genaue Analyse erfordert – je nach den vorhandenen Vorleistungen – mehrere Stunden.
Portfolio	Wo stehen die Produkte, Mitarbeiter, Projekte in der Bewertung?	Sind wir mit unserem Angebot gut im Markt? Wo liegen die Produkte hinsichtlich Marktattraktivität und Wettbewerbsstärke?	Vier bis acht Stunden für eine schnelle Analyse.
Mehrwertanalyse 1. Generell 2. Spezifisch 3. Bewertung in DM	Der Nutzen wird 1. allgemein 2. für jede Zielgruppe 3. in DM bewertet.	• Image, • Termineinhaltung, • Service, • Qualität, • Mitarbeiter.	Für alle drei Schritte zirka ein bis zwei Stunden.
Trendanalyse Druck<->Gegendruck	Die Trends werden konkretisiert und der vorhandenen Kompetenz gegenübergestellt. Der Vorteil dieser Methode liegt in der Quantifizierung der Einflussgrößen.	• Umweltentwicklungen, • Kundenentwicklungen, • Technologieeinflüsse.	Vier bis acht Stunden, pro Trend zirka eine Stunde.

© Kurt Nagel „Systeme für den Erfolg"

1. Wettbewerbsanalyse

Diese Analyse kann unterschiedlichen Zielen dienen. Im Mittelpunkt steht üblicherweise:

die Analyse der Kunden und die Analyse der Mitbewerber.

Bei der **Analyse der Kunden** geht es insbesondere um die Entscheidungskriterien der Kunden,

bei der **Analyse der Mitbewerber** um die Positionierung gegenüber der Konkurrenz.

Überträgt man diese beiden Kriterien in eine Matrix, dann lässt sich die Positionierung eines Unternehmens gut darstellen.

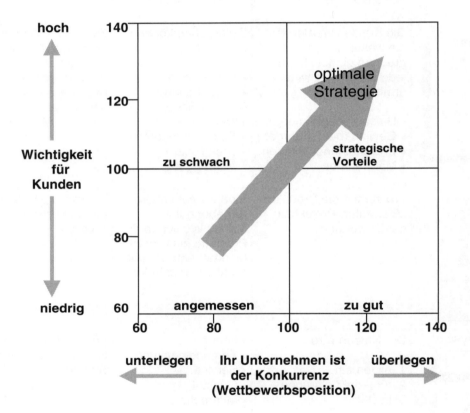

Hinweise für das Ausfüllen der Matrix
Die Achse „Wichtigkeit für Kunden" gibt an, was für die Kunden wichtig bzw. weniger wichtig ist. Der höchste Wert ist 140, der niedrigste 60, der Mittelwert 100.

Die Achse „Wettbewerbsposition" bringt Ihr Verhältnis zur Konkurrenz zum Ausdruck. Sind Sie in einem Leistungskriterium der Konkurrenz stark überlegen, so kann ein hoher Wert (z. B. 130 oder 140) angesetzt werden. Haben sie beispielsweise dasselbe Preis-Leistungs-Verhältnis wie die Konkurrenz, dann gilt der Wert 100.

© Kurt Nagel „Systeme für den Erfolg"

Wie ermittelt man die Einordnung bezüglich Wichtigkeit für Kunden?

> - **Selbstbildansatz (das Unternehmen ordnet sich selbst ein)**

Durch eine gute Praxiskenntnis ist es möglich, die Leistungskriterien aus dem Blickwinkel des Kunden in eine Rangfolge zu bringen.

> - **Fremdbildansatz (die Kunden ordnen das Unternehmen ein)**

Durch eine Kundenbefragung erhält man die Bedeutung der einzelnen Kriterien für die Kunden.

> - **Selbstbild- und Fremdbildansatz**
>   **(Unternehmen und Kunden ordnen das Unternehmen ein)**

In diesem Fall gibt das Unternehmen einige Kriterien vor (durchaus in einer Rangfolge). Die Kunden können den Kriterienkatalog ergänzen und die Einordnung modifizieren. Für alle Unternehmen ist es heute unabdingbar, die Entscheidungskriterien zu kennen. Häufig sind die Entscheidungskriterien pro Zielgruppe unterschiedlich. Die Wettbewerbsanalyse ist in all diesen Fällen pro Zielgruppe durchzuführen. Überprüfen Sie Ihre Zielgruppen. Sie werden erkennen, dass jede Zielgruppe andere Entscheidungskriterien hat und diese auch unterschiedlich bewertet.

Wie ermittelt man die Einordnung bezüglich der Wettbewerbsposition?

Bezüglich der Mitbewerberanalyse haben zahlreiche Organisationen erhebliche Schwachstellen. Häufig fehlt die Konkurrentenanalyse ganz. Von einer systematischen Konkurrentenforschung kann nur ein geringer Anteil der Unternehmen sprechen.

Die Konkurrenzforschung sollte heute gezielt von jedem Unternehmen nach dem Prinzip „Kenne deinen Konkurrenten" betrieben werden. Die Hauptursachen für fehlende Konkurrenzanalysen liegen

- im Mangel an relevanten Daten und
- in der ungenügenden systematischen Auswertung von Daten.

Es gilt, die Daten möglichst umfassend über die Mitbewerber zu erfassen, diese zu analysieren und konkrete Schlüsse aus den Unterschieden zu ziehen. Jeder mittelständische Betrieb sollte daher Informationen aus Kundenaussagen, Zeitungsangeboten, individuellen Kundenangeboten, Ausschreibungen usw. sammeln. Es ist unabdingbar, die Daten über Mitbewerber ständig zu aktualisieren und in einem Ordner aufzuheben oder eventuell in einer Datei zu speichern.

Weitere Vorschläge:

- Machen Sie eine Person in Ihrem Hause für die Koordination der Mitbewerberdaten verantwortlich.
- Sensibilisieren Sie sämtliche Mitarbeiter für dieses Thema.

Haben Sie die beiden Voraussetzungen für die Einordnung erfüllt, dann tragen Sie in das Arbeitsblatt „Wettbewerbsanalyse" die einzelnen Leistungskriterien ein (überprüfen Sie vorab die Beispiele).

Hinweise zur Bewertung:

- Ihr Unternehmen ist umso erfolgreicher, je mehr Sie bei wichtigen Entscheidungskriterien der Kunden die Konkurrenz hinter sich lassen (Feld „oben rechts"). Sind Sie in wichtigen Entscheidungskriterien der Konkurrenz unterlegen, dann ist Handlungsbedarf angesagt (Feld „oben links").
- Positionieren Sie Ihr Unternehmen möglichst objektiv.
- Treffen Sie adäquate Entscheidungen zur nachhaltigen Verbesserung der Wettbewerbsposition.

Im Folgenden finden Sie zwei Beispiele für einen

- Zulieferbetrieb der Automobilbranche und eine
- Allgemeinarztpraxis

Eine differenzierte Analyse der Mitbewerber geht aus den Tabellen „Praxisbeispiel Wettbewerbsanalyse" (vgl. Abb. S. 28) hervor. Prüfen Sie welche Kriterien für Sie wichtig sind, und versuchen Sie, die gewünschten Informationen bestmöglich zu erfassen.

Geht man von der Mitbewerberanalyse (2) aus, dann ergeben sich auch Schwerpunkte für die strategische Ausrichtung (vgl. Abb. S. 29 „Strategische Ausrichtung als Basis der Wettbewerberanalyse").

Wettbewerbsanalyse

Praxisbeispiel (1): Zulieferbetrieb der Automobilbranche

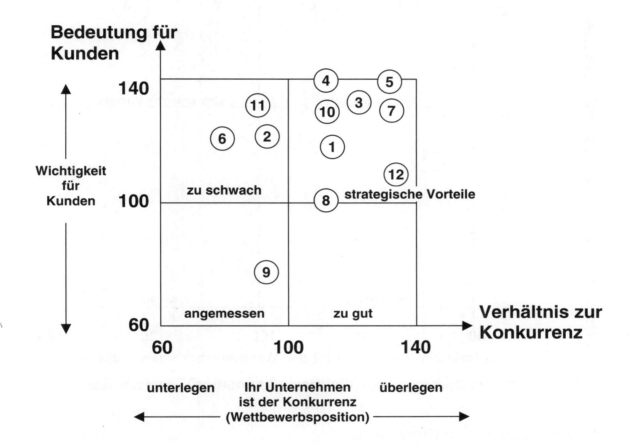

Bewertungskriterien (Erfolgsfaktoren):	Bedeutung	Wettbewerbsposition
1. Lösungskonzept (Engineering),	120	110
2. angemessene Kostenstruktur (Technologie),	120	90
3. Time-to-Market,	130	120
4. Qualitätsanforderungen (100%),	140	110
5. Liefertreue (Stück und Termin),	140	130
6. Flexible Reaktion auf Änderungen,	120	80
7. Systemanbieter,	130	130
8. Technologiestand (Fertigung),	100	110
9. Wertschöpfungskette,	80	90
10. Technologie (IT),	130	110
11. Preis,	130	90
12. Managementkultur.	110	130

© Kurt Nagel „Systeme für den Erfolg"

Praxisbeispiel (2): Allgemeinarztpraxis

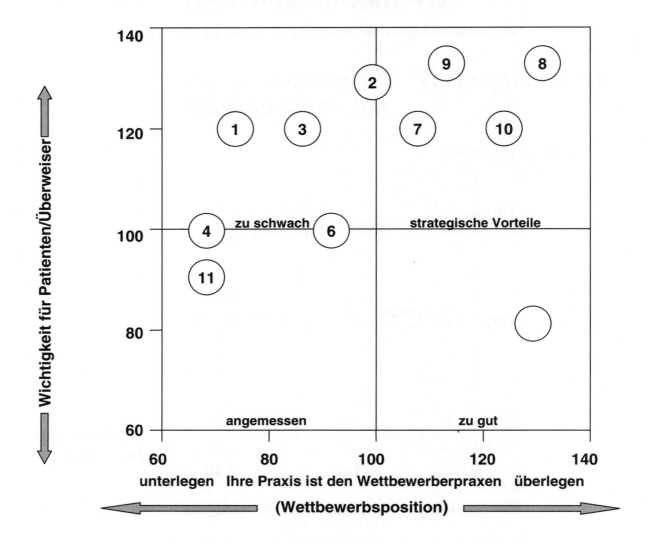

Bewertungskriterien (Erfolgsfaktoren)	Bedeutung	Wettbewerbsposition
1. Parkplätze in unmittelbarer Nähe,	120	80
2. freundliche, hilfsbereite Helferinnen,	130	100
3. Diskretion am Empfang,	120	90
4. kurze Wartezeiten bei Terminvereinbarung,	100	70
5. Telefonsprechstunden für Nachfragen,	80	130
6. medizinische Geräte auf dem neuesten Stand,	100	90
7. laufende Fortbildung von Arzt und Praxisteam,	120	110
8. ausreichend Zeit des Arztes für Fragen,	130	130
9. ausführliche Begründung von Diagnosen und Therapien,	130	115
10. schnelle Überweisung zum Facharzt bei Unklarheiten,	120	125
11. zusätzliche Leistungsangebote, z.B. Reiseberatung.	90	70

© Kurt Nagel „Systeme für den Erfolg"

Arbeitsblatt Wettbewerbsanalyse

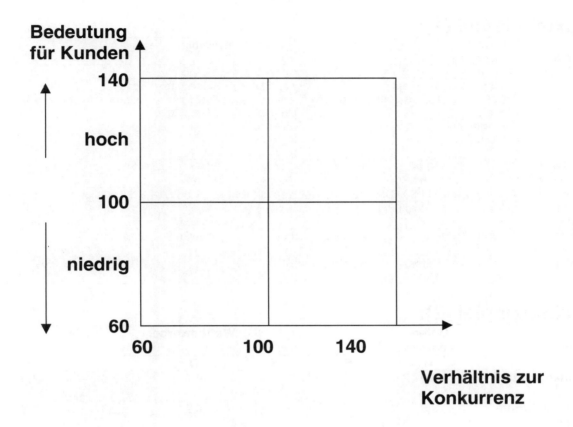

Aufgaben:

1. Ermitteln Sie die Entscheidungskriterien der Kunden.
2. Ermitteln Sie die Einordnung
   a) nach Bedeutung für Kunden
   b) im Verhältnis zur Konkurrenz,
3. Ziehen Sie die notwendigen Folgerungen.

© Kurt Nagel „Systeme für den Erfolg"

Mitbewerberanalyse als Teil der Wettbewerbsanalyse

Praxisbeispiel (1):

Kriterien	Unternehmen	Wettbewerber					
	A	B	C	D	E	F	G
Ziele	Partnerschaften, Vorteil: Netzwerk mit Partnern	Qualitätsführerschaft	Kostenführerschaft	Qualitätsführerschaft zum fairen Preis	Keine klare Strategie erkennbar	Kostenführerschaft	Technologieführerschaft
Umsatz/DM	16 Mio.	30 Mio.	15 Mio.	5 Mio.	6 Mio.	4 Mio.	3 Mio.
Mitarbeiter	70 MA	140 MA	40 MA	20 MA	22 MA	12 MA	8 MA
Umsatz/MA	228 600 DM	214 300 DM	375 000 DM	250 000 DM	272 800 DM	333 500 DM	375 000 DM
Servicequalität	schlecht	mittelmäßig	schlecht	schlecht	sehr schlecht	schlecht	nicht bekannt
Produktqualität	mittelmäßig	gut	schlecht	gut	schlecht	schlecht	nicht bekannt
Absatzgebiet	Europa	Europa/Afrika	Europa/Asien	BRD	BRD	BRD	Europa

Praxisbeispiel (2):

Kriterien	Unternehmen	Wettbewerber				
	A	B	C	D	E	F
Produktqualität	3,2	4	2,8	4,2	2,8	2,5
Preis/Leistungsverhältnis	3,3	3,7	3	4,2	2,5	3,3
Umweltfreundliche Technik	3,5	3,5	2,8	2,8	3	2,5
Durchlaufzeit	3,7	3,5	4,3	3,3	2,3	3
Fertigungstiefe	3,2	4	3,7	3,5	3,3	3
Innovation/Problemlösung	3,5	3,5	3	2,8	2	2,3
Forschung und Entwicklung	3	4	3,2	3,7	2,3	2
Finanzkraft	3	4	2,5	2,7	2	2,5
Zuverlässigkeit	3,8	3,5	2,5	3,7	2,3	3
Aftersales-Service	2,3	3	2,2	2,3	1,8	2
Qualifikation der Mitarbeiter	3,5	3,5	2,5	3,7	3	3
Vertrieb/Beratung	3,5	3,5	3,2	3,3	2,8	2,8
Summe	39,5	43,7	35,7	40,2	30,1	31,9

Legende: 1= sehr schwach   2= schwach   3= mittelmäßig   4= gut   5= sehr gut

© Kurt Nagel „Systeme für den Erfolg"

Strategische Ausrichtung als Basis der Wettbewerbsanalyse

Kriterien	Kostenführerschaft	Differenzierung	Konzentration
Produktqualität	Gering	Hoch	Mittel
Preis/Leistungsverhältnis	Hoch	Mittel	Gering
Umweltfreundliche Technik	Gering	Hoch	Mittel
Durchlaufzeit	Hoch	Mittel	Mittel
Fertigungstiefe	Mittel	Hoch	Mittel
Innovation/ Problemlösung	Gering	Hoch	Hoch
Forschung und Entwicklung	Gering	Hoch	Mittel
Finanzkraft	Hoch	Hoch	Mittel
Zuverlässigkeit	Gering	Hoch	Hoch
Aftersales-Service	Gering	Hoch	Hoch
Qualifikation der Mitarbeiter	Gering	Hoch	Mittel
Vertrieb/Beratung	Gering	Hoch	Mittel
Zeitlicher Wettbewerbsvorsprung	Hoch	Mittel	Hoch

Legende: Gering — Mittel — Hoch

2. Kundenanalyse

Der Kunde ist heute Dreh- und Angelpunkt aller wirtschaftlichen Aktivitäten. Ein Unternehmen hat nur dann Erfolg, wenn es die Bedürfnisse der Kunden besser befriedigt als die Konkurrenten. Es gilt mehr und mehr, sich in die individuelle Situation der Kunden, besonders in die der Kunden eigener Kunden, hineinzuversetzen.

Von großer Bedeutung für eine Kundenanalyse ist die Definition der jeweiligen Entscheidungskriterien: Worauf legt der Kunde Wert? Die Kriterien, die für den Kunden einen hohen Stellenwert haben, gilt es bestmöglich zu erfüllen. Ist das eigene Unternehmen diesbezüglich den Mitbewerbern unterlegen, dürfte man schlechte Karten für das Verbessern der Marktposition haben. Das Ziel muss es sein, bei diesen Kriterien eine eindeutige Führungsrolle anzustreben. Führen Sie deshalb bezüglich der Entscheidungskriterien der Kunden ständig Meinungsbefragungen durch und versuchen Sie bei Kriterien, die von vitalem Kundeninteresse sind, den Mitbewerbern überlegen zu sein.

© Kurt Nagel „Systeme für den Erfolg"

Beispiel: Kundenanalyse

Kriterien \ Zielgruppen		1. Privatpersonen	2. Groß-industriekonzerne	3. Mittelgroße Unternehmen	4. Klein-kunden	5. Generalunternehmer	6. Architekten	7. Staatliche Stellen
Umsatzanteil	heute	2%	23%	35%	10%	22%	6%	2%
	morgen	0%	25%	40%	10%	25%	0%	0%
Gewinnanteil	heute							
	morgen							
Wichtigkeit für uns		1	4	5	3	4	2	1
Entscheidungskriterien des Kunden		• Kundenorientierung	• Preis • Qualität • Termintreue	• Flexibilität • Kundenorientierung • Preis • Qualität • Termintreue	• Flexibilität • Marke/Image • Kundenorientierung • Preis	• Preis • Termintreue	• Qualität • Preis • Projektabwicklung • Termintreue	• Preis
Risiken für uns		• anspruchsvoll • hoher Aufwand	• Konzentration • Preis • Zahlungsvereinbarungen	• Bonität	• anspruchsvoll • hoher Aufwand	• Bonität • Konzentration • Preis • Zahlungsvereinbarungen	• Wettbewerbsfähigkeit	• Projektabwicklung
Maßnahmen		• keine Aktivitäten	• Kostenmanagement einführen, • Qualität steigern	• Kundenorientierung steigern, • Kostenmanagement einführen, • Qualität steigern	• Kundenorientierung steigern, • Kostenmanagement einführen	• Kostenmanagement einführen	• keine Aktivitäten	• keine Aktivitäten

© Kurt Nagel „Systeme für den Erfolg"

Arbeitsblatt Kundenanalyse

Zielgruppen / Kriterien	1. Ziel-gruppe	2. Ziel-gruppe	3. Ziel-gruppe	4. Ziel-gruppe	5. Ziel-gruppe	6. Ziel-gruppe	7. Ziel-gruppe
Umsatzanteil heute							
Umsatzanteil morgen							
Gewinnanteil heute							
Gewinnanteil morgen							
Wichtigkeit für uns							
Entscheidungskriterien des Kunden							
Risiken für uns							
Maßnahmen							

Arbeitsschritte:

- Dieses Formular ist für jede Zielgruppe auszufüllen.
- Fragen Sie jede einzelne Zielgruppe nach deren Entscheidungskriterien und nach der Erfüllung durch Ihr Haus.
- Ergreifen Sie gemeinsam mit Ihren Mitarbeitern Maßnahmen.

Die Abbildung „Praxisbeispiel Kundenanalyse" gibt Hinweise für das Ausfüllen.

© Kurt Nagel „Systeme für den Erfolg"

3. Portfolioanalyse

Neben der Analyse der Wettbewerbskräfte ist beim Erarbeiten eines Strategiepapieres eine intensive Produkt-/Dienstleistungsanalyse notwendig. Diese wird heute vornehmlich mit der Portfoliotechnik durchgeführt. Die Portfoliomethode war in ihrem Ursprung auf Finanzierungsentscheidungen ausgerichtet und strebte eine optimale Mischung von Kapitalanlagen an. Diese Theorie wurde in den Produktbereich von Unternehmen übertragen. Die Grundlage des Produktportfolios bildet dabei das Modell des Produktlebenszyklus. Vor diesem Hintergrund hat die Portfoliomethode die Aufgabe, die Produkte und das Produktionsprogramm zu optimieren. Zielsetzung der Portfoliomethode ist es, dass sich das Portfolio der Produkte eines Unternehmens im Gleichgewicht befindet. Dies ist dann der Fall, wenn:

- Nachwuchsprodukte (Children),
- Sterne (Stars),
- Melkkühe (Cash Cows),
- arme Hunde (Poor Dogs)

angemessen vertreten sind.

Die klassische Portfoliodarstellung besteht aus den zwei Dimensionen: Marktattraktivität und Wettbewerbsstärke. Eine dritte Dimension, z. B. Umsatz, lässt sich u. a. durch unterschiedliche Kreisgrößen einführen. Die Aussagefähigkeit der Matrixdarstellung kann dadurch verbessert werden, dass man die Produkte/Produktgruppen durch Kreise darstellt, deren Flächen z. B. proportional zum erzielten Jahresumsatz sind.

Faktoren der Marktattraktivität		Faktoren der Wettbewerbsstärke	
• Bewertungsfaktoren	Interpretation	Bewertungsfaktoren	Interpretation
• Marktgröße	Marktvolumen, Anzahl potenzieller Kunden	Relativer Marktanteil	Marktanteile in wichtigen Segmenten
• Marktwachstum	Trends, Lebenszyklusstadium	Produkte und Dienstleistungen	Qualität der Marktleistung: Preis, Service, Logistik, Beratung, Systemlösungen
• Risiken	Konjunkturrisiko, politische Risiken, Erfolgsrisiken	Sortiment	Sortimentsbreite und -tiefe
• Wettbewerbssituation	Härte des Wettbewerbs, Kostenführerschaft, Differenzierung, Nischenstrategie, Wettbewerbsmärkte	Kosten	Beschaffungskosten, Herstellkosten, Vertriebskosten, Kostenvorteil und -nachteil
• Marktposition	Qualität und Quantität der Kunden- und Lieferantenbeziehungen, Eintritts- und Austrittsbarrieren	Image	Image der gesamten Organisation/Einzelner, der Produkte
• Absatzpolitische Instrumente	Status, Chancen für neue Vertriebswege, Preissensitivität, Innovationen	Technologie	Status, Perspektiven in den Anwendungs- und Produktionstechnologien
• Rentabilität	Kosten, Investitionen, Beeinflussbarkeit, Verhandlungsmacht	Erfolgsfaktoren	Ausprägung der wichtigsten Erfolgsfaktoren gegenüber den Mitwettbewerbern

Die Portfoliomatrix

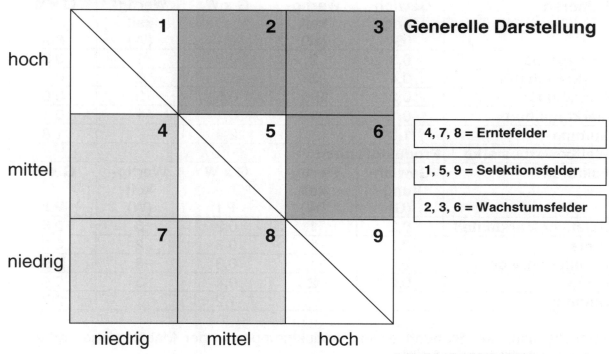

Dazu gehören:

- **Wachstumsfelder (rechts von der Achse)**

Zu ihnen zählen die Felder 2, 3 und 6. Hier wird eine Investitionsstrategie angestrebt. Der Markt lässt im Allgemeinen ein starkes Wachstum und gute Erfolgsaussichten erwarten. Für die einzelne Unternehmung ist die Anstrengung meist groß, da die Attraktivität des Marktes auch für andere Unternehmen erheblich ist.

- **Erntefelder (links von der Achse)**

Die Felder 4, 7 und 8 führen zu einer Desinvestitionsstrategie, da hier keine großen Zukunftserwartungen mehr gesehen werden.

- **Selektionsfelder (auf der Achse liegend)**

Sie werden je nach Einschätzung der Position selektiert d. h. forciert oder zurückgenommen. In diesen Feldern befinden sich auch die „Nachwuchsprodukte", die eine erfolgreiche Markteinführung aufweisen können, deren Wettbewerbsposition aber noch recht schwach ist.

Um die Geschäftsfelder einordnen zu können, werden die Koordinaten in Zahlen unterteilt:

- niedrig: 0 – 1 (33 Prozent)
- mittel: 1 – 2 (67 Prozent)
- hoch: 2 – 3 (100 Prozent)

© Kurt Nagel „Systeme für den Erfolg"

Beispiel zur Ermittlung der Portfoliofaktoren

Marktattraktivität	Produktgruppen				
Faktoren	Gewichtung (G)	Wertigkeit (W)	G x W P I	Wertigkeit (W)	G x W P II
Marktgröße	0,3	2	0,6	1	0,3
Marktwachstum	0,4	3	1,2	2	0,8
Rentabilität	0,2	2,5	0,5	3	0,6
Marktposition	0,1	1	0,1	1	0,1
Summe	1,0		2,4		1,8
Wettbewerbsstärke	Produktgruppen				
Faktoren	Gewichtung (G)	Wertigkeit (W)	G x W P I	Wertigkeit (W)	G x W P II
Relativer Marktanteil	0,2	1	0,2	3	0,6
Preis	0,3	1	0,3	2	0,6
Qualität/Service	0,3	1	0,3	3	0,9
Image	0,2	2	0,4	3	0,6
Summe			1,2		2,7

Versucht man, den Standort dieser Produktgruppen in der Matrix (siehe vorherige Seite) zu bestimmen, dann gilt:

	P I	P II
• Koordinatenwert hinsichtlich Marktattraktivität:	2,40	1,80
• Koordinatenwert hinsichtlich Wettbewerbsstärke:	1,20	2,70

Legt man die Matrix mit den neun Feldern zugrunde (vgl. Abbildung „Portfoliomatrix") dann liegt dieser Wert (2,4/1,2) im Feld 2. Es handelt sich hier um ein Nachwuchsprodukt. Dieses Produkt ist bei einer Verbesserung der Wettbewerbsstärke dabei, zu einem Star zu werden. Das Produkt P II liegt im Feld 6 und dürfte als ein echter Umsatzbringer gelten.

Die Portfoliotechnik kann als Visualisierungshilfe für unterschiedliche Anwendungen herangezogen werden, wie aus der folgenden Übersicht hervorgeht.

Anwendungsbeispiele der Portfolio-Methode

Portfolio der Mitarbeiter:
1. Fachkompetenz
2. soziale Kompetenz
3. unternehmerische Kompetenz

Portfolio der EDV-Anwendungen:
1. strategische Bedeutung
2. Wirtschaftlichkeit
3. operative Dringlichkeit

Portfolio der Produkte:
1. Marktwachstum
2. Marktanteil
3. Umsatz

© Kurt Nagel „Systeme für den Erfolg"

Beispiel Produkt-/Dienstleistungsportfolio

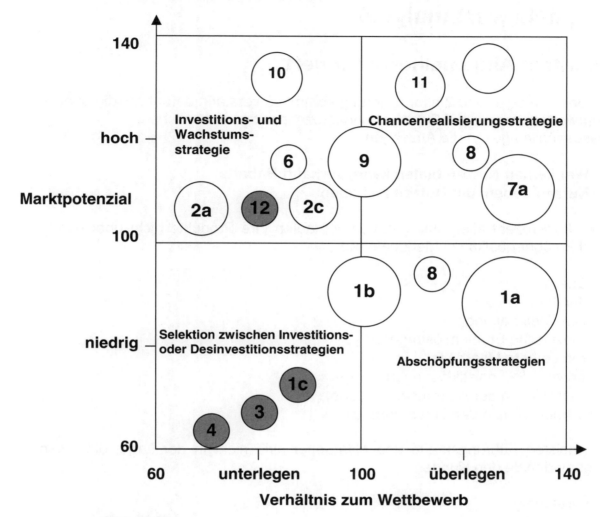

Legende

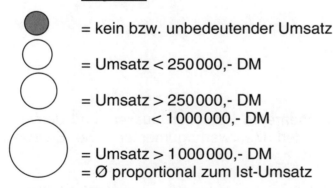

= kein bzw. unbedeutender Umsatz

= Umsatz < 250 000,- DM

= Umsatz > 250 000,- DM
  < 1 000 000,- DM

= Umsatz > 1 000 000,- DM
= Ø proportional zum Ist-Umsatz

Produkte und Dienstleistungen

1a = Drehschalter
1b = Codierschalter
1c = SVZ-Schalter
2a = Drehgeber (mechanisch)
2b = Drehgeber (magnetisch)
2c = Drehgeber (opto-elektronisch)
3 = Operator-Panel
4 = 4A3DD-Maus

5 = Bedienfelder
6 = Hand-Bediengeräte
7 = Baugruppen (kundenspezifisch)
8 = Schallgeber
9 = Magnete
10 = Handelsware
11 = Auftragsentwicklung
12 = Auftragsfertigung

© Kurt Nagel „Systeme für den Erfolg"

4. Analyse der Alleinstellungsmerkmale (Mehrwertanalyse)

Schritt 1: Allgemeiner Mehrwert

Bei der Strategie- und Zielformulierung kommt es verstärkt darauf an, die qualitativen Mehrwertargumente bei Entscheidungsprozessen zu verdeutlichen.
Diesbezüglich gelten die Aussagen:

- **Wer keinen Nutzen bieten kann, verkauft Rabatte**
- **Nutzen geben, um Nutzen zu haben**

Zirka 80 Prozent aller Unternehmen verkaufen ihre Produkte nicht über den Preis, sondern über qualitative Merkmale wie:

- Qualität,
- Service,
- Termineinhaltung,
- spezifische Problemlösungen,
- kompetente Mitarbeiter,
- individuelle Logistiklösungen,
- Flexibilität in der Auftragsabwicklung,
- Schnelligkeit in der Durchführung usw.

Die meisten Führungskräfte und Mitarbeiter sind nicht in der Lage, die Alleinstellungsmerkmale den Kunden

- vollständig
- ganzheitlich
- schlüssig
- objektiviert
- nachvollziehbar

zu vermitteln.

Machen Sie doch einfach einmal bei mehreren Personen aus ein und demselben Haus eines Unternehmens Tests zu den Mehrwertargumenten. Die Ergebnisse dürften erschreckend ausgefallen.

- Händigen Sie mehreren Damen und Herren aus einer Firma ein DIN-A4-Blatt aus.
- Bitten Sie die Damen und Herren, die generellen Mehrwertargumente für das Unternehmen aufzulisten. Die Fragestellung könnte sein: „Was spricht für unser Haus, wenn Kunden bei uns kaufen sollen?".
- Lassen Sie für das Ausfüllen dieses Blattes zirka 10 Minuten Zeit.
- Sammeln Sie die Blätter ein und listen Sie die Argumente pro Teilnehmer auf. Sie werden feststellen, dass die Ergebnisse üblicherweise unvollständig und nicht kongruent sind.

© Kurt Nagel „Systeme für den Erfolg"

- Versuchen Sie, die Liste der generellen Mehrwertargumente gemeinsam zu erarbeiten. Nehmen Sie sich dafür die entsprechende Zeit.
- Lassen Sie das erarbeitete Ergebnis von weiteren Mitarbeitern überprüfen und vervollständigen.

Eine Hilfe für die Praxis kann das von den Verfassern bereits vielfach erprobte Formular: „Arbeitsblatt - Generelle Nutzenargumente" sein (vgl. Abb. S. 39).

Schritt 2: Spezifische Nutzenargumente

- Lassen Sie durch ein Team die wichtigsten Kundenzielgruppen erarbeiten. Das Team sollte zirka 15 bis 25 Mitarbeiter und Führungskräfte umfassen.
- Das Ergebnis der Kundensegmentierung ist festzuhalten. Sie sollten sich auf die wichtigsten Zielgruppen beschränken (z.B. sechs).
- In Untergruppen von zirka 3 bis 5 Teilnehmern sind für jede Zielgruppe die spezifischen Nutzenargumente zu erarbeiten (Zeit: zirka 15 Minuten). Es empfiehlt sich hier der Einsatz der Kartentechnik. Jedes Argument wird auf einer Karte vermerkt.
- Jede Gruppe trägt im Plenum die erarbeiteten Nutzenargumente ihrer Zielgruppe vor.
- Das Plenum ergänzt die Ergebnisse bzw. bittet um Modifizierungen.
- Auch diese Teamergebnisse sind durch weitere Personen zu verifizieren.

Eine Hilfe für die Praxis kann hier das Formular „Arbeitsblatt Zielgruppenspezifische Nutzenargumente" (vgl. Abb. S. 40) liefern.

Schritt 3: Bewertung qualitativer Merkmale

In den meisten Fällen dürften die Schritte 1 und 2 für das Gewinnen einer Kundensituation ausreichen. Gelegentlich gibt es aber Kunden, die den Mehrwert in DM erfahren möchten. Für diese Fälle hat der Verfasser das Formular „Bewertung qualitativer Merkmale" (vgl. Abb. S. 44) entwickelt.

Dieses Formular kann sowohl vom Unternehmen als auch vom Kunden ausgefüllt werden. Die bessere Wirkung wird erzielt, wenn der Kunde die für ihn wichtigen Argumente auflistet und die Bewertung der Argumente vornimmt. Lassen Sie den Kunden die für ihn wichtigen

- generellen Nutzenargumente und
- spezifischen Nutzenargumente

auflisten. Praxisbeispiele zeigen die Berechnungsansätze auf.

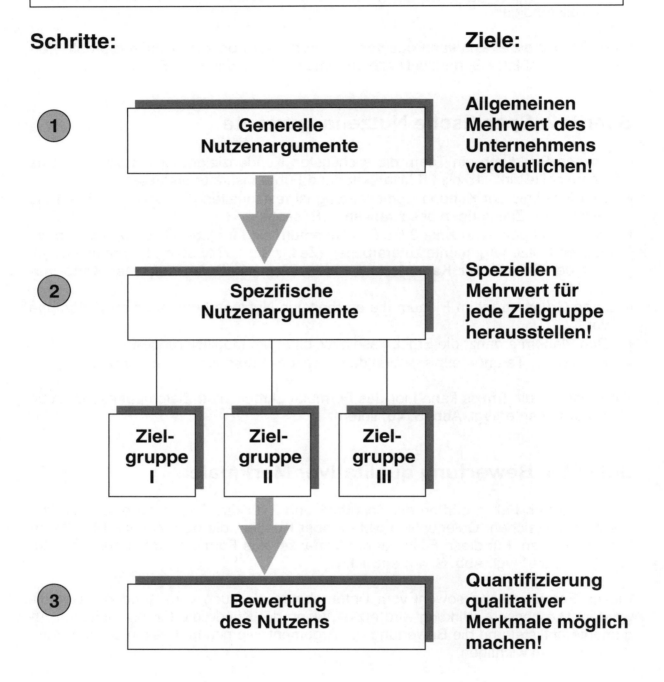

Arbeitsblatt: Generelle Nutzenargumente

Unternehmen : ....
Name : ....

Fragen : „Die Konkurrenz ist um x DM billiger. Was geben wir dem Kunden für Erklärungen?", oder: „Was spricht generell für unser Haus?"

Generelle Mehrwertargumente
•
•
•
•
•
•
•
•
•
•
•
•
•
•

Arbeitsblatt: Zielgruppenspezifische Nutzenargumente

Unternehmen : ....
Name : ....

Fragen : 1. „Welches sind Ihre wichtigsten Zielgruppen?"
oder:
2. „Mit welchen Argumenten überzeugen Sie die einzelnen Zielgruppen?"

Zielgruppe 1:	Zielgruppe 2:	Zielgruppe 3:
• • • • • •	• • • • • •	• • • • • •
Zielgruppe 4:	**Zielgruppe 5:**	**Zielgruppe 6:**
• • • • • •	• • • • • •	• • • • • •

© Kurt Nagel „Systeme für den Erfolg"

Die einmalige Chance: Mehrwert richtig verkaufen

1. Erfassen Sie die allgemeinen Mehrwertargumente:

- Kompetenz der Mitarbeiter,
- herausragende Technik,
- Service rund um die Uhr.

2. Ermitteln Sie für jede Zielgruppe die spezifischen Nutzenargumente:

- modulare Produkterweiterung,
- Unterstützung bei der Planung,
- Optimierung der Prozesse.

3. Bewerten Sie die Vorteile in DM — 1 = niedrig; 5 = hoch

Allgemeiner Mehrwert   0 0 0 -> Konkurrenz / x x x -> Wir   Bewertung: 1 2 3 4 5

- Kompetenz der Mitarbeiter,
- herausragende Technik,
- Service rund um die Uhr.

Spezifische Nutzenargumente

Konkurrenz:
$$\frac{12}{6} = \Phi\, 2$$

- modulare Produkterweiterung
- Optimierung der Prozesse
- Unterstützung bei der Planung

Wir:
$$\frac{24}{6} = \Phi\, 4$$

Konkurrenz: Vorteil beim Angebot in DM:
15 000 bei zwei Bewertungspunkten (sechs Merkmale)
Wir: unsere Bewertung in DM:
15 000 bei vier Bewertungspunkten (sechs Merkmale)
Bei einem Vergleich quantitativ/qualitativ eins zu eins:
unser Vorteil 30 000 DM / 15 000 DM = 15 000,- DM

© Kurt Nagel „Systeme für den Erfolg"

Praxisbeispiel: Mehrwert-/Nutzenargumentation

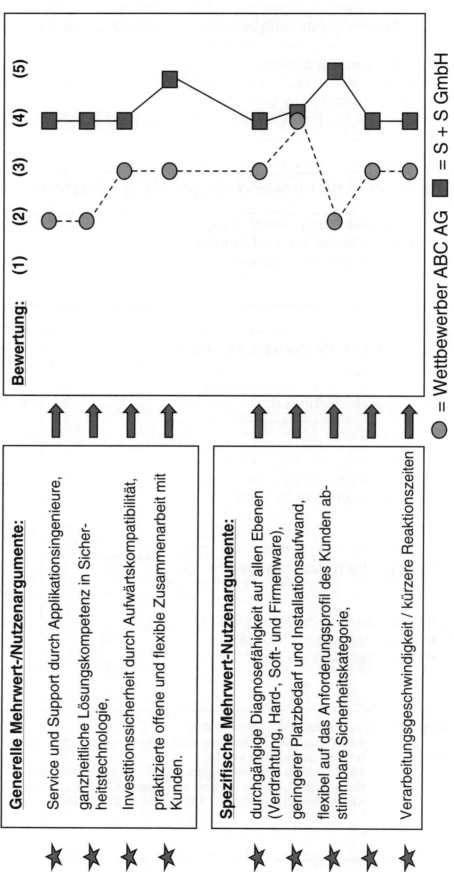

Praxisbeispiel: Mehrwert-/Nutzenargument

Produktgruppe: Sichere Steuerung
Kundenzielgruppe: Maschinenbau-Pressenhersteller

Berechnung:

⬤ = Bewertung ABC AG
Ø – Wert (Summe Bewertungspunkte : Anzahl Mehrwert-/Nutzenargumente = 2,75

■ = Bewertung S+S GmbH
Ø – Wert (Summe Bewertungspunkte : Anzahl Mehrwert-/Nutzenargumente = 4,25

Quantitativer (monetärer) Vorteil des Wettbewerbers = *500 DM* x 1

Verhältnis der quantitativen Merkmale zu den qualitativen Merkmalen
(Mehrwert-/Nutzenargumente) = *2 : 1*

Ø – Wert der Bewertung S+S GmbH = *4,25* x Wert eines Bewertungspunktes
$$= \frac{DM\,1000,-}{2,75}$$

= bewerteter qualitativer Mehrwert/Nutzen der S+S GmbH
gegenüber dem Wettbewerber   =   ~ *DM 1550,-*

./. quantitativer (monetärer) Vorteil des Wettbewerbers bei
Berücksichtigung des Verhältnisses 2:1 =   *DM 1000,-*

**= gesamter Mehrwert/Nutzen des Kunden bei einer
Entscheidung zugunsten der S+S GmbH   = ~ *DM   550,--***

Legende:

Bewertung
 (1) = niedrig   (2) relativ niedrig   (3) mittel   (4) relativ hoch   (5) hoch

© Kurt Nagel „Systeme für den Erfolg"

Arbeitsblatt: Bewertung qualitativer Merkmale

Generelle Nutzenargumente	1 2 3 4 5
Spezifische Nutzenargumente	1 2 3 4 5

X = Bewertung Konkurrenz   ∅ - Wert:
O = Bewertung eigene Firma   ∅ - Wert:

Zuordnung des Differenzbetrages zum Wert:
Konkurrenz :
Eigene Firma :
Vorteil in DM :

© Kurt Nagel „Systeme für den Erfolg"

5. Trendanalyse

Die Unternehmensanalyse im Strategie- und Vertriebsbereich basiert sehr stark auf den Zukunftsannahmen (vgl. nächste Abb. „Das Zukunftsmodell").

Häufig findet zu Beginn eines Jahres eine Beschäftigung mit den Tendenzen im größeren und im spezifischen Umfeld statt. Meist bleibt es jedoch bei kurzen Gedankenspielen – ein ernsthaftes und konsequentes Hinterfragen der möglichen Auswirkungen auf das eigene Unternehmen unterbleibt. Die Hoffnung, es werde alles so weitergehen wie bisher, bestärkt das passive Verhalten. Das bewusste Gestalten der Zukunft bleibt aus. Diese Hoffnung ist für viele Organisationen trügerisch und kann böse enden. Ein Vordenker par excellence, Berthold Leibinger, Chef und Gesellschafter der Werkzeugmaschinenfabrik Trumpf in Ditzingen/Stuttgart, formuliert dies treffend: „Nichts wird bleiben, wie es sein wird!"

Wir erleben derzeit Veränderungen in einem Ausmaß, wie sie größer und schneller nicht sein können. Wann immer solche Veränderungen schneller sind als die eigene Lerngeschwindigkeit, geht eine Firma zu Grunde.

Vier Schritte sollen bei der Umsetzung behilflich sein (vgl. folgende Abb.).

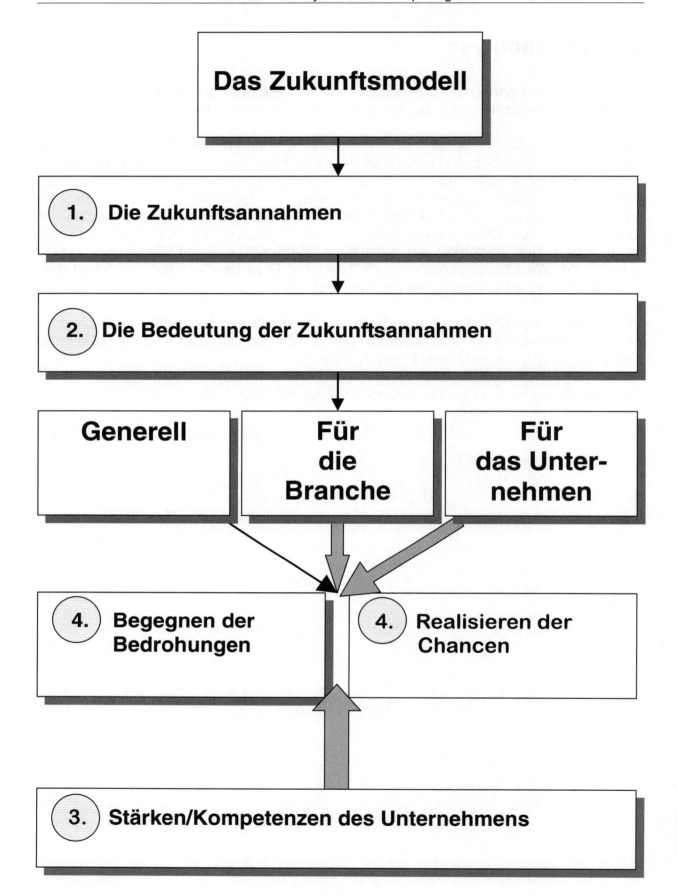

Gehen Sie folgendermaßen vor:

- **Schritt 1** Überprüfen Sie die Zukunftsannahmen!
- **Schritt 2** Klären Sie die Bedeutung der Zukunftsannahmen!
- **Schritt 3** Stellen Sie Ihre Stärken bzw. Kompetenzen fest!
- **Schritt 4** Prüfen Sie, wie Sie den Bedrohungen begegnen, und realisieren Sie Ihre Chancen

Um das gesamte System zu objektivieren, wurde ein Rechensystem entwickelt, das aufzeigt:

- welcher Druck von den Entwicklungen kommt, und
- wie die derzeitigen Kompetenzen/Stärken ausgeprägt sind, um diesem Druck zu begegnen.

Die Zukunftsannahmen

Im Folgenden werden zehn Trends aufgezeigt und kurz skizziert.
Fragen Sie sich bei jeder Annahme: was bedeutet diese

- generell?
- für Ihre Branche?
- für Ihr Unternehmen?

Das Überangebot an austauschbaren Produkten nimmt zu.

- Rückläufige Geburtenzahlen in USA, Europa und Japan: Die Zahl der Konsumenten schrumpft in den kommenden zwei Generationen um etwa die Hälfte. Die Kaufkraft in den neuen Märkten (China, Indien und Südamerika) wächst nicht schnell genug, um die Verluste in der Triade auszugleichen.
- Das Angebot explodiert. Von 1970 bis 2000 hat sich die Weltproduktion verdreifacht. Einfach herzustellende Produkte werden künftig den Weltmarkt überschwemmen.
- Die Anzahl der Anbieter erhöht sich durch das Internet und die Globalisierung dramatisch.

Den Innovatoren gehört die Zukunft.

- Investitionen in angestammte Märkte bringen begrenzte Renditen.
- Investitionen in neue Märkte eröffnen aussichtsreiche Gewinnchancen.
- Die Innovationspolitik muss äußerst kunden- und marktorientiert sein – also auf die tatsächlichen Bedürfnisse der Abnehmer abgestimmt werden.

- Die Innovationsfelder in der Zukunft werden sein:
  - Produkt-/Dienstleistungsinnovationen,
  - Innovationen für Problemlösungen einzelner Zielgruppen,
  - Innovationen für die Optimierung von Prozessen,
  - Innovationen für Partnerschaften/Allianzen.

Die Erfüllung der Kundenerwartungen ist eine Muss-Forderung.

- Die Kunden werden immer kritischer bei der ordnungsgemäßen Abwicklung der alltäglichen Leistungen.
- Das Einhalten der Leistungskriterien wie Liefertermin, Qualität und Funktionieren wird zu einem hundertprozentigen Muß für alle Anbieter von Leistungen und Produkten.
- Die permanente Befragung von Kunden und das ständige Lernen von anderen verhindert, dass Kunden zur Konkurrenz abwandern.
- Sollte eine Reklamation vorkommen, dann gilt es, daraus eine Reklameaktion zu machen.

Die Informationstechnologie beschleunigt die Globalisierung.

- Über das Internet werden alle Informationen frei Haus geliefert.
- Die Kunden erhalten eine größtmögliche Transparenz bezüglich Preisen, Qualität, technischer Daten, Lieferzeit usw.
- Die Angebote und Leistungen der Lieferanten werden auf der elektronischen Straße weltweit vergleichbar.
- Technologie ist weltweit transferierbar. Damit ermöglichen computergesteuerte Maschinen die Fertigung von Qualitätsprodukten auf der ganzen Welt.

Es ergeben sich wesentliche Veränderungen in der Altersstruktur.

- Bis zum Jahr 2010 wird in Deutschland die Gruppe der Menschen bis 39 Jahre um zirka 20 Prozent zurückgehen.
- Die Gruppe der 40- bis 60-Jährigen wird um 20 Prozent zunehmen.
- Die Gruppe der 70- bis 90-Jährigen wird bei uns um 35% Prozent zunehmen.
- Im Jahre 2010 werden rund 20 Millionen Menschen in Deutschland über 60 Jahre alt sein.

Die Phasen des Presale und Aftersale verschmelzen zu einem Betreuungskonzept.

- Die meisten Unternehmen versuchen, die Phase des Verkaufs von Produkten und Dienstleistungen optimal zu lösen.
- In der Zukunft gewinnt die Nachbetreuung eine immer größere Bedeutung.
- Erfolgreich werden die Unternehmen sein, die den Kunden im Sinne eines Gewinner-Gewinner-Spiels auf Chancen und Vorteile aufmerksam machen.
- Nur wenn alle drei Phasen als ein ganzheitliches Betreuungskonzept ständig ineinander übergehen, übt das Unternehmen eine Sogwirkung auf seine Kunden aus.

Der Zielgruppenorientierung kommt immer größere Bedeutung zu.

- Der Kunde ist kein anonymes Wesen mehr. Es wird darauf ankommen, Beziehungen aufzubauen und zu managen.
- Die Zielgruppen müssen genauestens identifiziert werden, um eine zielgruppenspezifische Vorgehensweise zu ermöglichen.
- Jede Zielgruppe hat unterschiedliche Wünsche und Entscheidungskriterien.
- Die Problemlösungen sind gemeinsam mit den Zielgruppen zu erarbeiten und zu optimieren.

Der Verkauf von Nutzen gewinnt an Bedeutung.

- Bei austauschbaren Produkten wird der Preis zum Entscheidungsparameter für die Kunden. Es ist daher überlebensnotwendig, sich zu differenzieren.
- Wer keinen Nutzen bieten kann, verkauft nur Rabatte! Listen Sie Ihre Alleinstellungsmerkmale in:
  - generelle Mehrwertargumente und
  - spezifische Mehrwertargumente für

  jede Zielgruppe auf.
- Sorgen Sie dafür, dass kein Angebot ohne die Mehrwertargumente Ihr Haus verlässt und dass in allen Preisverhandlungen die Vorteile Ihrer Leistungen verdeutlicht werden.
- Gehen Sie im Extremfall so weit, dass der Kunde nicht nur die Vorteile erfährt, sondern dass Sie diese auch in DM für ihn bewerten können.

© Kurt Nagel „Systeme für den Erfolg"

Die Mitarbeiter übernehmen verstärkt Mitverantwortung.

- Jeder Arbeitsplatz ist ein eigenes Unternehmen. Und: Jeder Mitarbeiter ist ein Mitunternehmer.
- Mitdenken, mithandeln und mitentscheiden – diese Größen bestimmen die Basis für die Rechte und Pflichten der Mitarbeiter.
- Neben den fachlichen, sozialen und methodischen Kompetenzen gewinnt die unternehmerische Kompetenz an Bedeutung.
- Jeder Mitarbeiter muss sich die Frage stellen: „Wie würde ich handeln, wenn es mein Unternehmen wäre?"

Kooperationen und Allianzen sind auf dem Vormarsch.

- Es gilt verstärkt, Synergien mit anderen zu nutzen, statt einsam zu sterben.
- Kooperationen, was die Produkte angeht (z. B. im Einkauf, in der Produktion, im Verkauf), verbessern entscheidend die Kosten- und Erlösseite.
- Kooperationen, was die Zielgruppenangebote angeht, verbessern nachhaltig die Marktchancen.
- Kooperationen mit einer Optimierung der Einkaufs- und Verkaufsprozesse schaffen langfristige Wettbewerbsvorteile.

Die Einflussfaktoren des Umfelds.

Die allgemeinen Einflussgrößen des Umfelds verkörpern Chancen und Risiken für das Unternehmen. Welche speziellen Einfussgrößen bei dem einzelnen Unternehmen als relevant anzusehen und daher genauer zu analysieren sind, hängt z. B. stark von der Branche und der Größe sowie den von außen einwirkenden Chancen und Risiken ab.

Um hier eine gewisse Systematik zu erhalten, ist es in der Praxis üblich, unternehmensspezifische Checklisten zu erarbeiten. Dabei ist es nicht nur schwierig, die relevanten Einflussgrößen des allgemeinen Umfelds im Einzelfall festzustellen. Auch die Gewichtung der Bedeutung der einzelnen Einflussgrößen bereitet Schwierigkeiten.

Das allgemeine Umfeld wird im Regelfall in mehrere Bereiche aufgeteilt:

- gesamtwirtschaftlich,
- rechtlich,
- demographisch,
- ökologisch,
- soziologisch-kulturell.

Die folgende Abb. „Einflussfaktoren des Umfelds auf Unternehmen" zeigt die wesentlichen Größen auf.

Diese Aufzählung beinhaltet keine Reihenfolge für die Bedeutung in einem spezifischen Unternehmen. Eine Reihenfolge ist im jeweiligen Einzelfall festzulegen. Außerdem sind auch in jedem Einzelfall die eventuell bestehenden gegenseitigen Abhängigkeiten zwischen den einzelnen Bereichen in der Praxis zu berücksichtigen.

Für Unternehmen gilt es, diese Einflussfaktoren ständig im Auge zu behalten und „schwache Signale" möglichst frühzeitig zu erkennen.

Das Konzept der „schwachen Signale" beruht auf der Erkenntnis, dass jede Veränderung des Umfelds eines Unternehmens ihre „Schatten" in Form von schwachen Signalen vorauswirft. Da diese Veränderungen im unternehmerischen Umfeld das Erfolgspotenzial eines Unternehmens beeinflussen, müssen durch permanente Beobachtung des relevanten Umfelds eines Unternehmens frühzeitig die Signale aufgenommen und verarbeitet werden, die zu strategischen Anpassungsmaßnahmen führen. Ein derartiger Prozess hat keinen Charakter der Einmaligkeit; er ist kontinuierlich durchzuführen.

Einflussfaktoren des Umfelds auf Unternehmen

Gesamtwirtschaft
- Investitionsverhalten
- Beschäftigungsgrad
- privater + öffentlicher Verbrauch

Soziologisch-kultureller Bereich
- Wertewandel
- Freizeitverhalten
- Kulturelle Normen

Rechtlicher Bereich
- Gesetzgebung
- Vorschriften
- Rechtsprechung

Das mittelständische Unternehmen

Ökologie
- Eigene Erkenntnisse
- Gesetzliche Rahmenbedingungen
- Verbraucherverhalten

Demographische Entwicklung
- Altersstruktur
- Haushaltsgröße
- Bildungsstand

Politisches Umfeld
- Steuerpolitik
- Umweltpolitik
- Verkehrspolitik

© Kurt Nagel „Systeme für den Erfolg"

Die Bedeutung der Zukunftsannahmen

Es empfiehlt sich eine Strukturierung in die drei Kategorien:

- **generelle Megatrends,**
- **Trends in der Branche,**
- **spezifische Unternehmenstrends.**

Bei den **generellen Megatrends** können sich – z. B. bezogen auf die Kunden – folgende Aussagen ergeben: Die Kunden

- werden immer unberechenbarer und widersprüchlicher,
- verlangen Systemlösungen,
- teilen sich verstärkt in Mikro-Segmentierungen auf,
- sehen im Umweltschutz ein zentrales Anliegen,
- werden bezüglich Qualität, Service, Innovationen und „emotionalem Mehrwert" immer kritischer und wählerischer,
- verlangen höchste Individualität.

Die **Trends in der Branche** lassen Aussagen zu wie:

- In der Branche X steigt der Anteil von Generalunternehmerverträgen am Gesamtumsatz.
- In der Branche Y wird die ISO-Zertifizierung zunehmend diskutiert.

Unternehmensspezifisch können sich Entwicklungen abzeichnen wie:

- Zirka 25 Prozent des Umsatzes werden in unserer Branche inzwischen durch Produkte erzielt, die nicht älter als fünf Jahre sind.
- Drei wichtige Mitbewerber integrieren verstärkt Lieferanten in ihre Geschäftsprozesse.

Um die Trends für das Unternehmen zu konkretisieren, empfiehlt sich eine Unterstützung nach:

- allgemeiner Bedeutung,
- Bedeutung für das eigene Unternehmen,
- Dringlichkeit der Entwicklung einer Lösung.

Die Klassifizierung dieser Kriterien wird nachstehend verdeutlicht.

Bestimmung der Bedeutung der Entwicklung

Bei der Bedeutung gilt folgender Schlüssel:

- keine wesentliche Bedeutung
- minimale Bedeutung
- durchschnittliche Bedeutung
- große Bedeutung
- sehr große Bedeutung

Es geht um die:

- Bestimmung der **allgemeinen Bedeutung** des Trends:
  Hier wird gefragt, welche Bedeutung diese Entwicklung generell in der Branche, in der Gesellschaft usw. hat. Es können Noten von fünf (sehr große Bedeutung) bis eins (keine wesentliche Bedeutung) nach dem oben dargestellten Schlüssel vergeben werden. Bei einer Bedeutung von eins bis drei sollte eine Weiterverarbeitung dieses Aspekts in den Hintergrund gestellt werden.
- Bestimmung **der Bedeutung für das eigene Unternehmen:**
  Hier wird konkret nach dem Bezug zur speziellen Unternehmenssituation gefragt. Dabei ist eine überlegte Einschätzung äußerst wichtig. Auch hier können wieder Noten von eins bis fünf vergeben werden.

Bestimmung der Dringlichkeit

Für die Dringlichkeit gilt folgender Schlüssel:

```
1 = Lösung soll vorerst nicht gesucht werden
2 = Lösung hat in den nächsten zwei Jahren vorzuliegen
3 = Lösung muss in einem Jahr da sein
4 = Lösung muss in einem halben Jahr vorliegen
5 = Lösung muss sofort vorhanden sein
```

Welche Dringlichkeit hat die Entwicklung einer Lösung, bis wann müssen wir mit einer Antwort auf dem Markt sein? Hier können Sie ebenfalls Punkte von eins (Lösung muss vorerst nicht gesucht werden) bis fünf (Lösung muss sofort vorhanden sein) vergeben. Der frühestmögliche Termin sollte Maßstab für die Dringlichkeit einer Lösung und Antwort sein. Nur wenn Sie größte Anstrengungen für die Problembearbeitung aufwenden, wird Ihre Wachsamkeit zu einem wahren Wettbewerbsvorteil.

Die Stärken/Kompetenzen

Den Trends gilt es durch die Stärken und Kompetenzen zu begegnen. Die Kompetenz bringt zum Ausdruck, wie gut Ihre Fähigkeiten zur Trendbewältigung sind.

Für die Kompetenz gilt folgender Schlüssel:

1 = keinerlei Fähigkeiten vorhanden
2 = geringe Kompetenz
3 = durchschnittliche Kompetenz
4 = hohe Kompetenz
5 = sehr hohe Kompetenz

Welche Kompetenzen besitzt Ihr Unternehmen, um eine geeignete Lösung zu entwickeln? Haben Sie noch keinerlei Fähigkeiten zur Trendbewältigung entwickelt (ein Punkt), oder besitzen Sie auf diesem Gebiet sehr hohe Kompetenzen, so dass es eigentlich keiner Sondermaßnahmen mehr bedarf (fünf Punkte)?

Begegnen der Bedrohungen und Realisieren der Chancen

Ein Thema mit hoher Bedeutung und großer Dringlichkeit erfordert üblicherweise einen starken **Entwicklungsdruck**. Dies ist umso mehr der Fall, je geringer die Kompetenz ist. Ein Thema mit niedriger Bedeutung und geringer Dringlichkeit dürfte von nachgeordneter Priorität sein.

Um diesen Auswahlprozess systematisch abzuwickeln, wurde das Formular „**Trendanalyse**" (vgl. Abb. S. 57) entwickelt, das konkrete Hilfestellung geben kann. Für einen Workshop empfiehlt es sich, dieses Formular in Übergröße auf einer Pinnwand wiederzugeben. Die Pinnwand bietet die Möglichkeit, interaktiv zu arbeiten, indem die Ideen und Vorschläge aller Teilnehmer berücksichtigt und schnellstens erfasst werden können.

Die Bestimmung der Priorität eines Trends kann nach folgender Einordnung vorgenommen werden:

- **A-Priorität:** Sofortige Maßnahmen unter Einsatz einer verantwortlichen Projektgruppe sind einzuleiten.
- **B-Priorität:** Es sind kurz- bis mittelfristige Anpassungsprozesse einzuleiten, für die verantwortliche Bereiche festzulegen sind.
- **C-Priorität:** Keine konkreten Maßnahmen sind nötig, aber weiterhin ist eine Beobachtung der Entwicklung erforderlich.

Die Berechnung der Prioritäten erfolgt nach drei Stufen.

- **1. Stufe:** Sie multiplizieren die Punktzahl der „Dringlichkeit" (z. B. 3) und der „Bedeutung für Ihr Haus" (z. B. 4) jeweils mit dem Faktor 2 und addieren zu der erhaltenen Summe die Punktzahl für die „allgemeine Bedeutung" (z. B. 5). Es ergibt sich im Beispielsfall ein Gesamtwert von 19 Punkten. Wir nennen diesen Wert „externen Entwicklungsdruck".

- **2. Stufe:** Nun multiplizieren Sie die Punktzahl für das Kriterium „eigene Kompetenz" (z. B. 2) mit dem Faktor 5. Ergebnis im Beispiel: 10 Punkte. Dieser Wert beschreibt Ihren „Kompetenzgegendruck".

- **3. Stufe:** Sie bilden die Differenz zwischen „externem Entwicklungsdruck" und Ihrem „Kompetenzgegendruck". Je größer die Differenz, desto notwendiger ist die Einleitung von Maßnahmen. Im Beispielsfall errechnet sich die Differenz aus 19 bzw. 10 Punkten, also 9 Einheiten.

Bei einer Differenz, die größer als vier ist, sollten Sie eine **A-Priorität** vergeben (vgl. Beispielergebnis 9 Punkte). Bei einer Differenz von vier bis zwei Punkten ergibt sich eine **B-Priorität**.

Differenzen, die kleiner als zwei sind, verlangen vorerst keine Maßnahmen und erhalten eine **C-Priorität**.

Bei A- und B-Prioritäten sollten Sie nun im Workshop geeignete Maßnahmen bestimmen und für die Umsetzung dieser Maßnahmen zuständige Personen oder Teams ernennen. A-Prioritäten verlangen in der Regel die Einsetzung einer Gruppe, die bis zu einem bestimmten Termin das Ergebnis ihrer Arbeit vorlegen muss. Auch die Anpassungsmaßnahmen bei B-Prioritäten müssen auf einen Abschlusstermin fixiert sein. Die Workshopergebnisse sollten grundsätzlich protokolliert werden.

Es empfiehlt sich auch, die Ergebnisse der Sitzung an die einzelnen Bereiche weiterzugeben, um einen umfassenden Informationsstand über neueste Entwicklungen im Unternehmen bei allen Mitarbeitern zu erreichen. Gleichzeitig wird deutlich, wie das Unternehmen auf diese Herausforderung reagiert. Die Unternehmenspolitik wird für alle transparenter, und der Wille zur aktiven Teilnahme steigt.

Trendanalyse – Formular

DRUCK ---> <---------- **GEGENDRUCK**

Trendthema: Kunden

Trend	Allgemeine Bedeutung (x1)	Bedeutung für Ihr Haus (x2)	Dringlichkeit (x2) Bis wann braucht der Kunde eine Lösung?	Punktezahl	Punktezahl	Eigene Kompetenz (x5)	Priorität (A, B oder C)
Die Kunden werden umweltbewusster	5 (sehr große Bedeutung)	4 (große Bedeutung)	3 (bis 1 Jahr)	19	10	2 (geringe Kompetenz)	A

Hinweise:

1. Bedeutung der Entwicklung: 5 = sehr große Bedeutung; 4 = große Bedeutung; 3 = durchschnittliche Bedeutung; 2 = minimale Bedeutung; 1 = keine wesentliche Bedeutung (3 bis 1 sollten weiterhin beobachtet werden)
2. Dringlichkeit - „Bis wann braucht der Kunde eine Lösung?": 5 = sofort; 4 = in einem halben Jahr; 3 = in einem Jahr; 2 = in den nächsten 2 Jahren - wenn überhaupt; 1 = Lösung soll vorerst nicht gesucht werden.
3. Unsere Kompetenz: 5 = sehr hohe Kompetenz; 4 = hohe Kompetenz; 3 = durchschnittliche Kompetenz; 2 = geringe Kompetenz; 1 = keinerlei Fähigkeiten bei uns vorhanden.
4. Priorität – Auswirkungen: A-Priorität = sofortige Maßnahmen mit Taskforce; B-Priorität = Einleitung von mittel bis kurzfristigen Anpassungsprozessen; C-Priorität = Keine Maßnahmen, aber weiterhin Beobachtung.

Maßnahmen:

1.

2.

3.

4.

5.

© Kurt Nagel „Systeme für den Erfolg"

Trendanalyse-Erfassung

Trend	Allgemeine Bedeutung (x1)	Bedeutung für Ihr Haus (x2) Bis wann braucht der Kunde eine Lösung?	Dringlichkeit (x2)	Punktezahl	Punktezahl	Eigene Kompetenz (x5)	Priorität (A, B oder C)
Kunden							
Konkurrenten							
Technologie							
Lieferanten							
Makroumfeld							
Produkte							

© Kurt Nagel „Systeme für den Erfolg"

III. Instrumente zur Finanz- und Kostenanalyse

Methode	Ziel (Erfolg)	Beispiel	Zeit
Kennzahlen	Wie liegen wir mit unseren Zahlen: • in der eigenen Entwicklung? • in der Branche?	Haben wir Vorteile im Branchenvergleich? Wie ist unsere Entwicklung bei den wesentlichen Kennzahlen?	Hängt vom DV-Grad ab
Quicktest zur finanziellen Stabilität und Ertragslage	Bewertung von Unternehmen nach: • Eigenkapital, • Cash-flow, • Rendite, • Schuldentilgung	- Eigenkapital liegt über dem Branchendurchschnitt - Schuldentilgungsdauer unter drei Jahren	Bei vorliegendem Zahlenmaterial zirka eine halbe Stunde
Investitionsanalyse 1. wirtschaftlich 2. strategisch 3. dringlich	Welche Investition ist für meinen Betrieb am sinnvollsten? Die Bewertung erfolgt nach mehreren Kriterien auf der Basis bewährter Formulare	Investieren wir in eine neue Lagerhalle oder besser in neue Maschinen?	Zirka zwanzig Minuten für eine grobe Datenzuordnung
Nutzenanalyse	Bewertung des quantitativen und qualitativen Nutzens in DM	• Kostensenkung, • Reduzierung von Forderungsausfällen, • bessere Informationen	Zirka zwei Stunden für eine grobe Skizzierung
Nutzwertanalyse	Welche Alternative ist die beste? Wo liegen konkret die Vorteile?	Welcher Lieferant ist auszuwählen? Welche Wachstumsstrategie ist zu favorisieren?	Ein – zwei Stunden

© Kurt Nagel „Systeme für den Erfolg"

1. Kennzahlenanalyse

In allen Unternehmen sind Kennzahlen ein wichtiges Werkzeug für die Unternehmensanalyse. Betriebswirtschaftliche Kennzahlen sind Zahlen, die sich auf bestimmte Sachverhalte beziehen und eine konzentrierte Aussagekraft über diese Sachverhalte besitzen. Sie können einzelne, aber auch mehrere Sachverhalte kennzeichnen. Durch Kennzahlen können nur quantifizierbare Gegebenheiten erfasst werden.

Kennzahlen dienen als Hilfsmittel bei der:

- Analyse des Betriebes bzw. Unternehmens,
- Planung des Betriebsgeschehens,
- Steuerung des Betriebsablaufs,
- Kontrolle des Betriebsergebnisses,
- Feststellung von Vergleichen.

Voraussetzungen für die Auswertung von Kennzahlen

Zur Feststellung von Schwachstellen im Unternehmen müssen die ermittelten Kennzahlen zu Vergleichen herangezogen werden. Diese sind durchzuführen:

1. im eigenen Unternehmen
   - gegenüber früheren Perioden;
   - zwischen Betriebsteilen, Abteilungen, Mitarbeitern.

2. nach außen
   - gegenüber anderen Unternehmen,
   - gegenüber der eigenen Branche,
   - gegenüber anderen vergleichbaren Branchen,
   - gegenüber der Gesamtwirtschaft (soweit vergleichbare Sachverhalte).

Im Folgenden werden Übersichten gegeben für Kennzahlen in

- Rechnungswesen,
- Personalwesen,
- Beschaffung und Lagerhaltung,
- Vertrieb.

Die Branchenwerte können in Erfahrung gebracht werden bei

- Verbänden
- Kreditinstituten
- Statistischen Organisationen

Alle diese Kennzahlen können bei Problemlösungs- und Entscheidungsprozessen sowohl zur Diagnose als auch für Therapievorschläge herangezogen werden.

Beispiele von Kennzahlen

Kennzahlen zum Rechnungswesen			
Kennzahlen zur Aktivseite der Bilanz			
		Branchendurchschnitt	Eigene Werte
Anlagenintensität	$= \dfrac{\text{Anlagevermögen}}{\text{Gesamtvermögen}}$ (x100)		
Umlaufintensität	$= \dfrac{\text{Umlaufvermögen}}{\text{Gesamtvermögen}}$ (x100)		
Vorratsintensität	$= \dfrac{\text{Vorräte}}{\text{Gesamtvermögen}}$ (x100)		
Forderungsintensität	$= \dfrac{\text{Forderungen}}{\text{Gesamtvermögen}}$ (x100)		
Anteil d. flüssigen Mittel	$= \dfrac{\text{flüssige Mittel}}{\text{Gesamtvermögen}}$ (x100)		
Vermögenskonstitution	$= \dfrac{\text{Anlagevermögen}}{\text{Umlaufvermögen}}$ (x100)		
Kennzahlen zur Passivseite der Bilanz			
		Branchendurchschnitt	Eigene Werte
Eigenkapital	$= \dfrac{\text{Eigenkapital}}{\text{Gesamtkapital}}$ (x100)		
Anspannungskoeffizient	$= \dfrac{\text{Fremdkapital}}{\text{Gesamtkapital}}$		
Verschuldungskoeffizient	$= \dfrac{\text{Fremdkapital}}{\text{Eigenkapital}}$		
Anteil langfristiges Kapital	$= \dfrac{\text{Eigenkapital + langfristiges Fremdkapital}}{\text{Gesamtkapital}}$ (x100)		
Fremdkapitalstruktur	$= \dfrac{\text{langfristiges Fremdkapital}}{\text{kurzfristiges Fremdkapital}}$		
Bankabhängigkeit	$= \dfrac{\text{Eigenkapital}}{\text{Bankschulden}}$		

© Kurt Nagel „Systeme für den Erfolg"

Beziehungszahlen zwischen Aktiv- und Passivseite der Bilanz

		Branchendurch-schnitt	Eigene Werte
Eigenkapital-anlagendeckung	= $\dfrac{\text{Eigenkapital}}{\text{Anlagevermögen}}$		
Langfristiges Kapital Anlagendeckung	= $\dfrac{\text{Eigenkap.+langfrist.Fremdkap.}}{\text{Anlagevermögen}}$		
Deckungsgrad des langfristig gebundenen Vermögens	= $\dfrac{\text{Eigenkap.+langfrist.Fremdkap.}}{\text{Anlagevermögen + langfristig gebundenes Umlaufvermögen}}$		
Nettoverschuldung	= $\dfrac{\text{kurzfrist. Verbindlichkeiten - flüssige Mittel}}{\text{Nettoverschuldung}}$		

Kennzahlen zum Personalwesen

		Branchen-durchschnitt	Eigene Werte
Lohnniveau	= $\dfrac{\text{Löhne und Gehälter + soziale Abgaben + freiwilliger Sozialaufwand}}{\text{durchschnittl. Personalbestand}}$		
Produktivität des Personals	= $\dfrac{\text{Gesamtleistung}}{\text{Ø Personalbestand}}$		
oder	= $\dfrac{\text{Wertschöpfung}}{\text{Ø Personalbestand}}$		
Fluktuation	= $\dfrac{\text{Personalabgänge in der Periode}}{\text{Ø Personalbestand}}$		
oder	= $\dfrac{\text{Personalabgänge in der Periode}}{\text{Personalbestand zu Beginn der Periode + Neueinstellungen i. d. Periode}}$		
durchschnittliche Arbeitszeit	= $\dfrac{\text{Arbeitsstunden insgesamt}}{\text{Ø Personalbestand}}$		
Altersstruktur	= $\dfrac{\text{Beschäftigte je Altersgruppe}}{\text{Gesamtbeschäftigte}}$ (x100)		

© Kurt Nagel „Systeme für den Erfolg"

Kennzahlen zur Beschaffung und Lagerhaltung

		Branchen-durchschnitt	Eigene Werte
Mittlerer Bestellwert	= $\dfrac{\text{Gesamtwert der Bestellungen}}{\text{Anzahl der Bestellungen}}$		
Ø Einkauf je Lieferant	= $\dfrac{\text{Gesamteinkaufswert}}{\text{Anzahl der Lieferanten}}$		
Ø Lagerbestand	= $\dfrac{\text{Anfangsbestand + Endbestand}}{2}$		
oder	= $\dfrac{\text{AB + 12 Monatsbestände}}{13}$		
oder	= $\dfrac{\text{½ AB + 12 Monatsbestände + ½ EB}}{13}$		
Lagerumschlag	= $\dfrac{\text{gesamte Lagerausgänge/Periode}}{\text{Ø Lagerbestand/Periode}}$		
Lagerdauer	= $\dfrac{\text{Ø Lagerbestand x 365}}{\text{gesamte Lagerausgänge}}$		

Kennzahlen zum Vertrieb

		Branchen-durchschnitt	Eigene Werte
Umsatzanteil je Produkt/Produktgruppe	= $\dfrac{\text{Umsatz je Produkt/Gruppe}}{\text{Gesamtumsatz}}$ (x100)		
Ø Umsatz je Kunde	= $\dfrac{\text{Gesamtumsatz}}{\text{Kundenzahl}}$		
Umsatz je Beschäftigter	= $\dfrac{\text{Umsatz}}{\text{Ø Personalbestand}}$		
Mittlere Auftragsgröße	= $\dfrac{\text{Auftragsvolumen einer Periode}}{\text{Zahl der Auftragseingänge}}$		
Umschlagshäufigkeit des Fertigwarenlagers	= $\dfrac{\text{Umsatz an Fertigwaren zu Herstellkosten}}{\text{Ø Bestellungen an Fertigwaren zu Herstellkosten}}$		
oder	= $\dfrac{\text{Umsatz an Fertigwaren zu Herstellkosten}}{\text{Ø Bestellungen an Fertigwaren zu Verkaufswerten}}$		
Marktanteil des Unternehmens	= $\dfrac{\text{eigener Umsatz}}{\text{Branchenumsatz}}$ (x100)		

© Kurt Nagel „Systeme für den Erfolg"

Angebotserfolg	= erteilte Aufträge / abgegebene Angebote		
Werbeelastizität	= relative Änderung der Werbeausgaben / relative Umsatzänderung		
Reklamationsquote	= Wert/Zahl der Reklamationen / Wert/Zahl der Lieferungen (x100)		
Vertriebskosten je Auftr./Kd./Kd.-Besuch	= Vertriebskosten / Zahl der Aufträge/Kunden/Besuche		

Arbeitsschritte:

Prüfen Sie, welche Kennzahlen für Ihr Unternehmen bzw. für Ihren Bereich wichtig sind.

- Erarbeiten Sie das Datenmaterial.
- Versuchen Sie, die Kennzahlen computergestützt zu gewinnen.
- Vergleichen Sie die Werte mit der Entwicklung in Ihrem Haus.
- Ziehen Sie Vergleichswerte von anderen Firmen heran.
- Analysieren Sie mögliche Abweichungen.

Im Folgenden sei an einem Beispiel aufgezeigt, wie sich zusätzliche Informationen über Kennzahlen gewinnen lassen.

Das Beispiel zeigt, wie die **Bilanz zusammen mit der Gewinn- und Verlustrechnung** durch vier Kennzahlen profund analysiert werden kann (vgl. Abb. „Quicktest nach Kralicek", S. 66).

2. Quicktestanalyse (nach Kralicek)

Dieses Verfahren ist außerordentlich hilfreich bei einer schnellen Analyse. Es basiert auf den nachfolgend fixierten Kennzahlen.

Kennzahl	Formel	Aussage über die
Eigenkapitalquote	$\dfrac{\text{Eigenkapital}}{\text{Gesamtkapital}} \times 100$	Kapitalkraft
Cash-flow in % der Betriebsleistung	$\dfrac{\text{Cash-flow}}{\text{Betriebsleistung}} \times 100$	finanzielle Leistungsfähigkeit
Gesamtkapitalrentabilität	$\dfrac{\text{Betriebsergebnis + Fremdkapitalzinsen}}{\text{Bilanzsumme}} \times 100$	Rendite
Schuldentilgungsdauer in Jahren	$\dfrac{\text{Fremdkapital - flüssige Mittel}}{\text{Jahres-Cash-flow}} \times 100$	Verschuldung

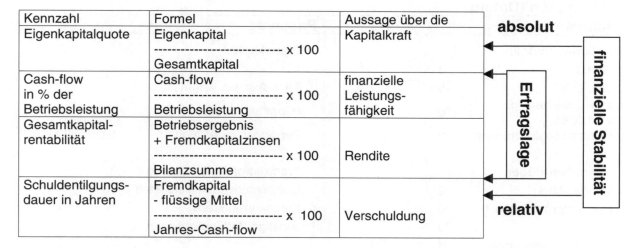

Durch den Quicktest kann auch die häufig gestellte Frage: „Hat das untersuchte Unternehmen zu viele Schulden?" eindeutig beantwortet werden. Denn:

- Die **Eigenkapitalquote** gibt darüber Auskunft, ob man absolut (in Geldeinheiten oder in Prozent der Bilanzsumme) zu viele Schulden hat oder nicht.
- Die **Schuldentilgungsdauer** informiert darüber, ob das Unternehmen relativ (im Verhältnis zum Jahres-Cash-flow) zu viele Schulden hat oder ein gesundes Verhältnis aufweist.

Für die Beurteilung der Kennzahlen empfiehlt sich die Verwendung der von Kralicek verwenden Beurteilungsskala. Die fünfteilige Skala ermöglicht es, für jede Kennzahl eine Note zwischen 1 (sehr gut) und 5 (insolvenzgefährdet) zu vergeben.

Beurteilungsskala

Kennzahl	Beurteilungsskala (Note)				
	sehr gut (1)	gut (2)	mittel (3)	schlecht (4)	Insolvenzgefährdet (5)
Eigenkapitalquote	> 30%	> 20%	> 10%	< 10%	negativ
Cash-flow in Prozent der Betriebsleistung	> 10%	> 8%	> 5%	< 5%	negativ
Gesamtkapitalrentabilität	> 15%	> 12%	> 8%	< 8%	negativ
Schuldentilgungsdauer	< 3 J.	< 5 J.	< 12 J.	> 12 J.	> 30 J.

Quicktest – Beispiel (nach Kralicek)

Bilanz zum (Datum)

Aktiva			Passiva		
Anlagevermögen			**Eigenkapital**		40 A)
Grund	3				
Gebäude	15		Fremdkapital, langfristig		
sonst. Sachanlagevermögen	10		Hypothekarkredit	10	
Finanzanlagevermögen	2	30	Pensionsrückstellung	10	20
Umlaufvermögen			**Fremdkapital, kurzfristig**		
liquide Mittel	2 D)		Lieferantenverbindlichkeiten	25	
Kundenforderungen	20		Kontokorrentkredit	10	
Vorräte	40		sonstige Verbindlichkeiten	5	40
sonstige Forderungen	8	70			
Bilanzsumme		100	**Bilanzsumme**		100 B)

G & V für (Jahr)

Aufwendungen		Erträge	
Materialeinsatz	100	Fakturenerlöse	210
Personalkosten	40	Bestandsverringerungen	
Fremdkapitalzinsen	2 G)	Halb- und Fertigwaren	10
Verkaufsprovisionen	10		
Kundenskonto	4	= (Betriebsleistung)	200 F)
Hilfs- und Betriebsstoffe	1		
Energie	5		
Instandhaltung Maschinen	3		
Werkzeugverbrauch	2		
sonstiger Aufwand	7		
Abschreibungen	10 H)		
Dotierung Pensionsrückstellung	1 H)		
Gewinn (vor ESt.)	15 C)H)		
Gesamt	200	**Gesamt**	200

© Kurt Nagel „Systeme für den Erfolg"

III. Instrumente zur Finanz- und Kostenanalyse

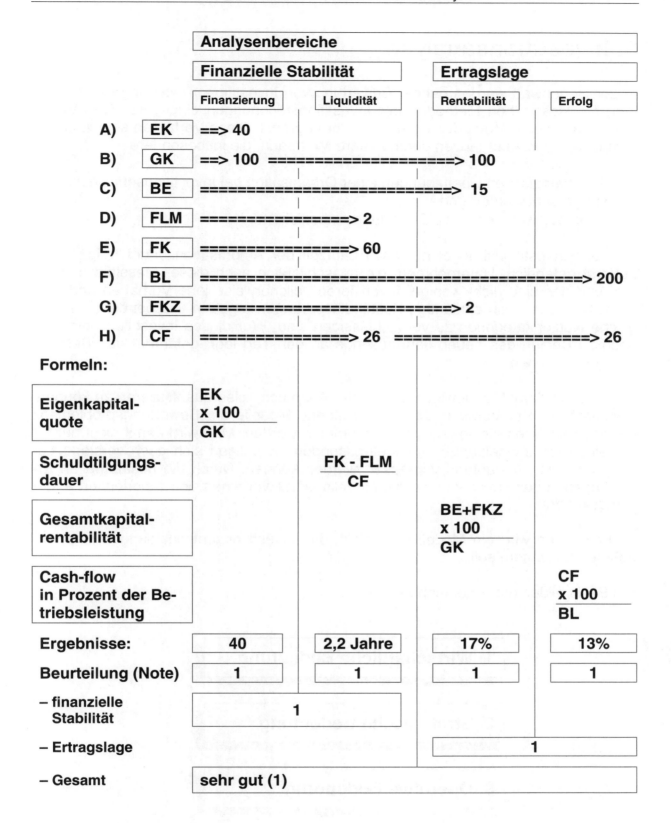

3. Investitionsanalyse

In der Gegenwart werden bei der Bewertung von Investitionen noch in großem Umfang die klassischen Methoden der Investitionsrechnungen eingesetzt. Die Aussagefähigkeit dieser Methoden ist jedoch sehr begrenzt. Diese Verfahren sind verstärkt abzulösen bzw. zu ergänzen durch neuere Methoden, die insbesondere

- den strategischen Überlegungen einer Organisation bei Investitionsentscheidungen gerecht werden und
- qualitative Kriterien in die Bewertung einbeziehen.

Wer das Investitionsbudget nur nach Laufzeit der Amortisationsdauer freigibt, lebt äußerst gefährlich. Unternehmen, die ausschließlich nach dieser Messlatte operieren, und das sind nicht wenige, favorisieren üblicherweise jene Vorhaben und Projekte, bei denen sich eindeutige Kosteneinsparungen ergeben und bei denen strategische Nutzenkategorien zu vernachlässigen sind. Wer dieses Investitionsverhalten noch zu Beginn des neuen Jahrtausends an den Tag legt, gefährdet den Bestand des Unternehmens.

Es sei auch darauf hingewiesen, dass der Anspruch, alles quantifizieren zu können, illusorisch ist. Der Versuch, über verschiedene Modelle der Bewertungsproblematik näher zu kommen, sollte jedoch unternommen werden. Man wird damit nicht nur für die einzelnen Zielsetzungen konkreter, sondern es zeigen sich auch verstärkt Lösungsansätze, die laufend verbessert werden können. Durch die gesammelten Erfahrungen in der Praxis können die Modellansätze verfeinert und zielorientiert angewandt werden.

Im Folgenden wird ein Modell vorgestellt, das Investitionsentscheidungen in Unternehmen erleichtern soll.

Die Basis bilden drei Kriterienbereiche:

1. **Wirtschaftliche Bedeutung**

2. **Strategische Bedeutung**

3. **Operative Bedeutung**

Bewerten von Projekten

1. Wirtschaftlichkeit (Rentabilität/Amortisationsdauer)

Amortisationsdauer	über 6 Jahre	über 4 bis 6 Jahre	über 2,5 Jahre	über 1,25 Jahre	bis 1,25 Jahre
Rentabilitätsziffer	1	2	3	4	5
Beurteilung					

2. Strategische Bedeutung (siehe nachfolgende Kriterienübersicht)

Beurteilung / Kriterien	sehr niedrig	niedrig	mittel	hoch	sehr hoch
	1	2	3	4	5
Bessere Kundenorientierung					
Schaffen von Zusatznutzen					
Neue Produkte/Neue Dienstleistungen					
Erhöhung der Marktanteile					
Verbesserung der Reaktionsgeschwindigkeit					
Erhöhung der Austrittsbarrieren					
Erhöhung der Eintrittsbarrieren					
Bessere Information/Steuerung					
Beurteilung (höchster Wert)					
Beurteilung (Durchschnittswert)	Punktzahl: Kriterien =				

3. Operative Dringlichkeit (siehe nachfolgende Kriterienübersicht)

Beurteilung / Kriterien	sehr niedrig	niedrig	mittel	hoch	sehr hoch
	1	2	3	4	5
Erfüllung von Rechtsvorschriften					
Erfüllung interner Vorschriften					
Abhängigkeit von Projekten					
Probleme im täglichen Geschäft					
Ablöse-/Erneuerungsbedarf					
Veränderungen der Aufbauorganisation					
Veränderungen der Ablauforganisation					
Personelle Engpässe					
Beurteilung (höchster Wert)					
Beurteilung (Durchschnittswert)	Punktzahl: Kriterien =				

© Kurt Nagel „Systeme für den Erfolg"

Kriterienübersicht „Strategische Bedeutung"

Punkte Kriterien	1	2	3	4	5
Bessere Kundenorientierung	Nicht wahrnehmbar	Geringe Verbesserung	Wahrnehmbare Verbesserung	Deutliche Verbesserung	Signifikante und nachhaltige Verbesserung
Schaffen von Zusatznutzen	Nicht wahrnehmbar	Nutzen ist kaum erkennbar	Nutzen ist wahrnehmbar	Mehrwert ist deutlich verbessert	Nutzen ist signifikant und nachhaltig
Neue Produkte/ Neue Dienstleistungen	Kein Wettbewerbsvorteil	Leichter Wettbewerbsvorteil	Wahrnehmbarer Wettbewerbsvorteil	Deutlicher Wettbewerbsvorteil	Signifikanter und nachhaltiger Wettbewerbsvorteil
Erhöhung der Marktanteile	Nicht wahrnehmbar	Kaum wahrnehmbar	Wahrnehmbare Verbesserung	Deutlich zu Lasten der Konkurrenz verbessert	Deutlich und nachhaltig zu Lasten der Konkurrenz verbessert
Verbesserung der Reaktionsgeschwindigkeit	Nicht wahrnehmbar	Kaum wahrnehmbar	Wahrnehmbare Verbesserung	Scheller als die Konkurrenz	Deutlich schneller als die Konkurrenz
Erhöhung der Austrittsbarrieren bei Kunden	Nicht gegeben	Kaum erkennbar	Wahrnehmbare Erhöhung	Wesentlich höhere Austrittsschwellen	Höchst mögliche Austrittsschwellen
Erhöhung der Eintrittsbarrieren für Mitbewerber	Nicht gegeben	Kaum erkennbar	Wahrnehmbare Erhöhung	Wesentlich höhere Eintrittsschwellen	Höchst mögliche Eintrittsschwellen
Bessere Informations- und Steuerungsmöglichkeiten	Nicht wahrnehmbar	Geringe Verbesserung	Wahrnehmbare Verbesserung	Deutliche Verbesserung	Signifikante und nachhaltige Verbesserung

© Kurt Nagel „Systeme für den Erfolg"

Kriterienübersicht „Operative Bedeutung"

Kriterien \ Punkte	1	2	3	4	5
Externe Rechtsvorschriften	Keine Nichtbeachtung	Nichtbeachtung, ohne Sanktionen	Nichtbeachtung, wahrscheinlich ohne Sanktionen	Nichtbeachtung, wahrscheinlich mit Sanktionen	Nichtbeachtung, die mit Sicherheit zu Sanktionen führt
Interne Revisions-/Kontrollvorschriften	Keine Beeinträchtigung der Sicherheit	Tolerierbare Beeinträchtigung	Spürbare Beeinträchtigung	Schwerwiegende Beeinträchtigung	Völlige Beeinträchtigung der Ordnungsmäßigkeit und Sicherheit
Abhängigkeit von einzelnen Projekten	Keine Abhängigkeit	Geringe Abhängigkeit	Mittlere Abhängigkeit	Starke Abhängigkeit	Höchst mögliche Abhängigkeit
Probleme im täglichen Geschäft	Nicht gegeben	So gut wie nicht gegeben	Mittlerer Anteil an Fehlerquoten/Beschwerden	Hoher Anteil an Fehlerquten/Beschwerden	Unzumutbar hohe Fehler- und Beschwerdenquote
Ablöse-/Erneuerungsbedarf	Kein Bedarf	In naher Zeit kein Bedarf	Handlungsbedarf angekündigt	Dringender Handlungsbedarf	Sofortiger Handlungsbedarf
Veränderungen der Ablauforganisation	Keine Auswirkungen auf Projekte	Kaum Auswirkungen auf Projekte	Geringe Auswirkungen	Handlungsbedarf für Projektinitiierung	Initiierung von Projekten ist ein „Muss"
Personelle Engpässe	Keine Einschränkung	Kaum eingeschränkt	Mittlerer Engpass	Starker Engpass	Nicht überbrückbarer Engpass

© Kurt Nagel „Systeme für den Erfolg"

Projektpriorisierung

Bewertung der Projekte	Wirtschaftlichkeit	Strategische Bedeutung	Operative Dringlichkeit	Bewertungszahl	Rangfolge	Risiko der Projektdurchführung
A	2	3	2	322	7	
B	1	4	2	421	6	
C	2	2	2	222	9	Hoch
D	1	1	5	511	4	
E	4	4	4	444	5	
F	2	5	2	522	3	Sehr hoch
G	4	5	2	542	2	
H	3	1	2	321	8	
I	1	2	2	221	10	
J	3	4	5	543	1	
K	2	1	1	211	11	

© Kurt Nagel „Systeme für den Erfolg"

Portfolio Projektmanagement

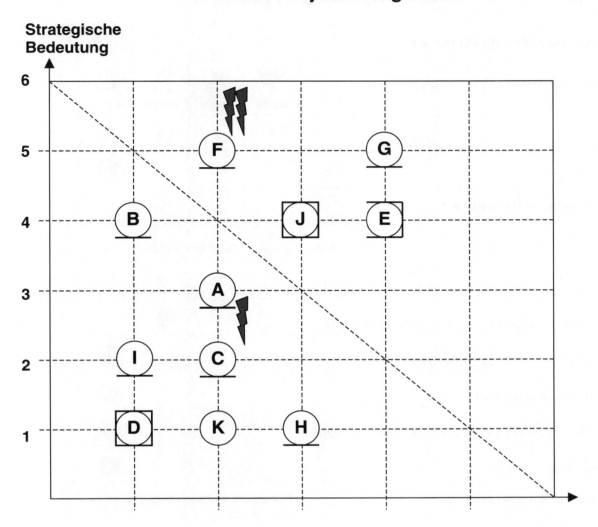

© Kurt Nagel „Systeme für den Erfolg"

Beispiel: Investitionsbewertung

1. Rentabilität/Amortisationsdauer

Amortisationsdauer	über 6 Jahre	über 4–6 Jahre	über 2–4 Jahre	über 1–2 Jahre	bis 1 Jahr
Rentabilität	1	2	3	4	5
Bewertung				●	

2. Strategische Bedeutung

Kriterien \ Bewertung	sehr niedrig	niedrig	mittel	hoch	sehr hoch
	1	2	3	4	5
Investitionssicherheit durch Aufwärtskompatibilität			●		
Erfüllung zukünftiger Sicherheitskategorien				●	
Durchgängige Diagnosefähigkeit				●	
Verarbeitungsgeschwindigkeit/kürzere Reaktionszeit				●	
Manipulationssicherheit				●	
Bewertung (Durchschnittswert)	Punktzahl: Kriterien (= 3,8) = 4				

3. Operative Dringlichkeit

Kriterien \ Bewertung	sehr niedrig	niedrig	mittel	hoch	sehr hoch
	1	2	3	4	5
Reduzierung von Schnittstellenproblematiken				●	
Geringerer Platzbedarf und Installationsaufwand				●	
Durchgängige Diagnosefähigkeit				●	
Effiziente Umsetzung von Projekten			●		
Einsparpotenziale Logistik			●		
Bewertung (Durchschnittswert)	Punktzahl: Kriterien (= 3,6) = 4				

© Kurt Nagel „Systeme für den Erfolg"

4. Nutzenanalyse

Bei dieser Methode steht die Bewertung des Nutzens im Vordergrund. Die Vorgehensweise bei der Realisierung der Nutzenanalyse erfolgt in mehreren Stufen, wobei die Einteilung der herauszufindenden und bewerteten Vorteile eines Verfahrens nach Nutzenkategorien und deren Realisierungschance die Hauptpunkte sind.

Für die Einteilung des zu erwartenden Nutzens geht diese Methode von drei Nutzenkategorien aus:

- direkter Nutzen   (Nutzenkategorie I),
- relativer Nutzen   (Nutzenkategorie II),
- schwer fassbarer Nutzen   (Nutzenkategorie III).

Nach der Ermittlung der Nutzenkategorien und ihrer konkreten Nutzenkriterien sind die drei Kategorien nach ihrer Aussicht auf Realisierbarkeit einzustufen. Hinsichtlich der Realisierbarkeit unterscheidet man nach hohen, mittleren und geringen Erwartungen. Die folgende Abbildung „Standardaufteilung bei der Nutzenanalyse" (S. 78) verdeutlicht die Unterteilung. Bei der **Nutzenkategorie I** handelt es sich um Kostenersparnisse. Die Bewertung dieses Nutzens ist relativ einfach, wenn die entsprechenden Kostengrößen vorliegen und direkt verwendet werden können. Es sind also quantifizierbare Einsparungen. Die Realisierbarkeit der Einsparung hängt ausschließlich vom Unternehmen selbst ab. Besonders kritisch wird die Aussage natürlich immer dann, wenn es sich um Einsparungen an Arbeitskosten handelt. Eine Entlassung des betroffenen Mitarbeiters ist in der Regel nicht möglich, oft auch nicht erwünscht. Bezogen auf das Gesamtunternehmen fallen dann die Personalkosten auch nach der Umstellung an. Ein Ertrag im betriebswirtschaftlichen Sinne liegt nicht vor – wohl aber ein Nutzen, denn für das betreffende Arbeitsgebiet entfällt die Arbeitskraft des Mitarbeiters.

Der **Nutzenkategorie II** werden zwei Arten des Nutzens zugeordnet:

1. bessere Nutzung der knappen Ressourcen und
2. Auffangen zukünftiger Kostensteigerungen.

Zu 1. Bessere Nutzung knapper Ressourcen

Welche Nutzenarten sollen in diese Gruppe eingeordnet werden? Einige Beispiele werden dies deutlich machen:

- Eine Kreditkontrolle zum Zeitpunkt des Auftragseingangs stellt rechtzeitig fest, ob der Kunde bereits sein Kreditlimit überschritten hat. Hierdurch wird das Risiko uneinbringlicher Forderungen verringert und die Ressource „Kapitaleinsatz zur Finanzierung von Forderungen" beeinflusst.
- Bei Eingang mehrerer Aufträge gleichzeitig mit verschiedenen Artikeln kann es passieren, dass der Bestand eines Artikels mehrfach vergeben wird, wenn kein aktuelles Auskunfts- und Reservierungssystem vorhanden ist. Durch die maschinelle Reservierung der Artikel und die komplette Kommissionierung der Aufträge werden Doppelarbeiten vermieden, höherer Bearbeitungsaufwand und Zeit eingespart.

© Kurt Nagel „Systeme für den Erfolg"   110900w

Ein großer Teil des Produktivitätszuwachses liegt in der Zeitersparnis. Wenn Auftragsbearbeitungszeiten verkürzt und Arbeitsabläufe schneller erledigt werden, so lässt sich die knappe Ressource „Zeit" besser nutzen. Als Bewertungsgrundlagen bieten sich Messungen, Vergleiche, aber auch Schätzungen und Kennzahlen im Vergleich zu anderen Unternehmen an. Die Realisierung dieses Nutzens hängt davon ab, die Vorteile der Investitionen richtig zu nutzen und die neue Organisation konsequent einzuführen.

Zu 2. Auffangen zukünftiger Kostensteigerungen

Die Einsparungen sind im Unterschied zur Nutzenkategorie I zukunftsorientiert. Das heisst:

- Vermeidung von Mehrkosten beim Wachsen der Aufgaben.
- Auffangen der Mehrkosten durch erkennbare Änderungen in der Zukunft (Arbeitszeitverkürzung, Verschlechterung der Relation zwischen der Zahl der Aufträge zu der Zahl der Angebote, organisatorische Änderungen, Gesetzesänderungen usw.).

Die Realisierung dieses Nutzens ist zum Teil vom Unternehmen direkt abhängig, soweit es selbst entscheiden kann, ob geplante Änderungen durchgeführt werden sollen. Ein erheblicher Teil der Einflussmöglichkeiten auf die Realisierung des Nutzens liegt allerdings bei externen Faktoren wie Preisentwicklung, Tarife, Marktsituation, Konjunkturlage, Wettbewerb in der Branche usw.

Die Möglichkeiten, diese Nutzenarten zu realisieren, sind geringer als bei der Nutzenkategorie I. Trotzdem muss ein Unternehmen diese Nutzeffekte mit einkalkulieren.

Bei der **Nutzenkategorie III** stehen ein hoher Informationsgrad bzw. strategische Vorteile im Vordergrund. Wenn beispielsweise eine Versicherungsgesellschaft ihren Kunden aus der Fertigungsindustrie den Zugriff zu einer Datenbank anbietet, damit diese die Betriebsstätten mit hohen Unfallzahlen besser analysieren und effizientere Sicherungsmaßnahmen durchführen können, so hat das sicher strategische Gründe für die Versicherungsgesellschaft. Der Zugriff auf die Datenbank der Versicherungsgesellschaft könnte zu einem Wettbewerbsvorteil im Versicherungsgeschäft werden, auch wenn eventuell kurzfristig das Prämienaufkommen bei den Fertigungsbetrieben sinkt. Zudem könnte die Versicherungsgesellschaft Neukunden durch diesen Service gewinnen.

Andere Nutzenelemente dieser Kategorie sind z. B. beim Einsatz von Investitionen in die Informationsverarbeitung auch:

- höhere Auskunftsbereitschaft,
- verbesserter Kundenservice,
- schnellere Einführung neuer Produkte,
- schnelle Reaktion auf Marktveränderungen.

Die Nutzenkategorie III erfasst also Nutzenelemente, die den Fortbestand des Unternehmens sichern helfen und auch neue Geschäftschancen erschließen.

Für die Bewertung dieses Nutzens kann keine allgemeingültige Regel aufgestellt werden. Grundsätzlich kann der Einsatz dieser Nutzenelemente nur durch die Unternehmensführung entschieden werden, die Chancen und Risiken bewerten muss.

Unterstützung bieten Vergleiche mit ähnlichen Situationen. Annahmen und Schätzungen sind als Bewertungsgrundlagen geeignet. Hilfreich sind Fragestellungen wie „Wie wichtig und wertvoll sind welche Informationen für wen?" oder: „Ist die Beherrschung einer neuen Technologie ohne unterstützende Informationssysteme überhaupt möglich?" oder recht einfach „Wie hoch wäre der Aufwand bei manueller Erstellung?". Derartige Bewertungen können nur von den Führungskräften vorgenommen werden. Zur Versachlichung lassen sich auch Umsatz- und Gewinnerwartungen in Plänen ausdrücken.

Die Realisierung dieses Nutzens in der Kategorie III wird von verschiedenen Faktoren beeinflusst:

- externe Einflüsse, z. B. Marktsituation, Kunden, Lieferanten;
- interne Einflüsse, z. B. Bereitschaft und Fähigkeit der Mitarbeiter, die entsprechenden Schlussfolgerungen aus den Informationen zu ziehen bzw. die richtigen Maßnahmen zu treffen.

Neben den drei Nutzenkategorien ist die **Realisierbarkeit** nach hohen, mittleren und geringen Erwartungen zu berücksichtigen. Ordnet man den drei Nutzenkategorien die drei Realisierungschancen zu, dann ergibt sich eine Matrix mit neun Feldern. Die einzelnen Felder haben bezüglich ihrer Einordnung nach der Quantifizierbarkeit und Realisierungschance einen unterschiedlichen Stellenwert. Es ergibt sich in der Standardaufteilung eine Reihenfolge von 1 – 9, die sich aus der folgenden Abbildung („Standardaufteilung bei der Nutzenanalyse") erkennen lässt.

Grundsätzlich sollte diese Einstufung individuell, d. h. unter Betrachtung der spezifischen Voraussetzungen von Unternehmen bzw. Verwaltungseinheit erfolgen. Nur in den Fällen, in denen die Einstufung große Schwierigkeiten bereitet, kann man die „Standardaufteilung" einsetzen. Bei der Standardaufteilung erfolgt die Einstufung lediglich nach der Wertigkeit der Nutzenkategorien und der Gruppierung nach Realisierungschancen. Die Standardaufteilung geht davon aus, dass die größte Realisierungschance bei der Nutzengruppe I/hoch ist, die kleinste bei der Nutzengruppe III/gering. Für die Realisierungsstufe 2 kommen die Nutzengruppe I/mittel und II/hoch in Frage. Da die Standardaufteilung davon ausgeht, dass das Risikogefälle zwischen den Nutzenkategorien I, II und III geringer ist als das Gefälle zwischen den Realisierungschancen hoch bis gering, wird die Nutzenkategorie II/hoch zur Realisierungschance 2, die Nutzengruppe I/mittel zur Realisierungsstufe 3.

Standardaufteilung bei der Nutzenanalyse

1. Einteilung der Nutzenkategorien

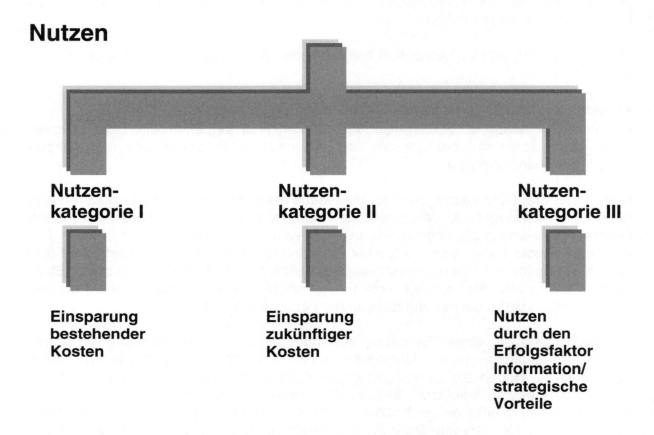

2. Einteilung der Realisierungschance

- hoch
- wahrscheinlich
- gering

Standardaufteilung bei der Nutzenanalyse

Nutzenübersicht Jahr / Nutzenkategorie / Realisierungschancen (in TD)		Anwendung:		
I Direkter Nutzen		①	③	⑥
II Relativer Nutzen		②	⑤	⑧
III Schwer fassbarer Nutzen		④	⑦	⑨

I Direkter Nutzen:	1		3		6			
II Relativer Nutzen:		2			5			8
III Schwer fassbarer Nutzen:				4			7	9

© Kurt Nagel „Systeme für den Erfolg"

Beispiel einer Nutzen-Risiko-Tabelle

	Anwendungs-gebiete	1	2	3	4	5	6	7	8	9	Summe
Direkter Nutzen (I)	1. Mitarbeiter-einsparung	110		110		55					275
	2. Niedrigere Lager-haltungskosten	25		50			15				90
	3. Geringerer Forderungsbestand	10		15			25				50
Relativer Nutzen (II)	4. Geringerer künftiger Personalbedarf		40			20			5		65
	5. Verbesserte Produktionsplanung		5			5			5		15
	6. Einsparung von Überstunden		20			15			5		40
Schwer fassbarer Nutzen (III)	7. Reduzierung künftiger Forderungsausfälle				60			30		30	120
	8. Automatische Neubestellungen				5			5		5	16
Summe pro Spalte		145	65	175	65	40	95	35	15	35	670
Aufgelaufene Summe			210	385	450	490	585	620	635	670	---
Aufgelaufener Prozentsatz		22	31	57	67	73	87	93	95	100	---

© Kurt Nagel „Systeme für den Erfolg"

Arbeitsblatt Nutzen-Risiko-Tabelle

	Anwendungs-gebiete	1	2	3	4	5	6	7	8	9	Summe
Direkter Nutzen (I)											
Relativer Nutzen (II)											
Schwer fassbarer Nutzen (III)											
Summe pro Spalte											
Aufgelaufene Summe											
Aufgelaufener Prozentsatz											

© Kurt Nagel „Systeme für den Erfolg"

5. Die Nutzwertanalyse – eine Methode zur besseren Entscheidungsfindung

Die Zielsetzung der Methode

Das Ziel dieser Methode ist es, anhand mehrerer Kriterien und auf Grund subjektiver Wertvorstellungen eine Wahl zwischen verschiedenen Handlungsalternativen zu treffen. Gewählt wird die Alternative mit dem höchsten Nutzwert. Die Methode sollte immer dann eingesetzt werden, wenn es um die Auswahl der besten Alternative aus mehreren geht.

Die Nutzwertanalyse dient der Objektivierung und Systematisierung von Entscheidungsprozessen. Sie soll dazu beitragen, die Wahrscheinlichkeit von Fehlentscheidungen zu verringern. In Wirtschaft und Verwaltung sind ständig Entscheidungen – meist unter großen Risiken – zu treffen. Eine einzige Fehlentscheidung in einer wichtigen Sachlage kann zum Untergang einer Organisation führen. Ruinös kann es sich aber auch auswirken, wenn ein beträchtlicher Teil der täglich anfallenden „weniger wichtigen" Entscheidungen falsch getroffen wird. Führungskräfte müssen daher wissen, wie man rationale Entscheidungen in Unternehmen trifft.

Vor- und Nachteile der Nutzwertanalyse

Als Vorteile der Nutzwertanalyse ergeben sich folgende Argumente:

- mehrere Zielsetzungen können verfolgt werden,
- Differenzierung der einzelnen Kriterien,
- die Entscheidung wird transparent gemacht,
- die Entscheidung wird objektiviert,
- eine differenzierte Formalisierung stellt die Nachvollziehbarkeit sicher,
- die zahlreichen Bewertungsregeln lassen eine gewisse Flexibilität in der Anwendung zu.

Bezüglich der Nachteile wird insbesondere auf die Objektivierung in der Gewichtung der Kriterien und die Fixierung der Wertigkeit hingewiesen. Die dargestellten Vorteile machen jedoch deutlich, dass bei einer systematischen Vorgehensweise diese Argumente nicht stichhaltig sind. Wie stellt sich eine Entscheidung dar, die nur im Kopf getroffen wird? Ist nicht hier der Anteil der Subjektivität wesentlich höher?

Das Vorgehen bei der Anwendung der Nutzwertanalyse

Im Folgenden wird die Vorgehensweise am Beispiel des Formulars Nutzwertanalyse geschildert:

1. Schritt: Ziel der Entscheidung definieren.

2. Schritt: Festlegen der Forderungen, welche die Entscheidung unbedingt erfüllen muss.
Darunter fallen alle Forderungen, die die Alternativen unbedingt erfüllen müssen, um zur Auswahl zugelassen zu werden.

3. Schritt: Aufstellen der Auswahlkriterien.
Die Auswahlkriterien stellen die eigentliche Grundlage zur Auswahl der Alternativen dar. Bei einer systematischen Vorgehensweise sollte man von Oberbegriffen ausgehen und diese schrittweise gliedern.

4. Schritt: Gewichten der Auswahlkriterien.
Die einzelnen Kriterien werden ihrer relativen Wichtigkeit nach sortiert. So geht man bei der Anwendung dieser Methode häufig von der Gesamtgewichtung aller Kriterien mit 100 Prozent aus. Jedem Auswahlkriterium wird ein bestimmter Prozentsatz zugeordnet. Die Gewichtung erfolgt vor dem spezifischen Hintergrund der Bedeutung für den Entscheidungsträger.

5. Schritt: Erarbeiten von Alternativen.
Es gilt, die in Frage kommenden Alternativen zu ermitteln. Wichtig ist, dass diese die unbedingten Forderungen erfüllen.

6. Schritt: Bewerten der Alternativen.
Im einfachsten Fall werden für die Alternativen Rangplätze vergeben. In unserem Beispiel wurde die Vereinbarung zugrunde gelegt, dass 1 die beste Erfüllung und 4 die schlechteste Erfüllung ist. Nach der Eintragung der jeweiligen Wertigkeiten in das Formular wird anschließend die Gewichtung (G) mit der Wertigkeit (W) multipliziert.

7. Schritt: Auswahl der besten Alternative als Entscheidung.
Es wird die Alternative ausgewählt, die die beste Anpassung an die Auswahlkriterien zeigt.

Nutzwertanalyse

❶ Ziel der Entscheidung									
❷ Unbedingte Forderungen									
		❺ Alternativen							
		A		B		C		D	
❸ Auswahlkriterien	❹ G	❻ W	GxW	❻ W	GxW	❻ W	GxW	❻ W	GxW
Ergebnisse									
❼ Entscheidung									

© Kurt Nagel „Systeme für den Erfolg"

Praxisfall: Analyse zur Wachstumsstrategie

Objektivierung von Gefühlsentscheidungen

Gerade im Bereich des Wachstums und der Expansion werden viele Entscheidungen in den jeweiligen Unternehmen auch heute noch rein gefühlsmäßig getroffen. Mögen sich diese Entscheidungen auch im Nachhinein als „goldrichtig" erweisen – zunächst verbleibt jedoch ein banges Gefühl der Unsicherheit.

Es ist deshalb in einer sehr stark vom Umfeld geprägten Geschäftswelt nützlicher denn je, sich derartige „Bauchentscheidungen" bewusst zu machen und mit einem methodischen Ansatz objektiviert zu lösen.

In der nachstehenden Analyse wurde folgende Vorgehensweise praktiziert:

- Auflisten der Wachstumsalternativen,
- Auflisten der Wachstumskriterien,
- prozentuale Gewichtung der Kriterien,
- Rangvergabe an die Wachstumsalternativen,
- Bewertungsziffern ermitteln: Gewichtung x Rang.

Auswertung:

- Bewertungszahl der jeweiligen Alternative durch Addition ermitteln: Favorit ist die niedrigste Bewertungszahl,
- Stichwahl 1: herangezogen wurden die fünf höchstgewichteten Kriterien,
- Stichwahl 2: herangezogen wurden die drei rein betriebswirtschaftlichen Kriterien.

Fazit: Mit dieser objektivierten und strukturierten Analysemethode können persönliche und emotionale Neigungen neutralisiert werden. Dem Unternehmen wird so zu einer erhöhten Entscheidungssicherheit verholfen und Wege zu einem erfolgreichen Unternehmenswachstum aufgezeigt.

© Kurt Nagel „Systeme für den Erfolg"

Kriterien des Wachstums \ Alternativen des Wachstums	Gewichtung in %	I. Internes Wachstum		II. Neue Geschäftsfelder		III. Ausbau von R&F		IV. Übernahme		V. Kooperation strat. Allianz	
		R	GxR	R	GxR	R	GxR	R	GxR	R	GxR
1. Investition	7	1	7	3	21	4	28	5	35	2	14
2. Amortisation *Stichwahl 2*	13	1	13	4	52	3	39	5	65	2	26
3. Rentabilität	18	1	18	4	72	3	54	5	90	2	36
4. Wettbewerbsvorteile *Stichwahl 1*	8	5	40	3	24	2	16	1	8	4	32
5. Marktanteile	9	5	45	3	27	2	18	1	9	4	36
6. Personalstruktur	23	3	69	4	92	5	115	1	23	2	46
7. Schaffen von Zusatznutzen (Mehrwert)	5	5	25	4	20	3	15	1	5	2	10
8. Passend zum Stammhaus (Konzeption)	4	1	4	2	8	3	12	5	20	4	16
9. Erhöhung der Eintrittsbarrieren	4	5	20	4	16	3	12	1	4	2	8
10. Erhöhung der Austrittsbarrieren (Kunden)	4	2	8	1	4	5	20	4	16	3	12
11. Interne Organisationstruktur	5	1	5	3	15	4	20	5	25	2	10
Priorisierung nach Bewertungszahl	100%	2. Rang	254	5. Rang	351	4. Rang	349	3. Rang	299	1. Rang	246
Stichwahl der 5 höchstgewichtigsten Kriterien		2. Rang	185	5. Rang	267	4. Rang	242	3. Rang	195	1. Rang	176
Stichwahl nach betriebswirtschaftlichen Kriterien		1. Rang	38	4. Rang	145	3. Rang	121	5. Rang	200	2. Rang	76

© Kurt Nagel „Systeme für den Erfolg"

IV. Instrumente zur Organisations- und Informationsanalyse

Methode	Ziel	Beispiel	Zeit
Generelle Erfolgsfaktoren Strategie Organisation Infosysteme Mitarbeiter Führung Kd. Orient.	Empirische Analysen zeigen, dass erfolgreiche Unternehmen über eine gute Ausprägung der sechs generellen Erfolgsfaktoren verfügen. Ein Indikatorensystem erlaubt die konkrete Standortbestimmung	• Ausprägung der Erfolgsfaktoren im Verhältnis zueinander • Ausprägung der einzelnen Indikatoren für jeden Erfolgsfaktor	Zirka eine halbe Stunde für eine grobe Einschätzung

Branchenerfolgsfaktoren
 	
EF | Wir | Beste | Ø
Qualität | 6 | 8 | 5
Service | 7 | 7 | 4
Mehrwert | 8 | 5 | 1
	Für jede Branche gibt es branchenspezifische Erfolgsfaktoren (EF). Diese gilt es zu kennen, um zu wissen, wo man gegenüber den Besten und dem Durchschnitt steht	• Erarbeiten Sie die Branchenerfolgsfaktoren
		• rufen Sie diese ab bei
		  - „Systeme für Erfolg"
		  - Verbänden
		  - Kreditinstituten
			Zirka eine halbe Stunde für eine erste Standortbestimmung

Spezifische Erfolgsfaktoren | H | M | Δ Mitarbeiter | 6 | 7 | 1 Problemlösg. | 8 | 9 | 1 Service | 7 | 9 | 2 Technologie | 5 | 7 | 2	Jedes Unternehmen/jede Verwaltung hat spezifische Erfolgsfaktoren. Auf einer Skala von 0–10 kann der Status „ist" (heute) und das Ziel „soll" (morgen) fixiert werden (H und M). Die Differenz (Δ) zeigt den Handlungsbedarf	1. Abfrage (Kartentechnik) 2. Priorisieren der Faktoren 3. Feststellen „ist"-Status 4. Fixieren „soll"-Status 5. Maßnahmen erarbeiten	Zur Durchführung der Schritte 1–5 (siehe „Beispiele") zirka ein bis eineinhalb Stunden
Kundenzufriedenheitsanalyse	Die Messung der Kundenzufriedenheit wird bewertet nach: • Wichtigkeit und • Zufriedenheit	Die Analyse gibt Auskunft: - Welche Kriterien sind dem Kunden wichtig? - Wie zufrieden sind die Kunden in den einzelnen Kriterien	Hängt vom Umfang der Kundenauswahl und der Differenzierung der Auswertung ab
Die fünf Bs in der Organisation der Kundenbetreuung Bearbeitung Beratung Betreuung Beziehung Bindung	Systematische Anpassung der Organisation und Mitarbeiter an eine bestmögliche Kundenorientierung	Checklisten geben Hinweise auf die Stärken und Schwachstellen der Unternehmung	Auf der Basis der Prüflisten benötigt man für die Standortbestimmung zirka zwei Stunden.

© Kurt Nagel „Systeme für den Erfolg"

1. Analyse der generellen Erfolgsfaktoren

Zahlreiche Studien und Abhandlungen begründen für Unternehmen die generellen Erfolgsfaktoren.

Diese sind unabhängig gültig von:

- der Branche,
- der Größe und
- umfeldspezifischen Gegebenheiten.

Die generellen Erfolgsfaktoren sind:

Auf der Basis dieser Faktoren wurde von den Verfassern ein dynamisches Entwicklungssystem erstellt, das eine Standortbestimmung für jedes Unternehmen zulässt.

Die folgende Abbildung zeigt die Struktur des Erfolgsfaktorensystems und die Anwendung auf den verschiedenen Unternehmensebenen. Die weiteren Abbildungen geben einen „praktischen Anwendungsfall" wieder.

© Kurt Nagel „Systeme für den Erfolg"

Das System der Erfolgsfaktoren

1. Struktur

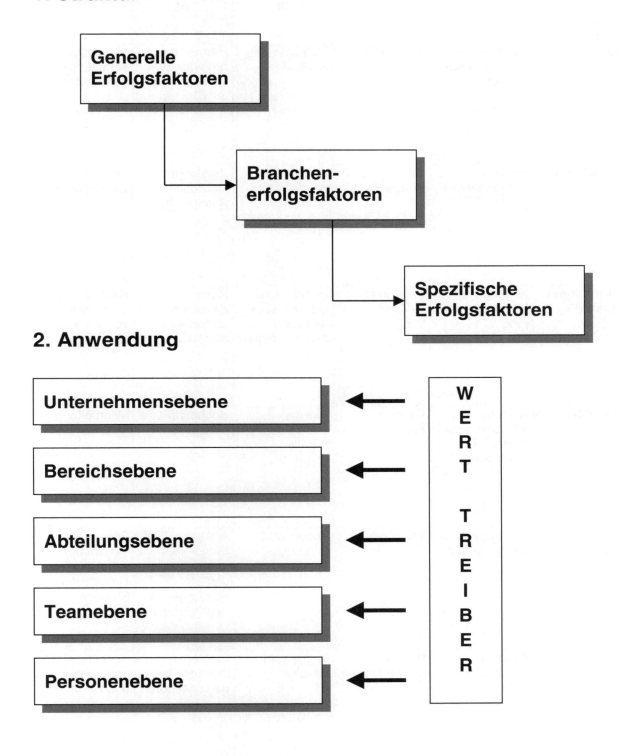

2. Anwendung

Praxisfall: Analyse der generellen Erfolgsfaktoren

Zusammenfassende Matrix der generellen Erfolgsfaktoren

Erfolgsfaktoren \ Phasen	Start I	Ausweitung II	Konsolidierung III	Wachstum IV	Integration V
Strategie	Keine strategischen Überlegungen	Kurzfristige Ausrichtung	Mittelfristige Strategie	Harmonisierung der Strategien	Marktorientierte langfristige Strategien
Organisation	Hoher Improvisationsgrad	Streben nach Standards	Hoher Standardisierungsgrad	Verstärkte individuelle Ausrichtung	Innovative Organisation
Informationssystem (IS)	IS bringt Kosteneinsparung	Verstärkte IS-Anwendung	Hoher Reifegrad bei standardisierten Anwendungen	Hohe Benutzerzufriedenheit durch IS	Strategische Wettbewerbsvorteile durch IS
Mitarbeiter	Aufgabenerfüllung nach Stellenbeschreibung	Geringe Freiräume	Aktionsorientierte Arbeitsgruppen	Hochmotivierte Mitarbeiter	Mitarbeiter ist Mitunternehmer
Führungssystem	Führungsstil ist naturgegeben	Verstärkte Delegation	Kooperatives Führungssystem	Adäquate Führungsgrundsätze und Führungsmethoden	Führungssystem gewährleistet Umsetzung der Strategie
Kundennähe	Kunde ist Geschäftsvorfall	Normale Kundenbeziehung	Kunde wird beachtet	Problemlösungen werden angeboten	Höchster Grad an Kundenorientierung

© Kurt Nagel „Systeme für den Erfolg"

Matrix der Standortbestimmung Strategie

	Start 0–2	Ausweitung 3–4	Konsolidierung 5–6	Wachstum 7–8	Integration 9–10
Geschäftsgrundsätze	In einzelnen Köpfen angedacht	Fixieren erster Grundsätze	Bemühungen um formale Umsetzung	Verfassung der Geschäftsgrundsätze steht	Grundsätze werden voll gelebt
Strategie	Notwendigkeit wird erkannt	Kurzfristige Ausrichtung	Mittelfristige Strategieansätze	Längerfristige Strategien	Integrierte, stark marktorientierte Strategien
Zielsetzung	Daumenregel herrscht vor	Generelle Jahresziele	Budgetvorgaben	Organisationsübergreifende Ziele	Flexibles Zielsystem
Zielkonflikt	Klärt sich von alleine	Wer am lautesten schreit...	Kostenausrichtung und ROI-Denken	Bereichslösungen mit Ertragsausrichtung	Optimierung für die gesamte Organisation
Kontrollsystem	Buchhaltung	Einzelne Kontrollpunkte	Umfassendes Kontrollsystem	Frühwarnsysteme	Effizientes, vorbeugendes Kontrollsystem
Technikeinsatz	Einfache Auswertungen	Stärken-Schwächen-Diagramme, Kennzahlen	Portfolio, Chancen/Risikenanalyse	Strategiekonzepte, Simulationen	Ausgefeiltes Instrumentarium

Matrix der Standortbestimmung Organisation

	Start 0–2	Ausweitung 3–4	Konsolidierung 5–6	Wachstum 7–8	Integration 9–10
Strategieumsetzung	Geringe Ausrichtung an der Strategie	Ansätze zeichnen sich ab	Starke Ausrichtung auf die Ablauforganisation	Anpassung der Aufbauorganisation	Höchste Flexibilität in der Anpassung
Aufbauorganisation	Schwerfällig	Kästchendenken herrscht vor	Zweckmäßiger funktionsorientierter Aufbau	Zunahme der Prozessorganisation	Starke Kunden- und Marktorientierung
Ablauforganisation	Zahlreiche Schwachstellen	Bemühen um Erkennen der Schwachstellen	Beseitigung wesentlicher Schwachstellen	Effiziente Arbeitsprozesse	Optimierung der internen und externen Prozesse
Mitwirkung der Betroffenen	Geringe Mitwirkung	Betroffene wirken in Einzelfällen mit	Stärkere Mitwirkung aller	Betroffene übernehmen Verantwortung	Betroffene sind Innovatoren
Technologieeinsatz/Logistik	Geringer Einsatz	Durchschnittlicher Einsatz	Starke Technologieeinsatz	Integrierte Technologien	Starke Wettbewerbsvorteile durch Technologien
Selbstorganisation der Mitarbeiter	Häufig chaotische Verhältnisse	Streben nach Verbesserungen	Beseitigen der Schwachstellen	Diszipliniertes Arbeiten mit Technologieunterstützung	Äußerst effizientes Arbeiten intern – wie extern

© Kurt Nagel „Systeme für den Erfolg"

Matrix der Standortbestimmung Informationssystem

	Start 0–2	Ausweitung 3–4	Konsolidierung 5–6	Wachstum 7–8	Integration 9–10
Stellenwert der Informationsverarbeitung	Lediglich unterstützende Funktion	Erreichen von Kostenvorteilen	Erreichen von Produktivitätsvorteilen	Generieren von Wettbewerbsvorteilen	Einsatz als strategische Waffe
Strategie	Kurzfristiger Hardware-/Softwareeinsatz	Kurzfristige Planung der Hardware-/Softwareentwicklung	Mittelfristige Planung der Hardware-/Softwareentwicklung	IS-Strategie ist Teil der Unternehmensstrategie	IS-Strategie dominiert andere Strategien
Daten	Klassische Daten im kaufmännischen Bereich	Klassische Daten im technischen Bereich	Aufnahme von Plandaten	Detaillierte Daten über Wettbewerber, Kunden, Märkte	Daten generieren langfristige Wettbewerbsvorteile
Anwendungen	Einzelne klassische Anwendungen	Integration der klassischen Anwendung	Logistikanwendungen	Vertriebs-, Entwicklungs-, Planungsanwendungen	Originäre, innovative Anwendungen
Service	Service ist für Benutzer unzureichend	Benutzeranforderungen werden berücksichtigt	Servicegrad-Vereinbarungen	100% Verfügbarkeit	Service rund um die Uhr
Betriebsform	Computer	Online	Netzwerk	Intelligente Workstations	Einbindung aller Medien

Matrix der Standortbestimmung Mitarbeiter

	Start 0–2	Ausweitung 3–4	Konsolidierung 5–6	Wachstum 7–8	Integration 9–10
Identifikation	Kaum möglich, da Ziele nicht präzisiert sind	Ansätze durch das Vorbild einzelner Personen	Zusammengehörigkeitsgefühl wird ausgeprägter	Klare Ziele ermöglichen rationale Identifikation	Höchster Grad an Identifikation
Betriebsklima	Unpersönlich und unterkühlt	Vorgesetzter-Mitarbeiter-Verhältnis bestimmt Betriebsklima	Teamgeist steigert die Befindlichkeit	Starkes Zusammengehörigkeitsgefühl	Das Betriebsklima ist sehr gut
Leistungsbereitschaft	Schulaufgaben-Denken herrscht vor	Sich fügen und einordnen	Ehrliche Leistungsbereitschaft	Priorisierung Firmeninteresse vor Privatinteresse	Hohe Eigeninitiative fördert Leistungsbereitschaft
Entlohnung	Tarifzahlung	Außertarifliche Leistungszulagen	Leistungslohn	Verstärkte Einbindung der Beurteilten	Gesamtwürdigung des Mitarbeiters als Mitunternehmer
Beurteilung	Meistens sehr subjektiv	Beurteilung nach fixierten Kriterien	Besprechungen mit Mitarbeitern	Persönlichkeitsentwicklung gewinnt an Bedeutung	Übereinstimmung von Firmen- und Mitarbeiterzielen
Weiterbildung	Anlernen am Arbeitsplatz	Sporadische Teilnahme an externen Seminaren	Streben nach gezielter Aus- und Weiterbildung	Effizientes Aus- und Weiterbildungssystem	Langfristige Aus- und Weiterbildungsprogramme

© Kurt Nagel „Systeme für den Erfolg"

Matrix der Standortbestimmung Führungssystem

	Start 0–2	Ausweitung 3–4	Konsolidierung 5–6	Wachstum 7–8	Integration 9–10
Führungsstil	Autoritäre/ patriarchalische Führung	Geringe Einbindung der Mitarbeiter	Stärkere Einbindung der Mitarbeiter	Kooperative Führung	Mitarbeiter ist Mitunternehmer
Hierarchische Struktur	Starre Strukturen	Eigenverantwortung wird betont	Starke abteilungsübergreifende Organisation	Organigramm folgt der Strategie	Starke Kundenorientierung
Delegationsverhalten	Anweisung herrscht vor	Absicherung durch Mitarbeitereinbindung	Delegation der Kompetenz	Verantwortung über die Zielrealisation	Bereiche sind Subunternehmen
Führungspersönlichkeit	Fachliche Kompetenz	Persönlichkeitsmerkmale treten hinzu	Soziale Kompetenz	Vorbildfunktion mit Unternehmerkompetenz	Höchstes Ansehen intern und extern
Kommunikation	Dienstweg ist einzuhalten	Gelegentliche Informationen über Strategien	Einsatz vielfältiger Medien	Starke bereichsübergreifende Kommunikation	Funktionierendes externes und internes Informationssystem
Fürsorgefunktion	Dienstliche Abwicklungen	Erste Ansätze einer erweiterten Fürsorgefunktion	Finanzielle und soziale Einrichtungen	Starke Berücksichtigung der Humanaspekte	Gemeinsame Problemlösungen individueller Situationen

Matrix der Standortbestimmung Kundennähe

	Start 0–2	Ausweitung 3–4	Konsolidierung 5–6	Wachstum 7–8	Integration 9–10
Strategie	Politik ist hausgemacht	Gezielte Ermittlung der Bedürfnisse	Orientierung an Markt- und Kundensegmenten	Aktive Produkt-/ Dienstleistungsstrategie	Höchster Grad an Flexibilität und Innovation
Berücksichtigung Umwelt/ Umfeld	Negierung	Tolerierung	Akzeptanz	Externe Ziele werden zu eigenen gemacht	Optimierung aller Anforderungen
Produkte/ Dienstleistungen	Standardisierung	Hoher Standard	Individualisierung/Spezialisierung	Systemlösung/ Problemlösung	Höchste Akzeptanz in Bezug auf Umwelt/Umfeld
Kundenbeziehungen	Kunde ist anonym	Kunde erfährt standardisierte Unterstützung	Kunde erhält individuelle Unterstützung	Kunde wird zum Partner	Langfristige Partnerschaft
Geschäftsabwicklung	Kundenwunsch wird abgearbeitet	Kunde erfährt standardisierte Beratung	Kunde erhält individuelle Betreuung	Persönliche Beziehungen entstehen	Gewinner-Gewinner-Spiel
Kundennutzen	Nicht zu erkennen	Durchschnittliche Leistung	Mehrwert wird erkennbar	Nutzen ist konkret gegeben	Bestmöglicher Nutzen

© Kurt Nagel „Systeme für den Erfolg"

2. Analyse der Branchenerfolgsfaktoren

Vorgehensweise

Schritt 1: Erarbeiten Sie die für Ihre Branche typischen Faktoren

- Fragen Sie und Ihre Mitarbeiter sich: „Was macht den Erfolg unserer Branche aus?
- Listen Sie die wesentlichen Faktoren auf.
- Die folgenden Beispiele geben Ihnen Hinweise zu den Erfolgsfaktoren ausgewählter Branchen.

Schritt 2: Ermitteln Sie die gegenwärtige Ausprägung der Erfolgsfaktoren und zwar aus Ihrer persönlichen Sicht!

- Um festzustellen, wie gut die Erfolgsfaktoren in Ihrem Betrieb ausgeprägt sind, verwenden Sie die Skalierung 0 – 10, wobei 0 nicht vorhanden ist, 5 für eine durchschnittliche Ausprägung steht und 10 die höchste Ausprägung darstellt.
- Die Ausprägung können Sie gemeinsam festlegen. Es ist möglich, dass auch der Durchschnitt aus einzelnen Meinungsbildern genommen wird.
- Verwenden sie das Arbeitsblatt „Erfolgsfaktorenanalyse" (vgl. Abb. S. 98).

Schritt 3: Ermitteln Sie die künftige Ausprägung der Erfolgsfaktoren!

- Bei diesem Schritt geht es um die künftig angestrebte Ausprägung. Es kommt dabei darauf an, zu fragen, was in einem bzw. in zwei Jahren realisierbar ist.
- Auch hier gilt die Skalierung 0 – 10.
- Versuchen Sie den erstrebenswerten Zustand gemeinsam zu fixieren und binden Sie verstärkt auch Kunden ein.

Schritt 4: Listen Sie die erforderlichen Aktivitäten auf!

- Ermitteln Sie zunächst die Differenz zwischen der Ausprägung heute und morgen.
- Legen sie die Prioritäten fest. Die Prioritätenfolge muss nicht identisch mit der Folge der größten Differenzen sein.
- Erarbeiten Sie für die einzelnen Erfolgsfaktoren konkrete Maßnahmen.
- Tragen Sie die Aktivitäten in das Arbeitsblatt „Erfolgsfaktoren und Aktivitätenplan" (vgl. Abb. S. 99) ein.

Praxisfall: Branchenspezifische Erfolgsfaktoren

Ausprägung der branchenspezifischen Erfolgsfaktoren heute/morgen

Branchenspezifische Erfolgsfaktoren	Ausprägung heute	Ausprägung morgen	Differenz	Prioritäten Bemerkungen
Branchenkenntnisse/ Erfahrung	6	8	2	3. Priorität Kennzahlen erarbeiten
Spezialfachwissen	6	7	1	4. Priorität Niveau halten
Persönlicher Kundenkontakt	2	6	4	1. Priorität Direkte und indirekte Methoden zur Kundenansprache festlegen/anwenden
Beratungsmethoden	5	6	1	4. Priorität Niveau halten
Bekanntheitsgrad	2	5	3	2. Priorität Image aufbauen
Empfehlung	1	4	3	2. Priorität Image aufbauen
Werbung/ Internationalität	2	6	4	1. Priorität Marketingmaßnahmen planen/umsetzen

© Kurt Nagel „Systeme für den Erfolg"

Erfolgsfaktoren: Fertigungsunternehmen

- Preis-Leistungs-Verhältnis

- Maßgeschneiderte Lösungen

- Hervorragende Qualität

- Betriebssicherheit (Produkthaftung)

- Pünktliche Lieferung

- Innovative Lösungsansätze

- Flexibilität

- Nutzung der Konstruktionserfahrung

- Kurze Durchlaufzeiten

- Optimale Lagerhaltung

- Strategische Ausrichtung

- Stand der Technologie

© Kurt Nagel „Systeme für den Erfolg"

Erfolgsfaktoren: Speditionsbranche

- Preisflexibilität
- Informationssystem
- Motivierte Mitarbeiter
- Fahrplaneinhaltung
- Auslastung der Fahrzeuge (Lkw)
- Auskunft über den Sendungsstatus
- Keine Fehlverladung
- Richtige, zeitgerechte Anlieferung
- Korrekte Berechnung
- Rund-um-die-Uhr-Service
- Spezialangebote
- Logistiksystem
- Preis-Leistungs-Verhältnis
- Strategische Allianzen mit Partnern

Arbeitsblatt: Erfolgsfaktorenanalyse

Branche: Erfolgsfaktoren:	Ausprägung (0 – 10)		Differenz Δ	Priorität
	heute	morgen		

© Kurt Nagel „Systeme für den Erfolg"

Arbeitsblatt: Erfolgsfaktoren- und Aktivitätenplan

Priorität	Erfolgsfaktor	Aktivitäten zur Verbesserung	Verantwortlich	Termin

© Kurt Nagel „Systeme für den Erfolg"

3. Analyse der unternehmensspezifischen Erfolgsfaktoren

Die spezifischen Erfolgsfaktoren sind die Faktoren, die für ein Unternehmen von vitaler Bedeutung sind. Die Ermittlung dieser Faktoren geschieht in folgenden Schritten und mit folgenden Methoden:

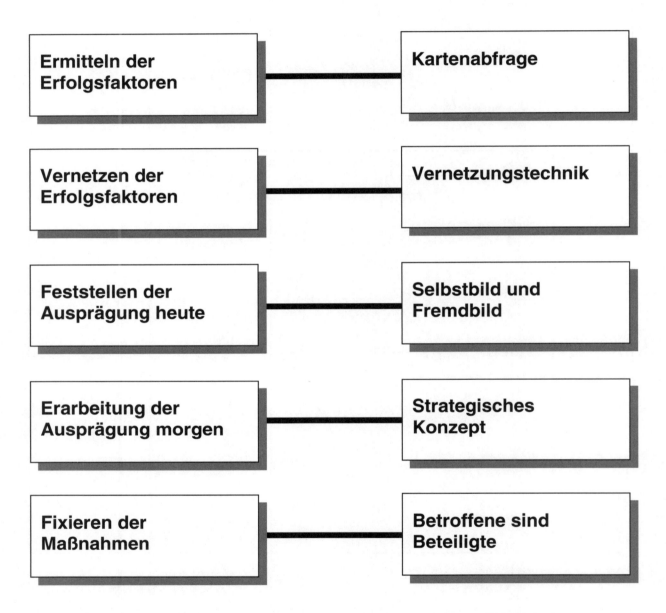

Diese Schritte sind überschaubar strukturiert und sicherlich gut nachvollziehbar. Um die Faktoren mit Hebelwirkung zu finden, empfiehlt sich die Anwendung der Vernetzungstechnik. Diese wird im Folgenden ausführlich erläutert.

Die gegenseitige Wirkung von Einflussfaktoren lässt sich mit einer Vernetzungsmatrix darstellen.

Vernetzung der Erfolgsfaktoren

Bausteine Wirkung von ↓ auf →	(1)	(2)	(3)	(4)	Aktiv-summe
(1) Grundsätzen/Strategien		2	2	1	5
(2) Mitarbeitern	1		1	2	4
(3) Produkten	1	0		2	3
(4) Kundenorientierung	1	0	1		2
Passivsumme	3	2	4	5	14

Einflussstärke: 0 = kein, 1 = geringer, 2 = starker Einfluss

Vernetzungsmatrix

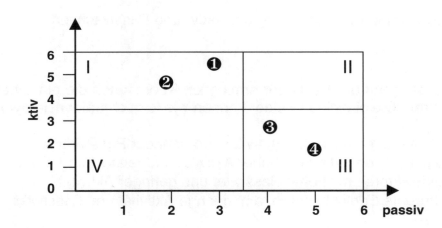

Berechnungen:
- *Begrenzung der Aktiv- und Passivachsen*
  Anzahl der Elemente   ((n) – 1) x 2
  Beispiel: (4 – 1) x 2 = 6

- Schnittpunkt der Aktiv- und Passivachse
  Addition der Aktiv- und Passivsumme: Anzahl der Elemente
  Beispiel: 14   : 4 = 3,5

Trägt man in eine Matrix die Erfolgsfaktoren ein, dann besteht die Möglichkeit, ihren gegenseitigen Einfluss zu ermitteln. Unser Beispiel (siehe Abb. „Vernetzung der Erfolgsfaktoren") geht von vier Faktoren aus:

- Grundsätze/Strategien,
- Mitarbeiter,
- Produkte,
- Kundenorientierung.

Für jeden Faktor ist seine Wirkung auf die anderen Faktoren zu ermitteln. So beeinflusst in unserem Beispiel der Faktor Mitarbeiter die Kundenorientierung stark (mit 2 angeben), die Grundsätze/Strategien und Produkte mittelmäßig (mit 1 gekennzeichnet). Aus der Matrix geht hervor, dass die Grundsätze/Strategien die anderen Faktoren insgesamt stark beeinflussen (Aktivsumme 5), während die Wirkungen auf diesen Erfolgsfaktor selbst mittelmäßig sind (Passivsumme 3).

Addiert man die Aktivwerte aller Erfolgsfaktoren und teilt diese Summe durch die Anzahl der Faktoren, dann erhält man den Mittelwert 3, 5 (14:4). Mit Hilfe dieses Wertes und der Begrenzung der Aktiv- und Passivachsen ergibt sich das in der Abb. „Vernetzungsmatrix" dargestellte Diagramm. Die Begrenzungswerte erhält man durch die Multiplikation der Anzahl der Faktoren minus eins (der Faktor beeinflusst sich selber nicht) und dem Wert für starken Einfluss (2).

In unserem Beispiel ergibt die Begrenzung der Aktiv- und Passivachsen:

$(4 - 1) \times 2 = 6$

In die Felder sind dann auf der Basis der ermittelten Koordinaten die einzelnen Faktoren zu positionieren. Die einzelnen Felder können wie folgt charakterisiert werden:

- **Feld I:** Erfolgsfaktoren mit hoher Aktivität und geringer Passivität
- **Feld II:** Erfolgsfaktoren mit relativ hoher Aktivität und relativ hoher Passivität
- **Feld III:** Erfolgsfaktoren mit hoher Passivität und geringer Aktivität
- **Feld IV:** Indifferente Erfolgsfaktoren, d.h. geringe Aktivität und Passivität

Danach wären in unserem Beispiel die beiden aktivsten Faktoren:

- Grundsätze/Strategien,
- Mitarbeiter.

Wenn an diesen Faktoren gearbeitet wird, dann kann man auch davon ausgehen, dass die Produkte und die Kundenorientierung stimmen!

Fazit:
Bei einer Verknüpfung mehrerer Faktoren empfiehlt sich die Anwendung der Vernetzungstechnik. Es gilt, die Faktoren zu ermitteln, die die anderen stark beeinflussen. Die Faktoren mit Hebelwirkung sind vorrangig zu bearbeiten. Setzen Sie also bei diesen Maßnahmen auf das richtige Pferd!

4. Kundenzufriedenheitsanalyse

Die Turbulenzen und Risiken im unternehmerischen Umfeld verlangen von Unternehmen eine kompromisslose Ausrichtung auf die Anforderungen und Ansprüche des Marktes. Der Kunde und alle anderen marktbeeinflussenden Faktoren müssen zum Maßstab des unternehmerischen Denkens und Handelns werden. Die Herausforderung „Kunde" bestehen,

- heißt mehr als ein freundliches Lächeln,
- erfordert ganzheitliche Konzepte,
- verlangt zielgruppen- und marktorientierte Organisations- und Informationssysteme und
- erfordert vom Mitarbeiter, in die Rolle des Mitunternehmers zu schlüpfen.

Nur wer ständig in den Hirnwindungen der Kunden spazieren geht und den Markt und seine Entwicklungen intensiv im Auge behält, kann heute und morgen dauerhafte Erfolgspositionen aufbauen.

In den vergangenen Jahren rückte die Kundenorientierung verstärkt in den Vordergrund unternehmerischer Aktivitäten. Man weiß, dass die Zufriedenheit des Kunden der eigentliche Kernpunkt jeder Arbeit ist. Er darf kein Außenstehender bleiben, sondern er muss ein lebendiger Teil des Geschäfts sein.

Für das Unternehmen kommt es darauf an, dem Kunden einen Mehrwert zu bieten – egal, ob in qualitativer, servicemäßiger, innovativer oder emotionaler Hinsicht – der dem Unternehmen für eine gewisse Zeit einen Wettbewerbsvorteil einbringt. Die Betonung der Zeitkomponente macht deutlich, dass es Mitbewerbern in der Zukunft immer schneller gelingen wird, den erzielten Vorsprung einzuholen. Wettbewerbsvorteile werden heute nicht mehr in Jahren gemessen, sondern in Monaten und sogar Tagen. Die Produktlebenszyklen verkürzen sich seit Jahren kontinuierlich.

Will man die Wettbewerbsvorteile zeitlich ausdehnen, dann weiß man um die Notwendigkeit der Erarbeitungen von Problemlösungsangeboten für Zielgruppen. Diese Angebote stiften einen Zusatznutzen für die einzelnen Kundensegmente. Problemlösungspakete können nicht ohne Weiteres in kürzester Frist kopiert werden.

Häufig ist eine genaue Kenntnis der Kundenprobleme in jeder einzelnen Zielgruppe erforderlich. Basierend auf diesen Voraussetzungen ist bei der Ermittlung der Kundenzufriedenheit die Frage nach den Zielgruppenergebnissen zu stellen.

In der Praxis hat man erkannt, wie wichtig es ist, die Logistikprozesse als strategische Waffe für längerfristige Wettbewerbsvorteile einzusetzen. Prozessoptimierung bedeutet in letzter Konsequenz, die Organisation der Partner mit den Informationsprozessen zu verknüpfen. Hier gilt es, durch den Einsatz von computergestützten Systemen Vorteile zu erreichen wie:

- einfachste Bestellung,
- elektronische Beantwortung von Kundenanfragen,
- sofortige Preisauskünfte,
- verbindliche Zusage von Lieferterminen,
- hundertprozentige Einhaltung der Liefertermine,
- elektronische Erreichbarkeit rund um die Uhr,
- elektronische Informations- und Werbedienste,
- konkrete Auskünfte über den Stand des Projektes/des Vorhabens.

Wir leben nun einmal im Zeitalter der Informationstechnologie. Dies heißt, dass Informationen über

- Produkte,
- Systemlösungen,
- Prozessoptimierungen

zunehmend an Bedeutung gewinnen. Der Kunde betrachtet die Erfüllung der Anforderungen an Produkte und Dienstleistungen als selbstverständliche Voraussetzung. Gradmesser für Wettbewerbsvorteile wird darum die Qualität des Informations- und Logistiksystems sein. Dies bedeutet, dass gerade solche Fragen auch in die Ermittlung der Kundenzufriedenheit eingebunden werden müssen.

Die Kundenzufriedenheit hängt im Grundsatz von zwei Faktoren ab:

- dem unternehmerischen Engagement und
- dem persönlichen Engagement.

Die Abb. „Die Kundenzufriedenheit" (vgl. S. 106) macht deutlich, dass es heute nicht mehr ausreicht, Perfektion im unternehmerischen Service anzustreben und Freundlichkeit im persönlichen Service zu bieten.

Diese beiden Eigenschaften werden gegenwärtig als Standard von nahezu allen Organisationen und ihren Mitgliedern angesehen und auch praktiziert. Dieses Ergebnis löst bei den Kunden keine Zufriedenheit mehr aus. Eine Leistung also, die man aus Kundensicht geradezu erwartet. Was ist also notwendig, um echten Mehrwert zu erzeugen, d.h. beim Kunden Begeisterung aufkommen zu lassen?

Die Antwort scheint ganz einfach zu sein: Im unternehmerischen Bereich muss die Perfektion durch eine weitergehende Differenzierung unterstützt werden. Diese kann z. B. liegen in:

- herausragenden Produkten,
- der Verbesserung des Lieferservices,
- der Beschleunigung des Datentransfers an Kunden,
- der Verbesserung der Liefertermine,
- der Vermeidung von Fehllieferungen,
- der Verbesserung des Aftersales-Services usw.

Im persönlichen Bereich muss die Freundlichkeit um die persönliche Anteilnahme ergänzt werden. Dies setzt bei den Mitarbeitern nicht nur ein Denken in Marktanteilen, sondern ein Spazierengehen in den Gedankenvorgängen der Kunden voraus. Gelebt werden muss aber letztendlich alles mit dem notwendigen Herzblut. Jeder Mitarbeiter hat davon auszugehen, dass der entscheidende Unterschied zur Konkurrenz seine eigene Kompetenz ist.

Überträgt man die Überlegungen des unternehmerischen und persönlichen Angebotes in ein Serviceportfolio, dann ergeben sich interessante Aussagen (vgl. Abb. „Kundenzufriedenheitsportfolio", S. 107). Ist beispielsweise der unternehmerische Service hoch und der persönliche Service niedrig, dann wird sich der Kunde über den Mitarbeiter ärgern. Im gegenteiligen Fall – hoher persönlicher Service und niedriger unternehmerischer Service – dürfte selbst der größte persönliche Einsatz kaum ausreichen, um den Kunden zufriedenzustellen. Anzustreben wäre ein absolut überzeugender Service – geprägt von hohem unternehmerischem *und* persönlichem Service.

Kundenzufriedenheit

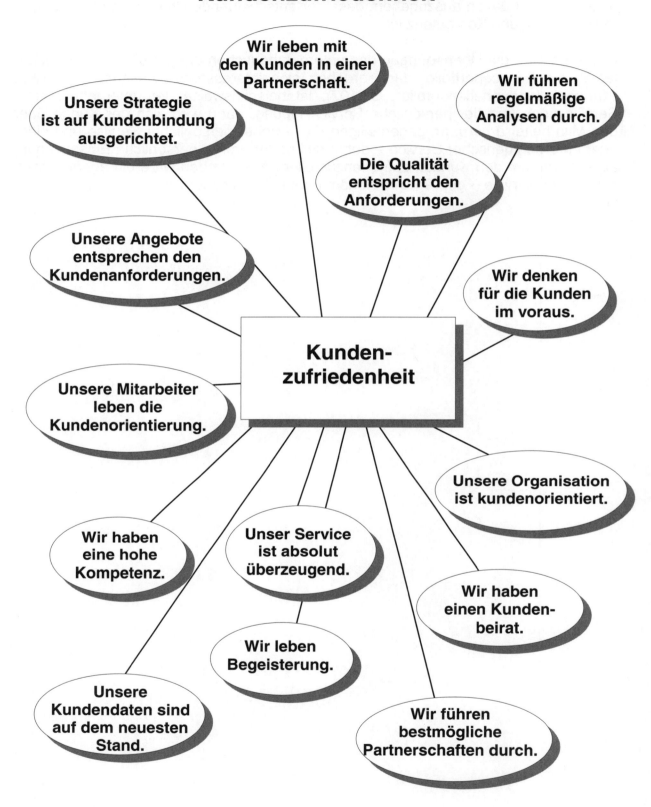

Die Kundenzufriedenheit

Unternehme-rischer Produkt-/ Servicegrad		Perfektion + Differenzierung
Persönlicher Servicegrad	Freundlichkeit	Freundlichkeit + Persönliche Anteilnahme
Wirkung	Zufriedenheit (Standard)	Begeisterung (Mehrwert)

Kundenzufriedenheitsportfolio

© Kurt Nagel „Systeme für den Erfolg"

Im Folgenden wird ein pragmatisches Verfahren zur Messung der Kundenzufriedenheit vorgestellt. Die Zufriedenheit des Kunden resultiert aus zwei Betrachtungsebenen:

Erwartungen des Kunden (Expectation)
(Produkte, Service, Qualität, Beratung, telefonische Kontakte usw.)

Erfüllung der Erwartungen (Perception)

Die Divergenz zwischen Erwartung und Erfüllung bestimmt den Grad der Zufriedenheit bzw. Unzufriedenheit.

Die Kundenzufriedenheit hängt von vielen Faktoren ab (vgl. Abb. „Kundenzufriedenheit").

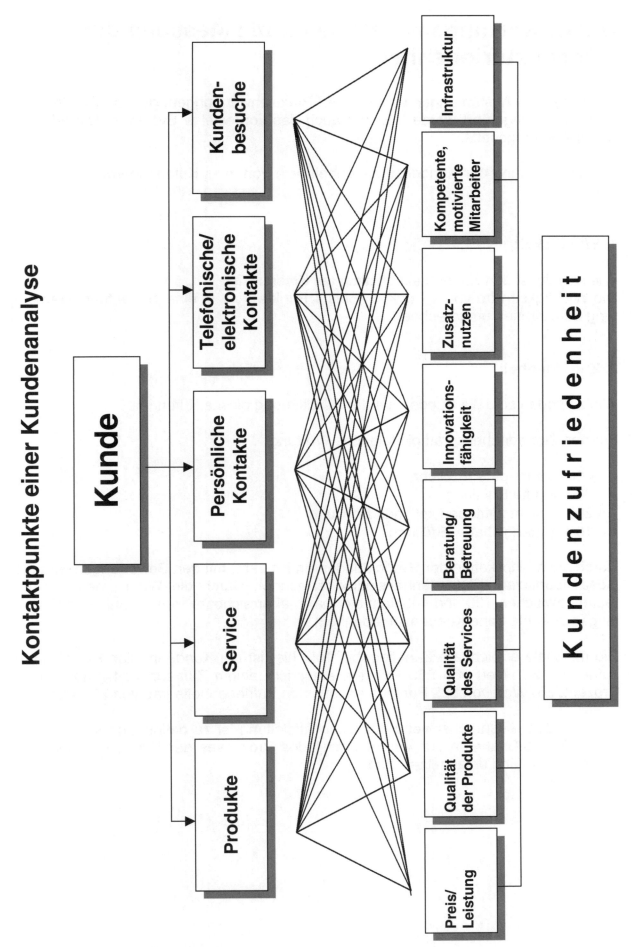

Die Bewertungsmaßstäbe für die Messung der Kundenzufriedenheit

Die folgenden Ausführungen basieren auf Praxisanwendungen, die von Dr. Peter R. Pautsch durchgeführt werden. Er hat auch das vorgestellte System entwickelt und erfolgreich umgesetzt.

Bei der Messung der Kundenzufriedenheit wird von zwei Kriterienbereichen ausgegangen:

1. Wichtigkeit

Wie wichtig ist den Kunden ein bestimmtes Kriterium?
Die Wichtigkeit wird von 1 Punkt = -- bis 4 Punkte = ++ in eine prozentuale Gewichtung der Kriterien umgerechnet.

2. Zufriedenheit

Wie zufrieden sind die Kunden mit der Realisierung dieses Kriteriums?

Für den Zufriedenheitsgrad gilt folgende Wertung:

- 400 = sehr gute Erfüllung
- 300 = gute Erfüllung
- 200 = nicht zufriedenstellende Erfüllung
- 100 = mangelhafte Erfüllung

Durch die Multiplikation der Gewichtungen (in Prozent) mit den Bewertungen wird die Gesamtpunktzahl (Zufriedenheitsindex) errechnet. Durch die Wahl eines Punkterasters zwischen 100 und 400 liegt die maximal erreichbare Punktezahl bei 400 (uneingeschränkte hohe Kundenzufriedenheit).

Die minimale erreichbare Zahl liegt bei 100; hier ist der Kunde in allen Kriterien unzufrieden. Ein Wert von 250 Punkten entspricht einem Zufriedenheitsgrad von 50 Prozent. Ein Wert von 325 Punkten ergibt einen Zufriedenheitsgrad von 75 Prozent.

Je nach dem Anspruchsniveau der Geschäftsleitung ist zu definieren, ab wann unverzüglich Maßnahmen zur Verbesserung des Prozesses der Kundenzufriedenheit zu entwickeln und umzusetzen sind.

© Kurt Nagel „Systeme für den Erfolg"

Einordnung der Kriterien

Jedes Kriterium kann in die nachfolgende Matrix eingetragen werden.

Zielkriterien	Punkte-zahl	Prozent-satz
→ Maximal erreichbare Punktzahl	400	100%
→ Minimal mögliche Punktzahl	100	0%
→ Kritische Punktzahlgrenze	≤ 325	≤ 75%
→ Punktzahl für sofortige Maßnahmen	≤ 250	≤ 50%

Folgerung:

Legen Sie das Anspruchsniveau

- **insgesamt und**
- **für einzelne Kriterien fest!**

Ein Vorschlag zur Messung der Kundenzufriedenheit

Fragebogen: Kundenzufriedenheit

| Kunde: | Name des Befragten: | Produkt/Dienstleistung: |

	Wichtigkeit				Zufriedenheit			
	--	-	+	++	--	-	+	++
Preis/Leistung								
1. Preisgefüge	☐	☐	☐	☐	☐	☐	☐	☐
2. Komplettangebot	☐	☐	☐	☐	☐	☐	☐	☐
Qualität der Produkte								
3. Produkt frei von Beanstandungen	☐	☐	☐	☐	☐	☐	☐	☐
4. Funktionsfähigkeit	☐	☐	☐	☐	☐	☐	☐	☐
5. Nutzen des Produkts	☐	☐	☐	☐	☐	☐	☐	☐
6. Qualität	☐	☐	☐	☐	☐	☐	☐	☐
Qualität des Services								
7. Erreichbarkeit der Mitarbeiter	☐	☐	☐	☐	☐	☐	☐	☐
8. Regelmäßige Information über neue Produkte	☐	☐	☐	☐	☐	☐	☐	☐
9. Zufriedenheit mit der Serviceleistung	☐	☐	☐	☐	☐	☐	☐	☐
Beratung/Betreuung								
10. Fachwissen der Mitarbeiter	☐	☐	☐	☐	☐	☐	☐	☐
11. Aufzeigen der Chancen	☐	☐	☐	☐	☐	☐	☐	☐
12. Bestmögliche Betreuung	☐	☐	☐	☐	☐	☐	☐	☐
Innovationsfähigkeit								
13. Innovationen beim Produktionsprogramm	☐	☐	☐	☐	☐	☐	☐	☐
14. Innovationen bei Gerätefamilien	☐	☐	☐	☐	☐	☐	☐	☐
15. Innovationen bei Multimedia	☐	☐	☐	☐	☐	☐	☐	☐

© Kurt Nagel „Systeme für den Erfolg"

	Wichtigkeit	Zufriedenheit
Zusatznutzen	-- - + ++	-- - + ++
16. Wettbewerbsvorteile gegenüber Konkurrenzfabrikaten	☐ ☐ ☐ ☐	☐ ☐ ☐ ☐
17. Bessere Patienten- bzw. Kundenbindung	☐ ☐ ☐ ☐	☐ ☐ ☐ ☐
18. Unterstützung bei der Verbesserung des Betriebsergebnisses	☐ ☐ ☐ ☐	☐ ☐ ☐ ☐
Kompetente, motivierte Mitarbeiter	-- - + ++	-- - + ++
19. Engagement der Mitarbeiter	☐ ☐ ☐ ☐	☐ ☐ ☐ ☐
20. Flexibilität der Mitarbeiter	☐ ☐ ☐ ☐	☐ ☐ ☐ ☐
21. Reaktionszeit bei Kundenanforderungen	☐ ☐ ☐ ☐	☐ ☐ ☐ ☐
22. Verhalten bei Konflikten/ Verbesserungen	☐ ☐ ☐ ☐	☐ ☐ ☐ ☐
23. Zusammenarbeit Kunde/ Mitarbeiter	☐ ☐ ☐ ☐	☐ ☐ ☐ ☐
Infrastruktur des Unternehmens	-- - + ++	-- - + ++
24. Insgesamt ein guter Partner	☐ ☐ ☐ ☐	☐ ☐ ☐ ☐
25. Es besteht insgesamt eine gute Kundenorientierung	☐ ☐ ☐ ☐	☐ ☐ ☐ ☐

Wurden Ihre Erwartungen erfüllt? Welche Anregungen und Empfehlungen zur Verbesserung der Qualität unserer Leistungen haben Sie für unser Unternehmen?

© Kurt Nagel „Systeme für den Erfolg"

Beispiel einer Auswertungsanalyse

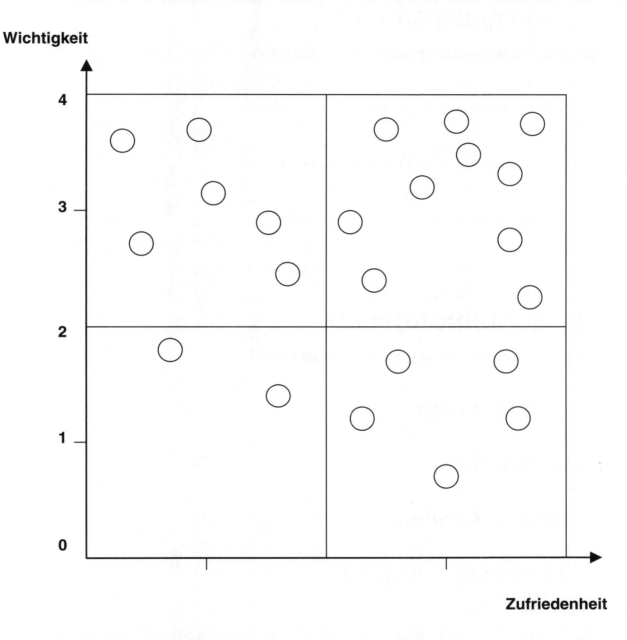

Ziel: Alle 25 Kriterien werden in die Matrix eingeordnet.

Zuordnung der Fragen zu Produkt-/Zielgruppen

1. PRODUKTGRUPPEN

- ....
- ....
- ....

2. KUNDENGRUPPEN

- **Stammkunden**
- **Neukunden**
- **Inaktive Kunden**
- **„Abtrünnige" Kunden**

Die Fragen können pro Produkt-/Zielgruppe geringfügig modifiziert werden.

Ergänzung der Fragen unter Mitbewerber-Gesichtspunkten

Die acht Beurteilungsbereiche können auch im Verhältnis zur Konkurrenz analysiert werden.

Leistungskriterien:	Das Unternehmen ist im Verhältnis zur Konkurrenz		
	eher besser	gleich gut	eher schlechter
1. Preis/Leistung			
2. Qualität der Produkte			
3. Qualität des Services			
4. Beratung/Betreuung			
5. Innovationsfähigkeit			
6. Zusatznutzen			
7. Kompetente, motivierte Mitarbeiter			
8. Infrastruktur des Unternehmens			

© Kurt Nagel „Systeme für den Erfolg"

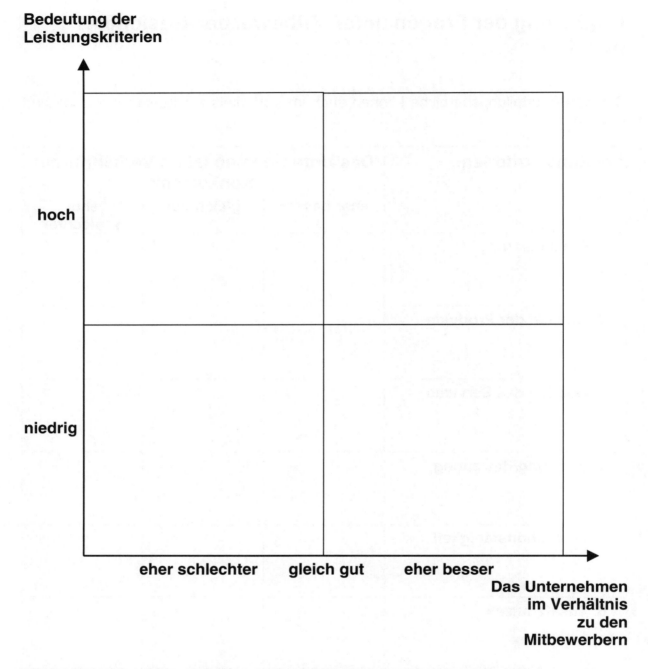

Ziel: Es gilt, alle acht Beurteilungsbereiche zu positionieren und daraus Schlussfolgerungen abzuleiten.

Methoden zur Erhebung der Kundenzufriedenheit

Für die Durchführung der Erhebung der Kundenzufriedenheit kommen im wesentlichen drei Methoden in Frage:

- Versand von Fragebögen,
- Interview durch Mitarbeiter,
- Interview durch Dritte.

Für die meisten Unternehmen dürfte sich bei einer Bewertung der drei Methoden der höchste Nutzwert für den Versand von Fragebogen ergeben. Dies geht aus der folgenden Analyse hervor.

Nutzwertanalyse der Optionen bei der Erhebung der Kundenzufriedenheit für das Unternehmen

Kriterium	Gewichtung	Versand Fragebogen		Interview durch Mitarbeiter		Interview durch Dritte	
		Bewertung	Nutzwert	Bewertung	Nutzwert	Bewertung	Nutzwert
Kosten der Ermittlung	15%	5	0,8	3	0,5	1	0,2
Akzeptanz beim Kunden	30%	4	1,2	4	1,2	2	0,6
Keine Beeinflussung durch Mitarbeiter	20%	4	0,8	2	0,4	4	0,8
Offenheit des Kunden bei Befragung	25%	5	1,3	2	0,5	4	1
Vertriebsrelevanz (Akquiseansatz)	10%	3	0,3	5	0,5	1	0,1
Gesamtbewertung	100%		4,3		3,1		2,7

Bewertung	Punkte
--	1
-	2
o	3
+	4
++	5

Die Option „Versand eines Fragebogens" hat mit Abstand den höchsten Nutzwert.

Die äußere Form eines Fragebogens zur Messung der Kundenzufriedenheit ist weniger eine Frage der graphischen Gestaltung, sondern eher der Zumutbarkeit und damit der Akzeptanz. Häufig erhalten wir mit der Post Fragebögen, die den Umfang von zehn und mehr Seiten überschreiten. Das Schicksal dieser Fragebögen ist bekannt: Sie landen im Papierkorb. Damit dies mit dem Fragebogen der Zufriedenheitsmessung nicht passiert, sollten folgende Anforderungen erfüllt werden:

- Dauer des Zeitaufwands für die Beantwortung von Fragen maximal 15 Minuten.
- Umfang des Fragebogens: zwei DIN-A4-Seiten.
- Im Wesentlichen geschlossene Fragen, um eine EDV-gestützte Auswertung zu ermöglichen.
- Die Möglichkeit zur Beantwortung einer offenen Frage soll gegeben sein, um über die dargestellten Kriterien hinausgehende Informationen über die Zufriedenheit der Kunden zu erhalten.

Der auf zwei DIN-A4-Seiten erstellte Fragebogen wird damit eine Reihe von Kriterien bzw. Fragen enthalten, die der Kunde mit einer Einschätzung seiner Zufriedenheit versieht. Es ist aber auch wichtig zu wissen, wie der Kunde die Bedeutung der einzelnen Kriterien sieht. Daraus lassen sich Hinweise für die Produkt- und Dienstleistungsgestaltung und die Marketingstrategie ziehen. Bei jedem Kriterium wird deshalb nicht nur nach der Wichtigkeit der einzelnen Kriterien für den Kunden gefragt, sondern auch nach deren Messwert (Zweikomponentenansatz).

Wichtigkeit und Zufriedenheit des Kunden werden im Fragebogen nach einer abgestuften Skala erhoben, wobei zwei positive und zwei negative Stufen vorgesehen sind (bezeichnet mit + und ++ sowie - und --). In vielen Fragebögen mit ähnlichen oder anderen Zielsetzungen ist darüber hinaus eine neutrale Position (meist mit „0" bezeichnet) enthalten. Hiervon ist jedoch abzuraten, da der Kunde in vielen Fällen eine klare Entscheidung in Richtung plus oder minus vermeidet und deshalb eine neutrale Bewertung vornimmt. Das Ergebnis ist eine Häufung der Bewertungen in dieser Position. In der empfohlenen Variante wird der Kunde „gezwungen", eine positive oder negative Bewertung vorzunehmen und damit eine Entscheidung zu treffen. Im Ergebnis erhält man eine „seitig links- oder rechts gewichtete" Verteilung der Bewertungen und damit eine wesentlich besser positionierte Aussage in Bezug auf die Zufriedenheit.

Der Fragebogen wird in einem Begleitschreiben versandt, in welchem die Kundenorientierung hervorgehoben und der Kunde gebeten wird, das Unternehmen bei der Verbesserung der Qualität von Produkten und Leistungen zu unterstützen. Der Versand des Fragebogens kann dem Kunden telefonisch avisiert werden. Für den Nutzen der Befragungsergebnisse sind offene Antworten des Kunden von essenzieller Bedeutung. Es muss vermieden werden, dass der Kunde aus Rücksicht gegenüber Mitarbeitern des eigenen Unternehmens, die der Kunde vielleicht besonders schätzt, bewusst zu positive Bewertungen abgibt. Das Ziel der Feststellung von Ansatzpunkten zur Verbesserung der Leistungsqualität wird damit nicht erreicht. Es ist deshalb notwendig, dem Kunden im Begleitschreiben zum Fragebogen und eventuell nochmals im telefonischen Avis zu versichern, dass das Ziel der Aktion nicht Schuldzuweisungen an Mitarbeiter sind, sondern einzig und allein die kontinuierliche Verbesserung der Leistungsqualität.

Auswertung der Ergebnisse

Die Ergebnisse der Befragung der Kunden nach deren Zufriedenheit sind für sich genommen ein interessantes Spiegelbild des Leistungs- und Qualitätsstandards des eigenen Unternehmens. Liegt eine ausreichende Anzahl an Auswertungsergebnissen vor, ist eine Gesamtauswertung möglich. Dann können statistische Verfahren wie z. B. die Clusteranalyse zum Einsatz kommen, um weiterführende Erkenntnisse zu gewinnen. Die Bildung von Kunden- oder Produktgruppen kann z. B. zu Erkenntnissen über die Wichtigkeit bestimmter Leistungen oder Produktmerkmale führen. Hierbei kann sich herausstellen, dass Kriterien, denen das Unternehmen hohen Stellenwert beimisst und mit hohen Kosten einen maximalen Qualitätsstandard aufrecht erhält, dem Kunden nicht wichtig sind, während andere Kriterien, die vernachlässigt werden, dem Kunden besonders wichtig sind.

Wesentliche Aspekte, die im Rahmen einer soliden Messung der Kundenzufriedenheit immer berücksichtigt werden sollten, sind:

- Erzielung zutreffender Resultate auf der Basis eines repräsentativen Querschnitts.
- Darstellung des Maximal- und Minimalwertes des Zufriedenheitsindexes.
- Festlegung eines Grenzwertes, bei dessen Unterschreitung ein festgelegtes Verfahren wie z. B. ein Audit erfolgen muss.
- Auswertung der Bewertungsergebnisse der Einzelkriterien je Befragung.
- Visualisierung der Ergebnisse und Diskussion mit allen betroffenen Mitarbeitern im Unternehmen.
- Erstellung eines Maßnahmenkatalogs mit Prioritätensetzung und Zeitplan für die Umsetzung auf Basis der Auswertung.

5. Kundenbetreuungsanalyse

Die Basis für diese Analyse bilden die fünf B, die auf der Basis einer Checkliste überprüft werden können.

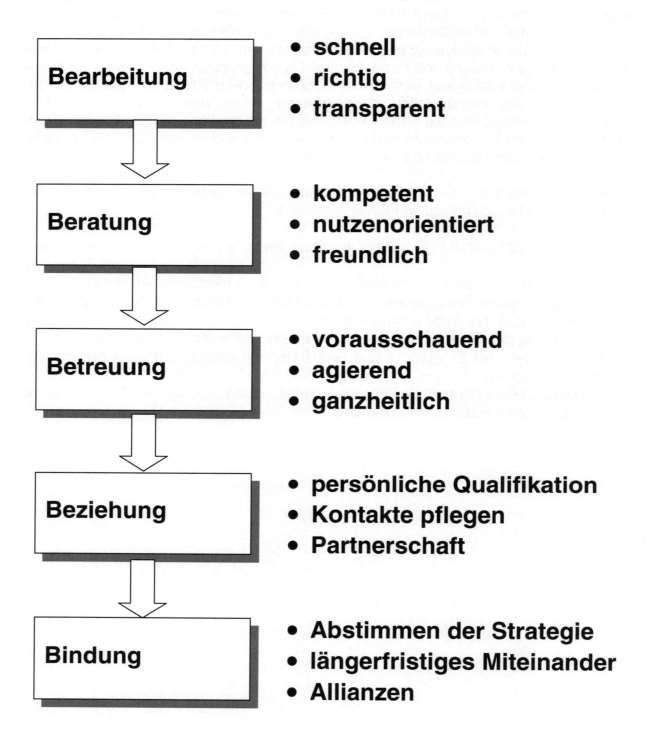

Checkliste zur Realisierung der Kundenbetreuung

1. Bearbeitung	schwach			durchschnittlich				sehr stark		
Nr. Leistungskriterien	1	2	3	4	5	6	7	8	9	10
1. Wir verfügen über schriftliche Unternehmensgrundsätze	■	■	■							
2. Angebotsabgabe innerhalb < 8 Tagen	■	■	■	■	■	■	■			
3. 100 Prozent Termineinhaltung	■	■	■	■	■					
4. Erreichbarkeit rund um die Uhr	■	■	■	■						
5. Sofortige Reklamationserledigung	■	■	■	■	■	■				
6. Qualitätsgarantie	■	■	■	■	■	■	■			
7. Sauberkeitsgarantie	■	■	■	■	■					
8. Preisgarantie	■	■	■	■	■	■	■	■		
9. Organisierte/dokumentierte Abläufe	■	■	■	■	■					
10. Transparente Rechnungslegung	■	■	■	■	■					
Gesamtsumme				**58**						

2. Beratung	schwach			durchschnittlich				sehr stark		
Nr. Leistungskriterien	1	2	3	4	5	6	7	8	9	10
1. Wir haben die Mehrwertargumente schriftlich fixiert	■	■	■	■						
2. Alle Mitarbeiter sind in der Lage, unsere Alleinstellungsmerkmale argumentativ zu vermitteln	■	■	■							
3. Computergestütztes Beratungsprogramm	■									
4. Zielgruppenorientierte Beratung	■	■	■	■						
5. Kompetente Mitarbeiter	■	■	■	■	■					
6. Freundliche kundenorientierte Beratung	■	■	■	■	■	■				
7. Vorhandensein von Spielregeln für die Beratung	■	■	■	■	■	■	■			
8. Kenntnis der Vorschriften/Richtlinien	■	■	■							
9. Vorhandensein von Verkaufsförderungsprogrammen	■	■								
10. Aktivieren neuer Vertriebswege	■	■	■							
Gesamtsumme				**41**						

3. Betreuung	schwach			durchschnittlich				sehr stark		
Nr. Leistungskriterien	1	2	3	4	5	6	7	8	9	10
1. Vorhandensein einer aussagefähigen Kundendatei	■	■	■	■						
2. Festgelegtes Kundenbetreuungskonzept	■	■								
3. Zuordnung von Mitarbeitern zu einzelnen Kundengruppen	■	■	■	■	■					
4. Schlüsselkundenbetreuer	■	■	■	■						
5. Vorgabe von Maßzahlen für die Kundenbetreuung	■									
6. Einbindung der Kundenbetreuung in ein flexibles Entgeltsystem	■									
7. Anstreben persönlicher Kontakte	■	■	■	■	■	■	■			
8. Vorhandensein von Verhaltensempfehlungen bei Neukunden	■	■								
9. Vorhandensein von Verhaltensempfehlungen bei Stammkunden	■	■								
10. Pflege der Kultur der Kleinigkeiten	■	■	■							
Summe				**35**						

© Kurt Nagel „Systeme für den Erfolg"

4. Beziehung		schwach			durchschnittlich				sehr stark		
Nr.	Leistungskriterien	1	2	3	4	5	6	7	8	9	10
1.	Wille, „der Beste" zu sein								■		
2.	Fachliche Überlegenheit					■					
3.	Menschliche Anteilnahme zeigen						■				
4.	Kontakte im Sinne eines Gewinner-Gewinner-Spiels ausbauen						■				
5.	Kontakte pflegen					■					
6.	Vorhandensein von Kundenbeiräten pro Zielgruppe	■									
7.	Informationssystem über Innovationen etablieren und ständig Kunden informieren		■								
8.	Regelmäßiger Informationsaustausch					■					
9.	Kundenbefragungsanalyse			■							
10.	Bestmögliches Anwenden der Grundsätze und Regeln durch alle Mitarbeiter				■						
Summe						43					

5. Bindung		schwach			durchschnittlich				sehr stark		
Nr.	Leistungskriterien	1	2	3	4	5	6	7	8	9	10
1.	Gemeinsame Ziele und Strategien abstimmen						■				
2.	Längerfristiges Miteinander festlegen				■						
3.	Allianzen und Kooperationen aufbauen				■						
4.	„Kunden sind die besten Verkäufer"					■					
5.	Außergewöhnlichen Nutzen bieten					■					
6.	Höchster Grad an Kundenorientierung						■				
7.	Realisieren des Grundsatzes „ Kein Kunde darf verloren gehen"					■					
8.	Permanentes Vorausdenken für Kunden					■					
9.	Sehr hohe Austrittsbarrieren für Kunden				■						
10.	Sehr hohe Eintrittsbarrieren für Mitbewerber				■						
Summe						46					

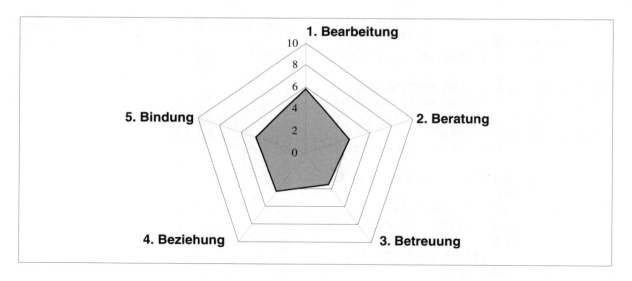

© Kurt Nagel „Systeme für den Erfolg"

V. Instrumente zur Führungs- und Mitarbeiteranalyse

Methode	Ziel	Beispiel	Zeit
Führungsstilanalyse (Selbstbild, Fremdbild, Transfer)	Zur Analyse des Führungsstils gibt es eine Vielzahl von Tests, mit denen die Stärken und Schwächen erkennbar werden.	- autoritäre Führung - kooperative Führung - situative Führung - laissez-faire	Je nach Test zwischen eineinhalb bis zwei Stunden.
Mitarbeiterportfolio	Das Ziel ist, die Mitarbeiter mit ihren Kompetenzen ganzheitlich in eine Matrix einzuordnen.	Bewertungskriterien können sein: - Fachkompetenz, - soziale Kompetenz, - unternehmerische Kompetenz.	Sind die Kompetenzen erfasst, ist der Aufwand für die Einordnung minimal.
Mitarbeiterumfrage	Das Ziel ist, die Befindlichkeit der Mitarbeiter zu erfragen. Dabei werden „harte" und „weiche" Faktoren angesprochen.	Befragungspunkte sind u.a. - Organisation, - Motivation, - Führung.	Hängt vom Umfang des Fragebogens und der Anzahl der Mitarbeiter ab.
Qualitätssicherung (Philosophie, Politik, Prozeduren, Praxis)	Darstellen des persönlichen und unternehmerischen Reifegrads bzgl. der Qualitätssicherung.	Die Analyse umfasst das Leben der Leitsätze, der Ziele und der Regeln zur Qualitätssicherung.	Der Umfang der Analyse bestimmt den zeitlichen Aufwand.
4-Stunden-Coaching (Vorbereitungsphase, Analysephase, Nachbereitungsphase)	Coaching dient der Optimierung der beruflichen Leistung und der Förderung von Handlungskompetenzen.	Test hat fünf Module: 1. Problemanalyse 2. Selbstanalyse 3. Umfeldanalyse 4. Strategieanalyse 5. Prioritätenanalyse	Vier Stunden für die Diagnose, eine Stunde für das Coaching-Gespräch.

© Kurt Nagel „Systeme für den Erfolg"

1. Führungsstilanalyse

Zwei Testvarianten: „Mein Führungsstil" und „Der Führungsstil meines Vorgesetzten"

Im Folgenden finden Sie 20 Sätze, von denen jeweils zwei unter einer laufenden Nummer zusammengefasst sind. Geben Sie bitte jedem Satz die Gewichtung, die Sie selbst ihm beimessen. Jeder Satz kann prinzipiell 0 bis 10 Punkte erhalten. 10 ist das höchste, 0 ist das niedrigste Gewicht, aber die Summe der beiden zusammengehörigen Sätze muss 10 Punkte betragen.

Beispiel Entscheidungssituation 1:

Sind Sie der Ansicht, dass Sie bei der Beantwortung der Aussage 1a 7 Punkte vergeben, dann tragen Sie bitte in die Spalte a 7 Punkte ein. Für die Beantwortung der Frage 1b verbleiben 3 Punkte. Tragen Sie diesen Wert in die Spalte b ein.

Es empfiehlt sich, die Beurteilung des Führungsstils sowohl von der Führungskraft als auch von den Mitarbeitern vornehmen zu lassen. Ein Vergleich der einzelnen Bewertungen gibt erste Hinweise für mögliche Gespräche.

In unserem Beispiel ist die Variante a „Mein Führungsstil", die Variante b „Der Führungsstil meines Vorgesetzten".

Die Variante b gibt die Antwort aus der Sicht der „anderen". Sie unterscheidet sich von der Variante a nur durch die modifizierten Formulierungen.

Arbeitsschritte:

1. Ermitteln Sie den eigenen Führungsstil (Selbstbild).
2. Lassen Sie den Führungsstil durch Mitarbeiter beurteilen (Fremdbild).
3. Klären Sie gemeinsam die Übereinstimmungen und Abweichungen.

Auswertungstabelle:

Nr.		
1	b	a ....
2	a	b ....
3	b	a ....
4	b	a ....
5	a	b ....
6	a	b ....
7	b	a ....
8	b	a ....
9	a	b ....
10	b	a ....
Summe:	....	.... (Gesamtsumme: 100)

© Kurt Nagel „Systeme für den Erfolg"

In die Auswertungstabelle werden die Ergebnisse aus den zehn Entscheidungssituationen eingetragen. Ein erster Anhaltspunkt für einen guten Führungsstil ist dann gegeben, wenn die Punktzahl in der rechten Spalte deutlich über der linken liegt. Eine sicherlich sehr grobe Orientierung könnten folgende Werte in der rechten Spalte geben:

51 – 58	zufriedenstellender Führungsstil,
59 – 66	guter Führungsstil,
67 – 74	sehr guter Führungsstil,
> 74	Ergebnis ist zu überprüfen bzw. der Führungsstil kann zu Problemen führen.

Die adäquate Begrenzung in der Punktzahl der rechten Spalte ist durch die Entscheidungssituationen begründet. Während ein guter Führungsstil sich u.a. dadurch ergibt, dass die Frage 3a ein sehr hohes Gewicht erhält (z. B. 8–10 Punkte), wird die Frage 4a eher eine ausgewogene bzw. leicht dominante Punktzahl im Vergleich zu 4b sinnvoll erscheinen lassen (z.B. 5–6 Punkte)

Anhaltspunkte sind auch:

< 60	eher autoritärer Führungsstil,
60 – 80	kooperativer Führungsstil,
> 80	Laissez-faire-Führungsstil.

Der folgende Praxisfall auf den Seiten 131 und 132 zeigt in der Spalte „Fremdbild" die Ergebnisse der Mitarbeiterbefragung. In der Spalte „Selbstbild" wird das Ergebnis der Beurteilung einer Führungskraft wiedergegeben.

Variante a: Mein Führungsstil		
Entscheidungssituationen:	**Punkte a**	**Punkte b**
1 a) Selbst in für mich schwierigen Situationen ist leicht mit mir zu reden. **b)** Man muss sorgfältig den Zeitpunkt wählen, wann man mit mir reden will.		
2 a) Ich frage manchmal nach Beiträgen, habe mich normalerweise aber schon festgelegt. **b)** Ich versuche, die Vorteile der Mitarbeiterbeiträge zu verstehen, selbst wenn sie im Gegensatz zu meinen Ideen stehen.		
3 a) Ich versuche, meinen Mitarbeitern dabei zu helfen, die Ziele des Unternehmens zu verstehen. **b)** Ich lasse meine Mitarbeiter selbst herausfinden, welche Bedeutung die Unternehmensziele für sie haben.		
4 a) Ich versuche, meinen Mitarbeitern Zugang zu allen Informationen zu geben, die sie wünschen. **b)** Ich gebe meinen Mitarbeitern die Informationen, von denen ich glaube, dass sie sie brauchen.		
5 a) Ich neige dazu, meinen Mitarbeitern Arbeitsziele zu setzen und Anweisungen zu geben, wie diese erfüllt werden können. **b)** Ich beteilige meine Mitarbeiter an der Lösung von Problemen und der Festlegung von Arbeitszielen.		
6 a) Ich neige dazu, meine Mitarbeiter von der Verwirklichung neuer Ideen abzuraten. **b)** Ich ermutige meine Mitarbeiter, neue Wege zu beschreiten.		
7 a) Ich toleriere die Fehler der Mitarbeiter, solange diese daraus lernen. **b)** Ich lasse nur wenig Raum für Fehler, besonders, wenn sie mich selbst in Schwierigkeiten bringen.		
8 a) Ich versuche, hauptsächlich Fehler zu korrigieren und Wege zu entwickeln, die Wiederholungen in der Zukunft vermeiden. **b)** Wenn etwas schief gegangen ist, neige ich dazu, nach einem Schuldigen zu suchen.		
9 a) Meine Meinungen über Mitarbeiter und die Erwartungen an sie schwanken. **b)** Ich habe eine konstant hohe Meinung über meine Mitarbeiter und erwarte viel von ihnen.		
10 a) Ich erwarte hohe Leistung und zeige Anerkennung, wenn sie erreicht wurde. **b)** Ich erwarte angemessene Aufgabenerfüllung und sage nur etwas, wenn es schief gegangen ist.		

© Kurt Nagel „Systeme für den Erfolg"

Variante b: Der Führungsstil meines Vorgesetzten		
Entscheidungssituationen:	**Punkte a**	**Punkte b**
1 a) Selbst in für ihn schwierigen Situationen ist leicht mit ihm zu reden. **b)** Man muss sorgfältig den Zeitpunkt wählen, wann man mit ihm reden will.		
2 a) Er fragt manchmal nach Beiträgen, hat sich normalerweise aber schon festgelegt. **b)** Er versucht, die Vorteile der Mitarbeiterbeiträge zu verstehen, selbst wenn sie im Gegensatz zu seinen Ideen stehen.		
3 a) Er versucht, seinen Mitarbeitern dabei zu helfen, die Ziele des Unternehmens zu verstehen. **b)** Er lässt seine Mitarbeiter selbst herausfinden, welche Bedeutung die Unternehmensziele für sie haben.		
4 a) Er versucht, seinen Mitarbeitern Zugang zu allen Informationen zu geben, die sie wünschen. **b)** Er gibt seinen Mitarbeitern die Informationen, von denen er glaubt, dass sie sie brauchen.		
5 a) Er neigt dazu, seinen Mitarbeitern Arbeitsziele zu setzen und Anweisungen zu geben, wie diese erfüllt werden können. **b)** Er beteiligt seine Mitarbeiter an der Lösung von Problemen und der Festlegung von Arbeitszielen.		
6 a) Er neigt dazu, seinen Mitarbeitern von der Verwirklichung neuer Ideen abzuraten. **b)** Er ermutigt seine Mitarbeiter, neue Wege zu beschreiten.		
7 a) Er toleriert die Fehler der Mitarbeiter, solange diese daraus lernen. **b)** Er lässt nur wenig Raum für Fehler, besonders, wenn sie ihn selbst in Schwierigkeiten bringen.		
8 a) Er versucht, hauptsächlich Fehler zu korrigieren und Wege zu entwickeln, die Wiederholungen in der Zukunft vermeiden. **b)** Wenn etwas schief gegangen ist, neigt er dazu, nach einem Schuldigen zu suchen.		
9 a) Seine Meinungen über Mitarbeiter und die Erwartungen an sie schwanken. **b)** Er hat eine konstant hohe Meinung und über seine Mitarbeiter und erwartet viel von ihnen.		
10 a) Er erwartet hohe Leistung und gibt Anerkennung, wenn sie erreicht wurde. **b)** Er erwartet angemessene Aufgabenerfüllung und sagt nur etwas, wenn es schief gegangen ist.		

Auswertung des Führungsstils (1)

		Gewichtung der relevanten Fragen:	Fremd-bild				Selbst-bild	
			a	b			a	b
Frage 1 a:	Selbst in für ihn schwierigen Situationen ist leicht mit ihm zu reden.		5,12				8	
Frage 1 b:	Man muss sorgfältig den Zeitpunkt wählen, wann man mit ihm reden will.			4,88				2
Frage 2 a:	Er fragt manchmal nach Beiträgen, hat sich normalerweise aber schon festgelegt		5,40				7	
Frage 2 b:	Er versucht, die Vorteile der Mitarbeiterbeiträge zu verstehen, selbst wenn sie im Gegensatz zu seinen Ideen stehen.			4,60				3
Frage 3 a:	Er versucht, seinen Mitarbeitern dabei zu helfen, die Ziele des Unternehmens zu verstehen.		5,72				8	
Frage 3 b:	Er lässt seine Mitarbeiter selbst herausfinden, welche Bedeutung die Unternehmensziele für sie haben.			4,28				2
Frage 4 a:	Er versucht, seinen Mitarbeitern Zugang zu allen Informationen zu geben, die sie wünschen.		5,08				9	
Frage 4 b:	Er gibt seinen Mitarbeitern die Informationen, von denen er glaubt, dass sie sie brauchen.			4,92				1
Frage 5 a:	Er neigt dazu, seinen Mitarbeitern Arbeitsziele zu setzen und Anweisungen zu geben, wie diese erfüllt werden können.		5,84				3	
Frage 5 b:	Er beteiligt seine Mitarbeiter an der Lösung von Problemen und der Festlegung von Arbeitszielen.			4,16				7
Frage 6 a:	Er neigt dazu, seinen Mitarbeitern von der Verwirklichung neuer Ideen abzuraten.		3,28				2	
Frage 6 b:	Er ermutigt seine Mitarbeiter, neue Wege zu beschreiten.			6,72				8
Frage 7 a:	Er toleriert die Fehler von Mitarbeitern, solange diese daraus lernen.		4,20				7	
Frage 7 b:	Er lässt nur wenig Raum für Fehler, besonders, wenn sie ihn selbst in Schwierigkeiten bringen.			5,80				3
Frage 8 a:	Er versucht, hauptsächlich Fehler zu korrigieren und Wege zu entwickeln, die Wiederholungen in der Zukunft vermeiden.		4,56				9	
Frage 8 b:	Wenn etwas schief gegangen ist, neigt er dazu, nach einem Schuldigen zu suchen.			5,44				1
Frage 9 a:	Seine Meinungen über Mitarbeiter und die Erwartungen an sie schwanken.		5,68				2	
Frage 9 b:	Er hat eine konstant hohe Meinung über seine Mitarbeiter und erwartet viel von ihnen.			4,32				8
Frage 10 a:	Er erwartet hohe Leistung und gibt Anerkennung, wenn sie erreicht wurde.		5,60		höchste Bewertung	niedrigste Bewertung	8	
Frage 10 b:	Er erwartet angemessene Aufgabenerfüllung und sagt nur etwas, wenn es schief gegangen ist.			4,40				2
			50,08		69	34	75	

© Kurt Nagel „Systeme für den Erfolg"

Praxisfall: Auswertung des Führungsstils

Frage 1a: Selbst in für ihn schwierigen Situationen ist leicht mit ihm zu reden.

Frage 2b: Er versucht, die Vorteile der Mitarbeiterbeiträge zu verstehen, selbst wenn sie im Gegensatz zu seinen Ideen stehen.

Frage 3a: Er versucht, seinen Mitarbeitern dabei zu helfen, die Ziele des Unternehmens zu verstehen.

Frage 4a: Er versucht, seinen Mitarbeitern Zugang zu allen Informationen zu geben, die sie wünschen.

Frage 5b: Er beteiligt seine Mitarbeiter bei der Lösung von Problemen und der Festlegung von Arbeitszielen.

Frage 6b: Er ermutigt seine Mitarbeiter, neue Wege zu beschreiten.

Frage 7a: Er toleriert die Fehler der Mitarbeiter, solange diese daraus lernen.

Frage 8a: Er versucht, hauptsächlich Fehler zu korrigieren und Wege zu entwickeln, die Wiederholungen in der Zukunft vermeiden.

Frage 9b: Er hat eine konstant hohe Meinung über seine Mitarbeiter und erwartet viel von ihnen.

Frage 10a: Er erwartet hohe Leistung und gibt Anerkennung, wenn sie erreicht wurde.

Reihe 1 = Fremdbild   Reihe 2 = Selbstbild

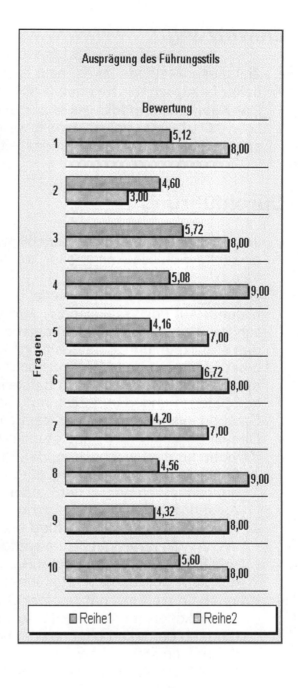

© Kurt Nagel „Systeme für den Erfolg"

2. Mitarbeiterportfolio

Zielsetzung

- Ziel dieser Methode ist es, eine individuelle Standortbestimmung einzelner Mitarbeiter bezüglich der Kriterien „Fachkompetenz" und „Grundhaltung" zu gewinnen.
- Das Mitarbeiterportfolio sollte zur Gegenüberstellung sowohl aus Sicht des jeweiligen Mitarbeiters selbst erstellt werden (Selbstbild) als auch aus Sicht der Geschäftsführung bzw. des Personalleiters oder eines externen Coachs (Fremdbild).

Durchführung

- Je nach Zielsetzung und betrieblicher Situation haben alle Mitarbeiter bzw. ausgewählte Schlüsselmitarbeiter die Möglichkeit, ein individuelles Mitarbeiterportfolio zu erstellen.
- Die dargestellten Portfolios erlauben eine zweidimensionale Bewertung und Abbildung: Auf der Vertikalachse wird der derzeitige Stand des Mitarbeiters bezüglich des Kriteriums „Fachkompetenz" abgebildet. Auf der horizontalen Achse wird das Profilkriterium „Grundhaltung" abgebildet. Die Abbildung erfolgt jeweils auf einer Skala mit den Werten „hoch" und „niedrig", wobei der Achsenschnitt eine durchschnittliche Bewertung darstellt. Die beiden Punkte auf den Achsen „Fachkompetenz" und „Grundhaltung" werden zusammengeführt und ergeben einen Standort innerhalb eines der vier Felder.
- Den einzelnen Feldern sind grundlegende Aussagen zugeordnet.
- Kriterien für die Einschätzung der Fachkompetenz sind:
  - Fachwissen: überwiegend durch zusätzliche, spezifische Aus- und Weiterbildungsmaßnahmen (intern oder extern) erworbenes, vertieftes Wissen zur Ausführung der Arbeitsaufgabe.
  - Know-how: primär im Betrieb erarbeitetes, allgemeines Wissen und Verständnis, um die jeweiligen Arbeitsaufgaben ausführen zu können.
  - Ausbildung: insbesondere außerbetrieblich erworbenes, theoretisches Wissen, um die Arbeitsaufgabe ausführen zu können.
- Kriterien für die Einschätzung der Grundhaltung sind:
  - Identifikation mit dem Unternehmen und der Arbeitsaufgabe: die innere Haltung, ob der Mitarbeiter sowohl hinter seiner Aufgabe als auch hinter dem Unternehmen stehen kann.
  - Reflektionsfähigkeit: die Fähigkeit des Mitarbeiters, eigene Defizite zu erkennen und entsprechenden Handlungsbedarf daraus abzuleiten.
  - Selbstmotivation: das Engagement eines Mitarbeiters, auch unter schwierigen Rahmenbedingungen zielorientiert an der Lösung von Herausforderungen/Problemen zu arbeiten.

Auswertung

- Standort in Feld 1 (links unten) bedeutet: niedrige Fachkompetenz/niedrige Grundhaltung. Generelle Auswertung: den Mitarbeiter herausfordern, aber nicht überfordern!

- Standort in Feld 2 (links oben) bedeutet: hohe Fachkompetenz/niedrige Grundhaltung. Generelle Auswertung: Faktoren, die der Mitarbeiter als demotivierend empfindet, erkennen und beseitigen!
- Standort in Feld 3 (rechts unten) bedeutet: niedrige Fachkompetenz/hohe Grundhaltung. Generelle Auswertung: den Mitarbeiter ausbilden bzw. weiterbilden!
- Standort in Feld 4 (rechts oben) bedeutet: hohe Fachkompetenz/hohe Grundhaltung. Generelle Auswertung: den Mitarbeiter zum Mitunternehmer fördern und weiterentwickeln!

Erklärungen zu den konkreten Beispielen

1. Beispiel: Portfolio der Mitarbeiterin Frau Ludwig (vgl. Abb.)

Dieses Mitarbeiterportfolio spiegelt die Sicht der Mitarbeiterin Frau Ludwig, die der Geschäftsführung und die Perspektive eines externen Coachs wider.

- Aufgrund zahlreicher frustrierender Rahmenbedingungen, die **aus Sicht von Frau Ludwig** ursächlich bedingt sind im Führungsverhalten des neuen Abteilungsleiters sowie in der Umstrukturierung von Arbeitsprozessen, die mit mehr Belastung verbunden sind, gelangt Frau Ludwig zu der derzeitigen Standortbestimmung im Quadranten links oben. Sie ist fachlich hochqualifiziert, hat seit den für sie als frustrierend empfundenen Veränderungen jedoch ihre Grundhaltung von ursprünglich hoch auf nur noch unterdurchschnittlich zurückgenommen – insbesondere die Identifikation mit Aufgabe und Unternehmen sowie ihre Selbstmotivation.
- **Aus Sicht der Geschäftsführung** befindet sich Frau Ludwig im oberen rechten Quadranten – mit sowohl sehr hoher Fachkompetenz als auch mit sehr hoher Grundhaltung. Da der Geschäftsführung die Problematik von Frau Ludwig nicht bekannt ist, kein diesbezüglicher Informationsaustausch stattfindet, wird die akut bestehende Gefahr, dass Frau Ludwig das Unternehmen verlassen könnte und somit der Verlust einer kompetenten Mitarbeiterin, die ursprünglich eine hohe Grundhaltung mitbrachte, nicht wahrgenommen.
- In einem Gespräch zu dritt (Geschäftsführung, Frau Ludwig und ein externer Coach) werden die offensichtlichen Diskrepanzen zwischen Selbstbild (Frau Ludwig) und Fremdbild (Geschäftsführung) diskutiert und offengelegt. Nach dem Gespräch befindet sich Frau Ludwig **(aus Sicht des Coaches)** auf der Grenzlinie zwischen den beiden oberen Quadranten. Zwar ist sie nach wie vor aufgrund derzeitiger Rahmenbedingungen frustriert, die gemeinsam erarbeiteten Handlungsalternativen zur Veränderung der derzeitigen Rahmenbedingungen geben jedoch Anlass zur Vermutung, dass sich ihre Grundhaltung wieder erhöhen wird, sobald die konkreten Maßnahmen greifen.

1. Beispiel: Mitarbeiterportfolio Frau Ludwig

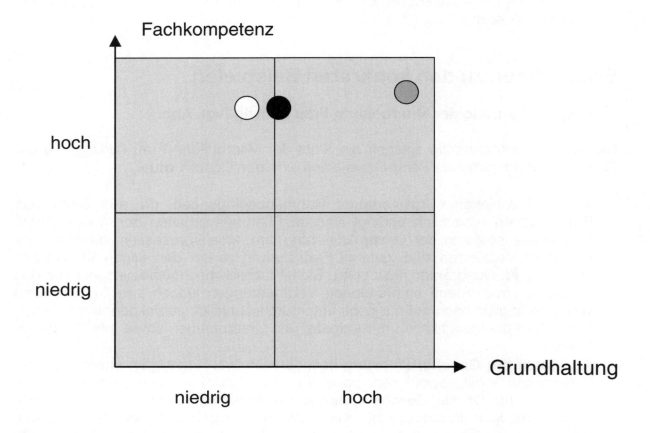

2. Beispiel: Mitarbeiterportfolio Herr Eberhard

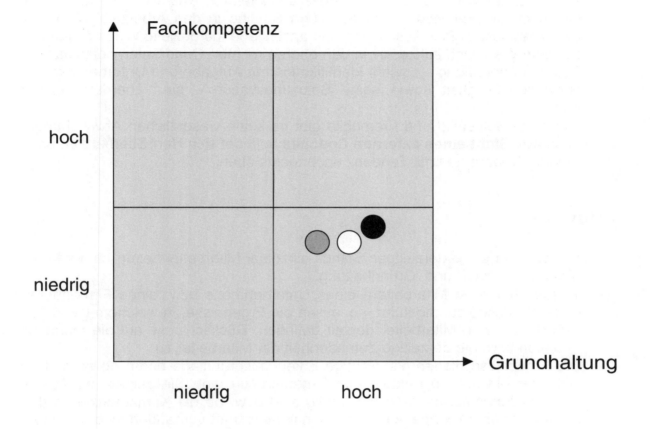

2. Beispiel: Portfolio des Mitarbeiters Herr Eberhard (vgl. Abb.)

- Herr Eberhard befindet sich im dritten Lehrjahr – die Einschätzung seiner Fachkompetenz ist sowohl **aus seiner eigenen Sicht** als auch aus der der **Geschäftsführung** im oberen Teil des unteren Quadranten, d. h. etwas unterdurchschnittlich im Vergleich zu den bereits ausgelernten Nachwuchskräften. Es fehlt ihm noch an praktischer Erfahrung und Routine in den Arbeitsabläufen. Durch den Abschluss seiner Ausbildung und anschließende gezielte Weiterbildung ist er auf dem Weg, sich sukzessiv in den oberen rechten Quadranten hochzuarbeiten. Seine Grundhaltung – sowohl Identifikation mit Aufgabe und Unternehmen, seine Reflektionsfähigkeit sowie seine Selbstmotivation – sind überdurchschnittlich hoch.
- Zwischen Selbstbild und Fremdbild gibt es keine wesentlichen Abweichungen – auch **aus Sicht eines externen Coaches** befindet sich Herr Eberhard im unteren rechten Quadranten mit Tendenz nach rechts oben.

Nutzen

- Visualisierung des derzeitigen Stands einzelner Mitarbeiter bezüglich der Kriterien „Fachkompetenz" und „Grundhaltung".
- Werden mit allen Mitarbeitern eines Unternehmens bzw. eines Firmenbereichs diese Portfolios durchgeführt, so lassen die Ergebnisse, in welchem der 4 Felder sich die meisten Mitarbeiter derzeit befinden, Rückschlüsse auf die momentane Situation bzw. die derzeitige Zufriedenheit der Mitarbeiter zu.
- Die Ergebnisse dienen als wichtige Erkenntnisgrundlage dafür, ob es auffallend viele demotivierende Faktoren im Unternehmen gibt. Sie zeigen, ob Aus- und Weiterbildungsmaßnahmen notwendig sind bzw. ob die Kompetenzen und Voraussetzungen im Sinne von Motivationsbereitschaft vorhanden sind, um die Mitarbeiter verstärkt zum Mitunternehmertum weiterzuentwickeln.

Empfehlungen

- Es empfiehlt sich, die Methode „Mitarbeiterportfolio" nach einem angemessenen Zeitraum zu wiederholen, um erkennen zu können, ob die zwischenzeitlich eingeleiteten bzw. realisierten Maßnahmen (z. B. Ausbildung/Weiterbildung/Beseitigung der demotivierenden Faktoren) zu einer verbesserten Standortbestimmung des jeweiligen Mitarbeiters geführt haben.
- Gibt es Abweichungen zwischen Selbsteinschätzung des Standorts durch den Mitarbeiter (Selbstbild) und Fremdeinschätzung des Standorts durch beispielsweise die Geschäftsführung bzw. einen internen/externen Coach (Fremdbild), so empfiehlt es sich, in einem gemeinsamen Gespräch die jeweiligen Argumentationen, die der entsprechenden Visualisierung zugrundeliegen, offenzulegen, um ggf. zu einer Korrektur der eigenen Sicht zu gelangen bzw. um mögliche Missverständnisse zu beseitigen.
- Bei sehr großen Abweichungen zwischen Selbsteinschätzung und Fremdeinschätzung – wenn die Standorte in unterschiedlichen Quadranten liegen – empfiehlt es sich, die wesentlichen Differenzen in einem Gespräch zu klären, das von einer neutralen Person (z. B. einem Coach) moderiert wird.

© Kurt Nagel „Systeme für den Erfolg"

Muster für Mitarbeiterportfolio

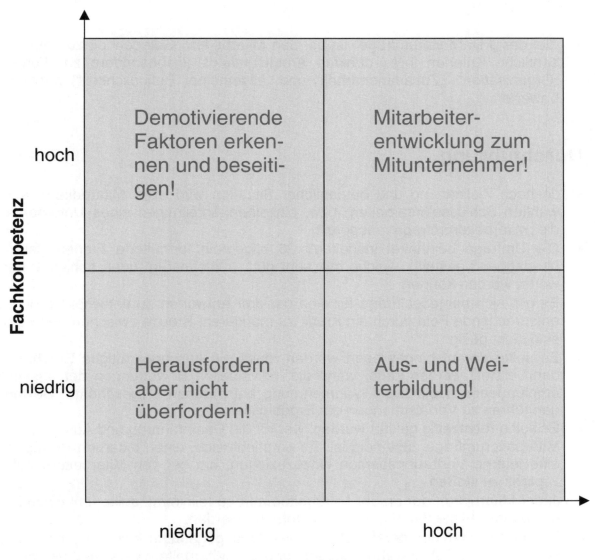

Kriterien für Fachkompetenz:
1. Fachwissen
2. Know-how
3. Ausbildung

Kriterien für Grundhaltung:
1. Identifikation mit Unternehmen/ Aufgabe
2. Reflektionsfähigkeit
3. Selbstmotivation

3. Mitarbeiterumfrage

Zielsetzung:

- Ziel der „Mitarbeiterumfrage" ist es, den Mitarbeitern Gelegenheit zu geben, wesentliche Kriterien ihres direkten Arbeitsumfelds (insbesondere zu „Führung", „Organisation", „Zusammenarbeit" und „allgemeiner Befindlichkeit") anonym zu bewerten.

Durchführung

- Je nach Zielsetzung und betrieblicher Situation wird allen Mitarbeitern, ausgewählten Schlüsselmitarbeitern bzw. einzelnen Abteilungen eines Unternehmens die „Mitarbeiterumfrage" ausgeteilt.
- Die Umfrage beinhaltet insgesamt 26 allgemein formulierte Fragen (teilweise überlappend gestellt), welche mit „sehr gut", „mittelmäßig" oder „schlecht" beantwortet werden können.
- Es gilt, sich bei jeder Frage für eine der drei Antworten zu entscheiden und das entsprechende Feld durch ein Kreuz zu markieren. Kreuze zwischen den Feldern sind nicht gültig.
- Es sollte darauf hingewiesen werden, dass ein aussagekräftiges Ergebnis nur dann erstellt werden kann, wenn die individuellen Bewertungen der tatsächlich empfundenen subjektiven Wahrnehmung entsprechen – „geschönte" Bewertungen führen zu Verfälschungen der Ergebnisse.
- Es sollte rechtzeitig geklärt werden, wer für die Durchführung und Auswertung der Mitarbeiterumfrage zuständig ist. Es empfiehlt sich, einen externen Berater oder eine interne Vertrauensperson hinzuzuziehen, um bei den Mitarbeitern auf Akzeptanz zu stoßen.
- Jeder Mitarbeiter, der an der Mitarbeiterumfrage teilnimmt, sollte umfassend über das beabsichtigte Ziel der Analyse informiert werden.
- Die Anonymität der persönlichen Bewertung gegenüber der Geschäftsführung sollte in jedem Fall gewährleistet sein und den Mitarbeitern versichert werden.
- Um zu vermeiden, dass aus der Gesamtauswertung Rückschlüsse auf einzelne Mitarbeiter gezogen werden können, sollte die Anzahl der Mitarbeiter, welche diese Methode ausfüllen, mindestens bei fünf liegen. Nach oben ist die Anzahl der teilnehmenden Mitarbeiter nicht beschränkt. Bei größeren Unternehmen empfiehlt es sich jedoch, die Umfrage so durchzuführen, dass die einzelnen Bereiche separat erfasst und ausgewertet werden.
- In einem Handwerksbetrieb mit mehreren Filialen beispielsweise sollte die Umfrage pro Filiale durchgeführt werden, da die jeweiligen Ergebnisse stark abweichend sein können. Ein Gesamtergebnis aller Filialen kann zusätzlich erstellt werden, sollte jedoch die Einzelergebnisse pro Filiale bzw. Bereich nicht ersetzen.
- Termin und Ort der Abgabe der ausgefüllten Mitarbeiterumfrage sollte bereits beim Verteilen der Arbeitsunterlagen mitgeteilt werden.

© Kurt Nagel „Systeme für den Erfolg"

Auswertung

- Der Bewertung „sehr gut" wird der Faktor 1 zugeordnet, der Alternative „mittelmäßig" der Faktor 3 und entsprechend der Faktor 5 für „schlecht".
- Aus der Summe der Einzelbewertungen wird ein Durchschnittswert ermittelt und in der jeweiligen Spalte durch einen Punkt fixiert.
- Die einzelnen Punkte werden miteinander verbunden, so dass aus der Platzierung der Punkte ein Kurvenverlauf erkennbar wird.
- Die Anzahl der Nennungen mit dem entsprechenden Wert wird in den jeweiligen Feldern vermerkt. Auf diese Weise lässt sich erkennen, ob ein Durchschnittswert das Ergebnis stark differenzierender Beurteilungen ist oder ob die entsprechende Frage insgesamt von allen Mitarbeitern übereinstimmend beantwortet wurde.
- Sofern es keine Enthaltungen gibt, ist die Quersumme für jede Frage gleich und gibt Auskunft über die Anzahl der Teilnehmer, die diese Frage beantwortet haben.
- Die subjektiven Bewertungen der einzelnen Mitarbeiter sind für die Geschäftsleitung nicht transparent. Es können aus den Ergebnissen keine Rückschlüsse auf die Bewertung einzelner Mitarbeiter gezogen werden.
- Extremwerte (Durchschnittswert „schlecht") weisen auf akute Unzufriedenheit der Mitarbeiter hin – dringender Handlungsbedarf ist angezeigt.
- Mittlere Werte (Durchschnittswert „mittelmäßig") weisen auf eine latente Unzufriedenheit der Mitarbeiter hin – sukzessive sollten Handlungsalternativen in Erwägung gezogen werden, welche die Ursachen der latenten Unzufriedenheit beseitigen.
- Hohe Werte (Durchschnittswert „sehr gut") weisen auf eine überdurchschnittliche Befindlichkeit der Mitarbeiter hin.

Auswertung Mitarbeiterumfrage

Firma Muster	sehr gut	mittel-mäßig	schlecht
1. Wie beurteilen Sie das Erscheinungsbild/Renommee der Firma Muster?		9	
2. Was halten Sie von der Struktur/Aufbauorganisation?	1	4	4
3. Fühlen Sie sich in Ihrem Unternehmen wohl?		4	5
4. Wie bewerten Sie das Betriebsklima?		1	8
5. Wie sehen Sie Ihre Aufstiegschancen?	1	5	3
6. Wie beurteilen Sie die Weiterbildungsmöglichkeiten in der Firma Muster?	1	4	4
7. Wie bewerten Sie die Sozialleistungen Ihres Arbeitgebers?		5	1
8. Sind Sie mit der Arbeitszeitregelung zufrieden?	2	3	3
9. Entspricht Ihre Tätigkeit Ihren Vorstellungen?	4	5	
10. Können Sie Ihre Fähigkeiten an Ihrem Arbeitsplatz voll einsetzen?	4	4	

© Kurt Nagel „Systeme für den Erfolg"

110900w

V. Instrumente zur Führungs- und Mitarbeiteranalyse

Firma Muster	sehr gut	mittelmäßig	schlecht
11. Wie empfinden Sie Ihre Arbeitsbelastung?	3	3	3
12. Wie beurteilen Sie die Ablauforganisation in Ihrem Unternehmen?		7	2
13. Wie sind die Mitsprachemöglichkeiten in Ihrem Tätigkeitsbereich?	1	7	1
14. Wie bewerten Sie die Zusammenarbeit im Team?		3	6
15. Wie bewerten Sie die Führungsfähigkeiten des Abteilungsleiters?		1	8
16. Wie bewerten Sie die Zusammenarbeit mit Ihrem Abteilungsleiter?		4	5
17. Werden in der Firma Muster Probleme offen diskutiert?	1		8
18. Werden Teamkonflikte immer angesprochen und gemeinsam gelöst?		2	7
19. Wie bewerten Sie den Führungsstil von Frau Muster?		4	5
20. Wie bewerten Sie den Führungsstil von Herrn Muster?		5	4

© Kurt Nagel „Systeme für den Erfolg"

Firma Muster	sehr gut	mittelmäßig	schlecht
21. Wie werden Sie durch Frau und Herrn Muster motiviert?		4	5
22. Wie werden Sie durch Ihren Abteilungsleiter motiviert?		1	8
23. Werden Ihre Aufgaben mit Ihnen präzise besprochen und abgestimmt?	1	5	3
24. Wird Ihre Meinung bei wichtigen Entscheidungen berücksichtigt?	1	5	3
25. Wie beurteilen Sie die Einführung neuer Mitarbeiter?	1	5	3
26. Ist Herr Muster aufgeschlossen für Anregungen und konstruktive Kritik?	1	6	2

Legende:

| 2 | = Anzahl der Bewertungen/Nennungen

● = Durchschnitt Bewertungen/Nennungen

© Kurt Nagel „Systeme für den Erfolg"

Erklärungen zum konkreten Beispiel

- Anhand des abgebildeten Beispiels einer Auswertung der Methode „Mitarbeiterumfrage" lässt sich erkennen, dass insbesondere die Fragen 4, 14, 15, 17, 18 und 22 auf akute Probleme innerhalb der Firma Muster hinweisen.
- Die Fragen 14, 17 und 18 weisen sowohl auf akute Teamkonflikte hin als auch auf die mangelnde/fehlende Kompetenz des Teams, die Konflikte sachlich anzusprechen und konstruktiv zu lösen.
- Die Fragen 15 und 22 weisen auf eine Unzufriedenheit der Mitarbeiter hin, die zumindest teilweise in den – von den Mitarbeitern subjektiv so empfundenen – Führungsdefiziten des Abteilungsleiters zu suchen ist.
- Ein Zusammenhang des Ergebnisses der Fragen 14, 15, 17, 18 und 22 lässt sich vermuten und ist zu überprüfen.
- Die Frage 4 weist auf ein von nahezu allen Mitarbeitern empfundenes schlechtes Betriebsklima hin.
- Die Frage 3 zeigt einen ernst zu nehmenden Grenzwert. Mehr als die Hälfte der Mitarbeiter fühlt sich in ihrer Firma nicht (mehr) wohl. Die Ursache des hohen Grades an Unzufriedenheit auf Seiten der Mitarbeiter sollte in Zusammenhang mit den anderen Extremwerten gebracht werden.
- Das Ergebnis des abgebildeten Beispiels weist insbesondere aufgrund der hohen Unzufriedenheit der Mitarbeiter auf die akute Gefahr von Fluktuation und erheblichen Leistungseinbußen hin. Akuter Handlungsbedarf ist angezeigt. Je nach Situation des Unternehmens sollten Mitarbeitereinzelgespräche (auch mit dem Abteilungsleiter) durchgeführt werden, um die Problemursachen konkret zu analysieren und geeignete Lösungsstrategien zu entwickeln.

Nutzen

- Das Ergebnis der Umfrage spiegelt die momentane Situation im Unternehmen sowie die derzeitige Zufriedenheit der Mitarbeiter aus deren Sicht wider.
- Die Analyse gibt insbesondere Aufschluss über die derzeitige Situation in den Bereichen „Führung", „Organisation", „Zusammenarbeit" und „allgemeine Befindlichkeit".
- Die Ergebnisse dienen als wichtige Grundlage, Schwachstellen im Unternehmen zu erkennen und daraus konkrete Handlungsalternativen zu entwickeln.

Empfehlungen

- Es empfiehlt sich, die „Mitarbeiterumfrage" nach einem angemessenen Zeitraum zu wiederholen, um erkennen zu können, ob die zwischenzeitlich eingeleiteten Maßnahmen zur Verbesserung bzw. Beseitigung der Schwachstellen den gewünschten Erfolg aus Sicht der Mitarbeiter zeigen.
- Die Ergebnisse der Mitarbeiterumfrage sollten den Mitarbeitern im Sinne eines Feedbacks mitgeteilt werden – konkrete Maßnahmen zur Verbesserung der betrieblichen Situation sollten transparent gemacht werden.

4. Qualitätssicherung

Nach wie vor gibt es Unternehmen, die aus unterschiedlichen Gründen eine Zertifizierung auf dem QM-(Qualitätsmanagement-)Bereich anstreben.

Im nachfolgenden Beispiel hat das Unternehmen mit beträchtlichem Aufwand die Zertifizierung erreicht. Interne Optimierungsvorteile oder gar Marktvorteile waren aber zunächst nicht erkennbar.

Vor diesem Hintergrund wurde das QM-Verständnis der Führungskräfte durch Bewertungs-Checklisten hinterfragt. Das Erstellen der Reifegradprofile durch die Führungskräfte der sechs verschiedenen Unternehmensbereiche im persönlichen und unternehmerischen Sektor ergab eine nicht vorauszusehende Bandbreite von unterschiedlichen Auffassungen über die Qualität im eigenen Haus. Mit diesem differenzierten Verständnis unter der Belegschaft kann auch aus der kostspieligsten Zertifizierung kein Nutzen abgeleitet werden.

Fazit: Dieser „Analyseschock" löste eine verstärkte Identifikation mit dem Thema Qualität aus. Die hohen Ansprüche des Unternehmens an die Qualität sollen nicht nur proklamiert, sondern auch zum Leben erweckt werden. Das Ziel wurde mit Hilfe der folgenden Checklisten erreicht. **Nur mit Überzeugung gelebte Qualität garantiert den Erfolg von morgen.**

Die Basis liefert das System der vier P (vgl. folgende Abb.).

Die vier P des Qualitätssystems

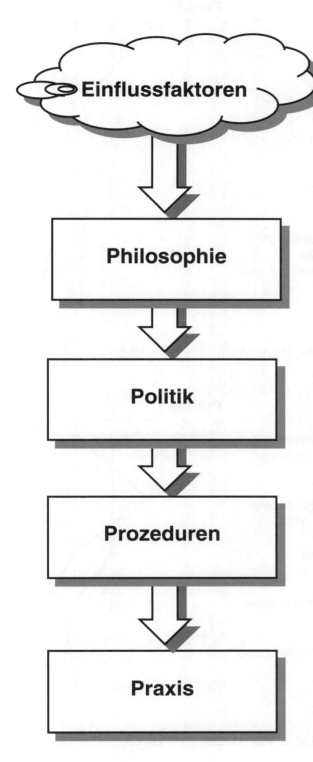

Einflussfaktoren
- Unternehmensstrategie
- Kunden
- Gesetzgeber
- Lieferanten
- Öffentlichkeit
- Mitarbeiter

Philosophie
- Das gemeinsame Wollen
- Generalnormen zur Qualität
- Corporate-Identity-Grundsatz
- Darstellung nach außen
- Verinnerlichen des Leitbildes

Politik
- Qualität als Erfolgsfaktor
- Qualitätsstrategie
- Qualitätsziele
- Zuordnen der Verantwortung

Prozeduren
- Setzen von Maßstäben
- Definieren der Prozesse
- Kontrollsysteme
- Richtlinien
- Unterstützende Methoden

Praxis
- Qualitätsbewusstsein
- Verpflichtung der Beteiligten
- Qualitätsorganisation
- Optimale Umsetzung
- Ausbildung der Mitarbeiter

© Kurt Nagel „Systeme für den Erfolg"

Persönlicher Reifegrad der Qualität

1.0 Qualitätsphilosphie

1.1 Kenne ich die unterschiedlichen Leitsätze (Aussagen) zur Qualität?

1.2 Habe ich diese Leitsätze auf mein Aufgabenfeld hin präzisiert?

1.3 Versuche ich, diese Leitsätze ständig gegenüber internen und externen Kunden zu leben?

1.4 Motiviere ich andere, die unternehmerischen Qualitätsgrundsätze zu leben?

1.5 Bin ich mir ständig bewusst, dass meine Handlungsweisen als Qualitätslieferant denselben Stellenwert wie die Produkte und DL unseres Hauses haben?

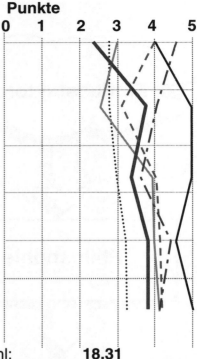

Max. 25 Punkte – durchschnittliche Punktzahl: **18.31**

2.0 Qualitätspolitik

2.1 Trage ich auch dazu bei, dass in meinem betrieblichen Umfeld (Team, Abteilung, Bereich) eindeutige Qualitätsziele fixiert sind?

2.2 Stelle ich sicher, dass es in meinem Umfeld konkrete Maßzahlen zum Messen der Zielerreichung gibt?

2.3 Sind mir die Bedürfnisse meiner internen und externen Kunden voll bekannt?

2.4 Bemühe ich mich, die Kundenanforderungen fehlerfrei zu erfüllen?

2.5 Lerne ich aus Fehlern der Vergangenheit und versuche ich laufend, Problemursachen zu eliminieren?

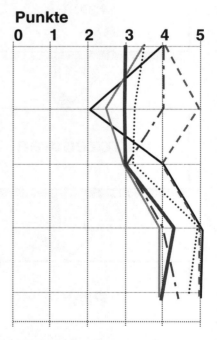

Max. 25 Punkte – durchschnittliche Punktzahl: **19.23**

Legende: Produktion ——   Verkauf ——   VK-Leitung ——
　　　　　　Verwaltung ·······   GL — · —   Controlling — —

© Kurt Nagel „Systeme für den Erfolg"

3.0 Qualitätsprozeduren

3.1 Kann ich behaupten, dass die Durchführung meiner Arbeiten auf bewährten Regeln mit den adäquaten Qualitätsstandards basiert?

3.2 Trage ich in meinem Umfeld dazu bei, dass Pannen/Reklamationen sehr schnell und kundenorientiert behandelt werden?

3.3 Kenne und nutze ich die Methoden, die zu einer Qualitätsverbesserung beitragen?

3.4 Bin ich im besten Sinne für meine Partner (Kunden, Lieferanten) ein Vordenker bei der Qualitätsverbesserung?

3.5 Versuche ich, mein Wissen bzgl. Qualitätssicherung und Qualitätsverbesserung auf dem neuesten Stand zu halten?

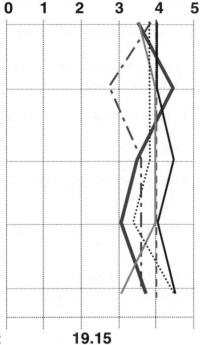

Max. 25 Punkte – durchschnittliche Punktzahl: **19.15**

4.0 Qualitätspraxis

4.1 Entwickle ich genügend Eigeninitiative, wenn es um die Durchsetzung von Qualität geht?

4.2 Kann ich mich als Vorbild in bezug auf „Qualität" bezeichnen?

4.3 Denke ich bei allen Maßnahmen zur Qualitätsverbesserung auch an die Kostenauswirkungen?

4.4 Versuche ich, die Qualitätsprozesse mit Kunden und Lieferanten im Sinne eines Gewinner-Gewinner-Spiels aufzubauen und durchzuführen?

4.5 Berücksichtige ich beim Einsatz aller Ressourcen, Prozesse und Methoden die Umweltverträglichkeit?

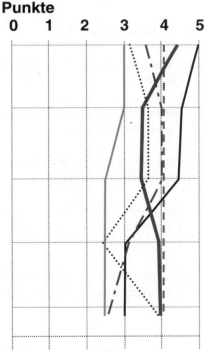

Max. 25 Punkte – durchschnittliche Punktzahl: **17.62**

Unternehmerischer Reifegrad der Qualität

1.0 Qualitätsphilosphie

1.1 Ist das Streben nach Qualität als Geschäftsgrundsatz verankert?

1.2 Gibt es Leitsätze zur Qualität, die die Verantwortung gegenüber den Kunden und der Öffentlichkeit dokumentieren?

1.3 Wird verdeutlicht, dass „Qualität" nicht nur für die Produktion gilt, sondern für alle Funktionsbereiche?

1.4 Werden die Lieferanten voll in das Qualitätssystem eingebunden?

1.5 Sind die Leitsätze zur Qualität allen Führungskräften und Mitarbeitern bekannt und wird die Umsetzung verdeutlicht?

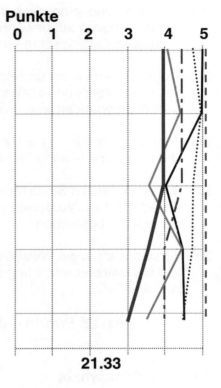

Max. 25 Punkte – durchschnittliche Punktzahl: **21.33**

2.0 Qualitätspolitik

2.1 Existieren eindeutige Ziele zur Verbesserung der Qualität?

2.2 Gibt es konkrete Maßzahlen zum Messen der Zielerreichung?

2.3 Werden die Kundenbedürfnisse und Erwartungen regelmäßig ermittelt?

2.4 Führt eine intensive Analyse der Ergebnisse der Kundenmeinungen zur Verbesserung der Kundenzufriedenheit?

2.5 Werden Manager und Mitarbeiter über konkrete Ziele und Vorgaben in das Qualitätsthema eingebunden?

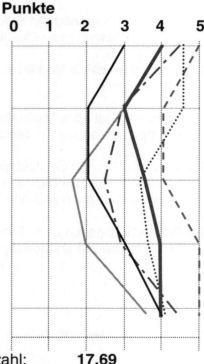

Max. 25 Punkte – durchschnittliche Punktzahl: **17.69**

Legende: Produktion —— Verkauf —— VK-Leitung ——
Verwaltung ······ GL —·— Controlling — —

© Kurt Nagel „Systeme für den Erfolg"

3.0 Qualitätsprozeduren

3.1 Existieren die zur Verbesserung der Qualität notwendigen Richtlinien?

3.2 Erstrecken sich die Prozeduren/Programme auf alle Funktionsbereiche/Prozesse des Unternehmens?

3.3 Werden die zur Verbesserung der Qualität in Frage kommenden Methoden (z. B. Null-Fehler-Standard, Ursachen-Wirkungs-Diagramm) eingesetzt?

3.4 Werden Ausbildungsprogramme eingeleitet, die die Nähe zum Kunden weiter fördern und die Qualität verbessern?

3.5 Existieren Mitbewerbervergleiche und Leistungsvergleichsbetrachtungen?

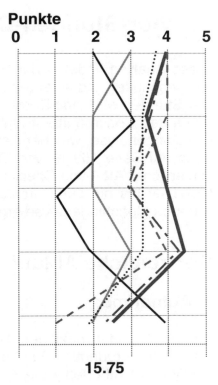

Max. 25 Punkte – durchschnittliche Punktzahl: **15.75**

4.0 Qualitätspraxis

4.1 Wird sichergestellt, dass Qualitätsverbesserung ein langfristiger, kontinuierlicher Prozess ist?

4.2 Weiß jeder Mitarbeiter, dass die Qualität seiner Leistung Nutzen sowohl für den internen als auch den externen Kunden stiftet?

4.3 Fördern Sie Vorschläge und Initiativen zur Verbesserung der Qualität?

4.4 Existieren entbürokratisierte und kundenorientierte Strukturen für ein effektives Qualitätsmanagement?

4.5 Werden die Kunden maximal an das Unternehmen gebunden?

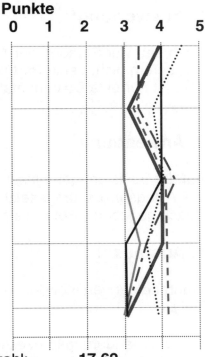

Max. 25 Punkte – durchschnittliche Punktzahl: **17.62**

5. Vier-Stunden-Coachinganalyse

Diese Analyse findet in der Regel im Rahmen einer Seminarveranstaltung statt, die ein geschulter und erfahrener Ratgeber, d. h. ein Moderator bzw. Coach, leitet. In vier Stunden wird eine Bestandsaufnahme erarbeitet, auf der eine spätere Betreuung durch den Coach aufbaut (vgl. nachfolgende Abb.). Die Methoden der Vier-Stunden-Coachinganalyse, welcher sich der Coach im Seminar bedient, gehen aus der Abbildung auf Seite 153 hervor. Dabei handelt es sich um bewährte Instrumente unterschiedlicher Art – von Checklisten über praxiserprobte Computerprogramme wie z. B. PERTAN bis hin zur Durchführung eines INSZENARIOS. Die Merkmale der Vier-Stunden-Coachinganalyse ergeben sich aus der Abbildung auf der Seite 152.

Der zeitliche Ablauf

1. Aufnahme:

Die vier Stunden beziehen sich auf die Aufnahme. Mit der Aufnahme ist die Dokumentation verbunden. Das bedeutet, dass für jedes Modul – entsprechend den ausgewählten Methoden – die Ergebnisse schriftlich vorliegen. In der Praxis empfiehlt es sich, dass sowohl Coachee als auch Coach die Arbeitsunterlagen vorliegen.

2. Auswertung:

Nach den vier Stunden der Aufnahme liegt zumindest eine Dokumentationsunterlage vor, sofern nicht beide Partner gleichzeitig die Aussagen und Tests dokumentiert haben. Ist nur eine Dokumentationsunterlage vorhanden, so empfiehlt es sich, diese zu kopieren.

3. Anwendung:

Auf der Basis der gemeinsam erarbeiteten Vorschläge werden diese vom Coachee in die Alltagspraxis umgesetzt. Dabei ist die Möglichkeit der Kontaktaufnahme zum Coach gegeben („Rotes Telefon/Fax zum Coach").

4. Austausch:

Während der vereinbarten Termine ist ein Erfahrungsaustausch durchzuführen.
Ziel ist,

- die Veränderungsprozesse zu beschreiben,
- Selbsterfahrungen wiederzugeben,
- Fortschritte und Rückschläge zu diskutieren,
- neue Vorgehensweisen zu fixieren.

5. Akzeptanz:

Coaching ist ein Lernprozess. Wichtig ist, dass im gegenseitigen Erfahrungsaustausch der persönliche Reifegrad des Coachees gesteigert wird.

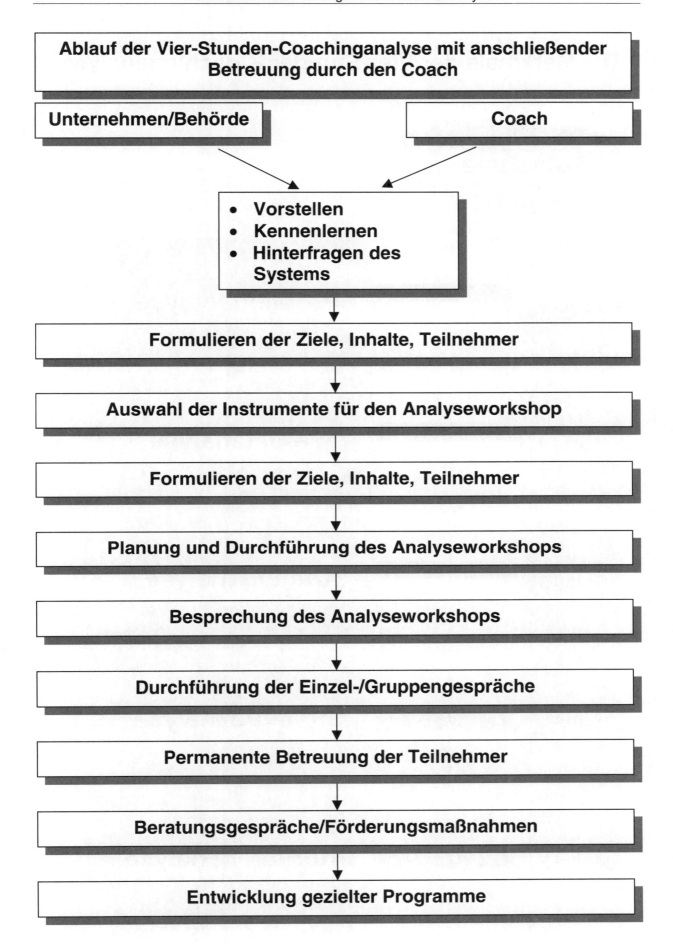

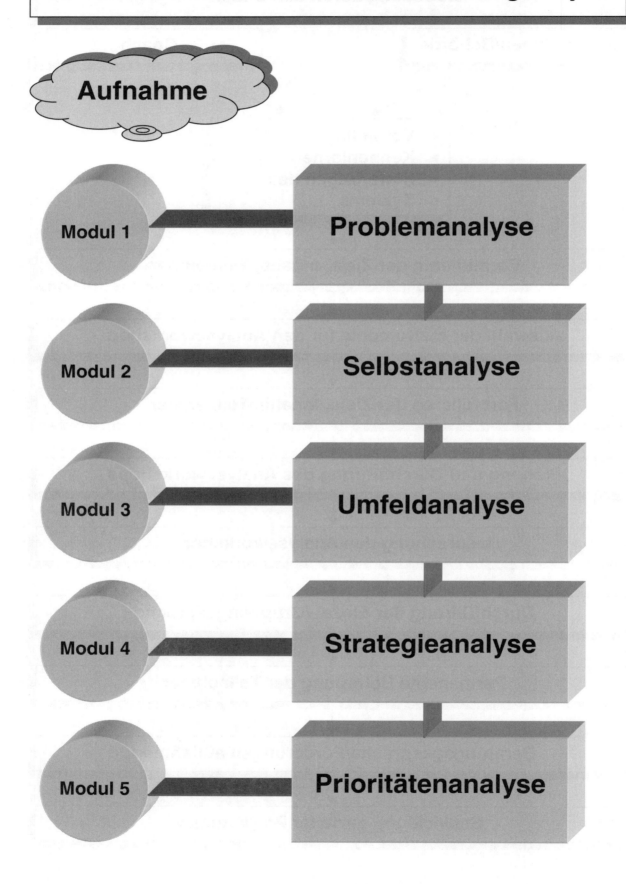

Die Methoden der 4-Stunden-Coachinganalyse

1. Problemanalyse

- Coaching-Spielregeln
- Fragenkatalog
- Test für Zufriedenheit/Unzufriedenheit
- Effizienz-Effektivitäts-Analyse
- Problemtrichter
- Ursache-Wirkungs-Analyse

2. Selbstanalyse

- Stärken/Schwächenanalyse
- Analyse der Grundhaltung
- Analyse der Energiequellen/Energieräuber
- Checkliste Selbstmotivation
- Gewohnheitenanalyse
- Stress-Belastungs-Analyse
- Checkliste: mein Kreativpotenzial
- Beruflicher Handlungsstil

3. Umfeldanalyse

- Analyse des eigenen Führungsverhaltens
- Mitarbeiterumfrage
- Ermittlung des Führungsstils
- Kommunikationsanalyse
- INSZENARIO
- PERTAN (Persönliche Erfolgs- und Teamanalyse)

4. Strategieanalyse

- Problemanalyse-Matrix
- Situationsanalyse-Matrix
- Umfeldanalyse-Matrix
- Innovationsanalyse-Matrix

5. Prioritätenanalyse

- Das Gespräch   (Formular)
- Die Maßnahmen   (Formular)
- Die Vereinbarungen   (Formular)

VI. Bewährte Instrumente für ganzheitliche Quick-check-ups

1. Die ganzheitliche Unternehmensanalyse

Die Analyseanforderungen und die ganzheitliche Analyse

Seit vielen Jahren beschäftigen wir uns mit Methoden und Instrumenten für die Unternehmensanalyse. Sowohl Unternehmensberater als auch Unternehmen und Behörden favorisierten in den letzten vier Dekaden unterschiedliche methodische Ansätze und Vorgehensweisen. Die zur Anwendung eingesetzten Systeme und Instrumente waren häufig abhängig von:

- dem Ziel der Untersuchung,
- der zeitlichen Dauer der Analyse,
- den Kosten der Analyse,
- der Einbindung der Beteiligten,
- den Sachproblemen und
- der Nachweisführung.

Sicherlich hatten und haben auch heute noch eine Reihe der überkommenen analytischen Instrumente ihre Berechtigung, aber

- die Veränderungen in den Organisationen selbst,
- die Turbulenzen im Unternehmensumfeld,
- der in manchen Branchen zu beobachtende Preisverfall,
- der zunehmende Verdrängungs- und Vernichtungswettbewerb,
- die neue Rolle der Mitarbeiter,
- die Forderung nach einer immer schnelleren und flexibleren Logistik und
- eine ganze Reihe weiterer Entwicklungen

verändern zwangsläufig auch den Analyseansatz.

In der folgenden Übersicht zum Thema „Anforderungen an die Analyse" sind die wichtigsten Entwicklungen im Bereich der Unternehmensanalyse dargestellt. Diese Entwicklungen können in einem solchen Rahmen nur grob skizziert werden, das Schaubild zeigt aber Tendenzen auf, die es in der Unternehmensanalyse verstärkt wahrzunehmen gilt. Die Gegenüberstellung der traditionellen und der weiterentwickelten Methoden mit der Realisierung durch die ganzheitliche Unternehmensanalyse macht deutlich, wie letztere den genannten Veränderungen Rechnung trägt.

Anforderungen an die Analyse

Herkömmliche Analyse-methoden	Weiterentwickelte Analyse-methoden	Realisierung durch die ganzheitliche Analyse
stark differenzierte Analysen	Konzentration auf Kern-Analysen	in allen vier Modulen erfolgt eine Beschränkung auf das Wesentliche
Abteilungs-/Bereichssicht	ganzheitliche Sicht	Schwachstellen-, Stärke-, Markt- und Finanz-/Kostenanalysen erlauben eine ganzheitliche Sicht
Schwachstellenanalyse	Schwachstellen- und Stärkenanalyse	derzeitige Ausprägung der Erfolgsfaktoren (Modul 2)
vergangenheits-/gegenwartsbezogene Analysen	zukunftsbezogene Analysen	künftige Ausprägung der Erfolgsfaktoren und Bewertung der Erfolgspositionen in der Zukunft
Faktenanalyse	Innovationsanalyse	Gewinnen von Produkt-, Prozess-, Strategieinnovationen (Modul 3)
interne Selbstbildanalyse	Fremdbildanalyse (z.B. Kunde)	Einholen der Kundenmeinung (Modul 2)
geringe Einbindung der Betroffenen	Dominanz der Analyseleistung durch Betroffene	starke Einbindung der Teilnehmer
festgefahrene Methoden	neue Lösungsansätze und Instrumente	die Analyse hat zirka 20 Methoden zum Inhalt
„Schrankwaregutachten"	Livesendung, d. h. „direkte Umsetzung"	Fixieren von Lösungsansätzen und Aufstellen von Aktivitätenplänen während der Analyse
„weiße Raben" und „graue Uhus" haben das Sagen	lernende Organisation, die von allen getragen wird	die Analyse erlaubt eine ständige Fortschreibung

© Kurt Nagel „Systeme für den Erfolg"

Ziele und Inhalte der ganzheitlichen Unternehmensanalyse

Die ganzheitliche Analyse stellt ein Unternehmen umfassend auf den Prüfstand:

Nicht in langwierigen Untersuchungen, Auswertungen und vielen Analysestunden, sondern je nach Methodensicherheit und Ansatz innerhalb relativ kurzer Zeit – d. h. auch an einem konzentrierten Arbeitstag – wird in Erfahrung gebracht, wo das Unternehmen steht, wo seine Probleme liegen und wie die Erfolgsfaktoren-, die Markt- und Finanz-/Kostensituation aussehen. Vor allem wird verdeutlicht, welche Aktivitäten realisiert werden sollten.

An dieser Stelle wird vielleicht gefragt: „Ist eine seriöse Unternehmensanalyse in solcher Konzentration überhaupt sinnvoll und schlüssig machbar?" oder: „Sollten in solch turbulenten Zeiten wie heute nicht die langwierigen und komplexen Analysen durch geeignete Frühwarnsysteme abgelöst werden?"

Urteilen Sie erst, wenn Sie sich nach dem Einlesen einen ersten Eindruck von der Vorgehensweise der ganzheitlichen Analyse verschafft haben. Lernen Sie das System verstehen, versuchen Sie, es zu transferieren! Dann werden Sie rasch die Vorteile dieses Analyseansatzes erkennen:

- Sie erfahren in kurzer Zeit, wo das Unternehmen, der Bereich, die Einheit ganzheitlich steht.
- Im Rahmen der Analyse wird das dringendste Problem betrachtet bzw. werden die wichtigsten Probleme definiert und klar beschrieben. Erste Lösungsansätze verdeutlichen, was zu tun ist.
- Sie erkennen die Ausprägungen (Stärken/Schwächen) der
  - generellen Erfolgsfaktoren
  - Branchenerfolgsfaktoren
  - unternehmensspezifischen Erfolgsfaktoren

  und sind in der Lage, die adäquaten Aktivitäten zu entwickeln.
- Sie erarbeiten eine Marktanalyse unter den Aspekten
  - Mitbewerberanalyse
  - Kundenanalyse
  - Produkt-/Dienstleistungsanalyse
  - Strategieanalyse
  - Innovationsanalyse
- Sie lernen Kennzahlen zu der Finanz- und Kostensituation kennen und verstehen diese zu bewerten.
- Sie sind in der Lage, die vernetzten Aktivitäten zu gewichten und Rangfolgen hinsichtlich der Umsetzung zu erarbeiten.

Der Analyse liegen die Erkenntnisse der so genannten Pareto-Regel zugrunde:

Das Pareto-Prinzip basiert auf den Überlegungen des italienischen Volkswirtschaftlers Vilfredo Pareto (1848 – 1923). Pareto war der Ansicht, dass 80 Prozent des Erfolgs aus nur 20 Prozent der Aktivitäten resultieren, während sich die restlichen 20 Prozent des Erfolgs aus 80 Prozent der Aktivitäten ergeben. Das heißt konkret: Wenn auf einer Liste mit zehn Aufgaben die beiden entscheidenden und wichtigsten

Aktivitäten erfüllt sind, ist der Gesamterfolg bereits zu 80 Prozent gesichert. Das bedeutet aber auch, dass man oft 80 Prozent seiner kostbaren Zeit für 20 Prozent der zu erledigenden Aufgaben vergeudet! Die „80 zu 20-Regel" findet sich – trotz großer Vereinfachung – recht häufig in der Wirtschaftspraxis. Gibt es nicht zahlreiche Unternehmen, die mit nur 20 Prozent ihrer Kunden 80 Prozent ihrer Umsätze tätigen? Auch die Fehlzeitenstatistiken von Unternehmen können gelegentlich als Beweis für das Gesetz von Pareto herangezogen werden: Von 20 Prozent der Mitarbeiter stammen 80 Prozent der Fehltage.

Weitere Beispiele aus der Praxis sind:

- 20 Prozent der Produkte erzeugen 80 Prozent der Fertigungskosten,
- 20 Prozent der Fehler verursachen 80 Prozent des Ausschusses,
- 20 Prozent der Produkte erbringen 80 Prozent des Gewinns.

Paretos Gesetz kann in der Praxis als ein wichtiges Problemlösungsinstrument eingesetzt werden. Eine Analyse auf der Basis der „80 zu 20-Regel" kann z. B. bei der Auswahl von Projekten und Alternativen sowie bei der Ermittlung von Problemursachen sehr effizient sein. Vor diesem Hintergrund gilt auch für die ganzheitliche Unternehmensanalyse: Mit der Lösung der wichtigsten Probleme wird ein hoher Anteil des Erfolgs gesichert. Die Diskussionen um eine individuelle und standardisierte Analyse werden seit Jahren sehr kontrovers geführt. Häufig sind die unterschiedlichen Meinungen auf unklare Begriffe und Zielsetzungen im Bereich der Analyse zurückzuführen. Man kommt meist zu einem raschen Einverständnis, wenn man die Ja-Nein-Konfrontation differenziert durch Aussagen wie:

- Jede Analyse sollte grundsätzlich individuellen Charakter haben.
- Sie muss kundenorientiert sein und sollte das spezifische Umfeld des zu analysierenden Unternehmens verstärkt berücksichtigen.
- Hinter jeder erfolgreichen Analyse muss ein bewährtes System von Vorgehensweisen, Analysetechniken, Checklisten und Methoden stehen.
- Eine effiziente und exzellente Analyse setzt somit einen erprobten Werkzeugkasten voraus, der für einzelne Aufgabenfelder genormte Werkzeuge enthält, die problem-, bedürfnis- und nutzenorientiert eingesetzt werden sollten.

Wenn man diese Thesen akzeptiert, wird man feststellen, dass die Analyse immer individuell sein muss, die Hilfsmittel jedoch – auch aus ökonomischen Gründen – einer gewissen Standardisierung bedürfen. Mehr und mehr halten entsprechende Methoden und Instrumente ihren Einzug in die Unternehmensanalyse. An zahlreichen Stellen wird bereits mit „Werkzeugen" gearbeitet. Die integrierten Werkzeuge gewährleisten durch die einzelnen Module und Komponenten eine starke individuelle Ausrichtung des Prozesses. Dass auch die Werkzeuge ihrerseits von Fall zu Fall modifiziert werden können, versteht sich von selbst.

Der erfahrene Anwender weiß, wie man hier die gelungene Symbiose von Individualität und Standardisierung herbeiführt. Aus welchen Modulen sich die Analyse im einzelnen zusammensetzt, zeigt die folgende Abb. „Inhalte und zeitlicher Aufwand der ganzheitlichen Unternehmensanalyse".

Lesen Sie sich zunächst in die Thematik ein und versuchen Sie das Vorgehen zu verstehen – entsprechend der Regel „Machen Sie die Nagelprobe!"

Inhalte und zeitlicher Aufwand der ganzheitlichen Unternehmensanalyse

ZEIT	MODUL	ERGEBNIS
eineinhalb bis zweieinhalb Stunden	1. unsere Problemsituation	- Präzisieren der wichtigsten Probleme - Erarbeiten von Lösungsvorschlägen
zwei Stunden	2. unsere Erfolgsfaktorensituation	- Ausprägung der Erfolgsfaktoren aus eigener und aus Kundensicht - Ansätze zur Weiterentwicklung
zwei bis drei Stunden	3. unsere Marktsituation	- Analyse der Mitbewerber, Kunden, Produkte/Dienstleistungen - Skizzieren von Lösungsansätzen
eineinhalb Stunden	4. unsere Finanz-/Kostensituation	- Analyse wesentlicher Finanz- und Kostenkennzahlen - Finden von Lösungsvorschlägen
eine Stunde	5. unsere vernetzten Aktivitäten aus den Modulen 1-4	- Bewerten und Priorisieren der Aktivitäten - Erstellen eines Maßnahmenkatalogs

Abschluss der ganzheitlichen Analyse

- **Lernen Sie das System verstehen!**
- **Versuchen Sie, es zu transferieren!**
- **Entwickeln Sie konkrete Aktivitäten!**

Motto: „Wenn Du lernst, aber nichts veränderst, hast Du nichts gelernt."

© Kurt Nagel „Systeme für den Erfolg"

Allgemeine Hinweise zur Durchführung der ganzheitlichen Unternehmensanalyse

Die nachstehenden Ausführungen wenden sich an alle Entscheidungsträger in allen Zweigen der privaten Wirtschaft und auf allen Hierarchieebenen. Die ganzheitliche Unternehmensanalyse kann für ein ganzes Unternehmen ebenso durchgeführt werden wie für einzelne organisatorische Einheiten, Bereiche, Abteilungen oder Teams. Für die Teilnehmer an der Analyse, und insbesondere für den Moderator der einzelnen Module, wird es dabei immer wieder hilfreich sein, die Analyse gewissermaßen durch die Brille des externen Beraters vorzunehmen.

Die Darstellung der Abläufe und die Arbeitshilfen sind nicht auf bestimmte Branchen oder bestimmte Organisationsstrukturen festgelegt. Dieser generalisierende Charakter der Unterlagen verlangt von Fall zu Fall eine Spezifizierung. Um sich einen Überblick über die für das Unternehmen erforderlichen Anpassungen und Ergänzungen zu verschaffen, sollten Sie sich zunächst mit dem Konzept als Ganzem und den fünf einzelnen Modulen vertraut machen.

Vor der Analyse

- Holen Sie bereits im Vorfeld alle für die Durcharbeitung der einzelnen Module erforderlichen Informationen im Unternehmen und über die Kunden ein. Halten Sie die entsprechenden Unterlagen bereit.
- Informieren Sie sich allgemein über die Branche. Wichtig ist insbesondere das Einholen der branchentypischen Erfolgsfaktoren und Kennzahlen.
- Prüfen Sie, welche zusätzlichen Informationen vor der Analyse in Ihrem Haus und bei den Kunden zusammengetragen werden können.

Beispiele:

- Zusammenstellung der wichtigsten Probleme
- Ausfüllen des Arbeitsbogens „Präsentation des Problems"
- Einordnen des Reifegrades im System der generellen Erfolgsfaktoren
- Ausfüllen des Arbeitsbogens „Kundenanalyse"
- Ausfüllen des Arbeitsbogens „Generelle Nutzenargumente"
- Ausfüllen des Arbeitsbogens „Spezifische Nutzenargumente"
- Einholen der Kundenmeinung (Arbeitsbogen „Sagen Sie uns Ihre Meinung!")
- Zusammentragen wesentlicher Kennzahlen
- Bilanzanalyse mit dem PC-Programm „SUBER 2"
- klären Sie, wer an der Veranstaltung teilnimmt und wo die Veranstaltung stattfindet, vgl. Abb. „Hinweise zur Durchführung"
- prüfen Sie, welche Hilfsmittel bevorzugt einzusetzen sind
- stellen Sie die Verfügbarkeit der Hilfsmittel sicher
- erstellen Sie im Vorfeld Folien, Flip-Chart-Blätter etc. für die Aufnahme der Informationen bei der Analyse
- sofern Sie mit mehreren Mitarbeitern arbeiten, ernennen Sie für diese Analyse einen Verantwortlichen und machen Sie diesen zum Projektleiter
- Die Projektleitung ist verantwortlich für
    - die Vorbereitungsarbeiten,
    - die Auswahl der Beteiligten,

- die Terminierung,
- die Moderation der Module,
- die Auswahl der in Frage kommenden Analysewerkzeuge,
- die Dokumentation der Ergebnisse,
- die Umsetzung der Aktivitäten.
- Legen Sie die Zeitscheiben nach der jeweiligen Situation fest. Die Analyse muss nicht zwangsläufig zwischen 8.00 und 16.00 Uhr durchgeführt werden. So könnte es z. B. günstiger sein, die Analyse in die Abendstunden oder auf das Wochenende zu legen, um die Unternehmensabläufe so wenig wie möglich zu stören.

Hinweise zur Durchführung

Struktur der Teilnehmer:	Vertreter aus allen wesentlichen Funktionsbereichen
Anzahl der Teilnehmer:	3 – 8 Personen
Präsenz:	Ständige Anwesenheit während der Analyse
Abschottung:	Keinerlei Störungen von außen
Versorgung:	Getränke, belegte Brötchen
Technik:	Pinnwände, Flip-Chart, Overheadprojektor, Faxgerät, evtl. PC

Während der Analyse

- Setzen Sie die vorbereiteten Arbeitsblätter ein. Es wird ganz bewusst das DIN-A4-Format gewählt. Damit ist die Möglichkeit gegeben, die Arbeitsblätter – ggf. in kopierter Form – 1 : 1 für die Analyse und die Dokumentation einsetzen zu können.
- Es empfiehlt sich, die einzelnen Module in der vorgegebenen Reihenfolge zu bearbeiten. Ergänzungen können entsprechend der jeweiligen spezifischen Situation vorgenommen werden.
- Die empfohlene Vorgehensweise kann unabhängig von der Unternehmensgröße eingehalten werden. Je größer die Organisationsstruktur, desto ausgeprägter muss die Konzentration auf das Wesentliche sein. Bei großen und komplexen Organisationen empfiehlt sich die Aufbereitung des Materials mit Hilfe einschlägiger PC-Programme.
- Im Rahmen dieser Analyse geht es nicht nur um das klassische Ermitteln der Ist-Situation. Auch in der begrenzt zur Verfügung stehenden Zeit muss es möglich sein, zu neuen Denkanstößen zu kommen.
- Halten Sie die Anfangs- und Endzeiten korrekt ein.
- Führen Sie die Teilnehmer angemessen in die Analyse ein.
- Machen Sie die Zielsetzungen der Analyse deutlich.
- Klären Sie die Rahmenbedingungen:
  - keine Störungen,
  - kurze Pausen,

- Zeiteinheiten pro Modul,
- Dokumentation der Ergebnisse,
- gemeinsames Bemühen,
- alle Betroffene sind Beteiligte.
- Sorgen Sie für den Einsatz von unterschiedlichen Medien, um die Teilnehmer aktiv zu halten.
- Vergessen Sie nicht, die erzielten Arbeitsergebnisse während der Analyse zu dokumentieren.
- Bei allen Aktivitäten gilt als wesentliche Basis für eine erfolgreiche Analyse die gute Befindlichkeit der Teilnehmer. Die Teilnehmer haben den entscheidenden Einfluss auf das Klima der Veranstaltung. Wenn hier – bildlich gesprochen – eisige Temperaturen herrschen, kann eine erfolgreiche Analyse nicht erreicht werden. Durch ihr Handeln und Wirken sind die Teilnehmer durchaus in der Lage, dafür zu sorgen, dass das Klima stimmt.
- Lockern Sie das Klima von Zeit zu Zeit auf (z. B. kurze Lehrspiele).
- Legen Sie den Termin für die Präsentation der Ergebnisse fest.

Nach der Analyse

- Dokumentieren Sie die Ergebnisse der Analyse möglichst während der Durchführung.
- Eine vollständig ausgearbeitete Dokumentation sollte spätestens innerhalb von fünf Arbeitstagen nach Durchführung erstellt sein.
- Erstellen Sie zusätzlich eine Management-Kurzfassung der Dokumentation (Umfang ca. 2 – 4 Seiten).
- Formulieren Sie den Handlungsbedarf, den die Analyse ergeben hat, klar und präzise.
- Erarbeiten Sie einen Maßnahmenkatalog zur konkreten Umsetzung der Analyseergebnisse.
- Leiten Sie die erforderlichen Maßnahmen unverzüglich in die Wege.
- Setzen Sie einen klaren Zeitrahmen für die Realisierung der erforderlichen Maßnahmen.
- Führen Sie eine begleitende Erfolgskontrolle durch und passen Sie die ergriffenen Maßnahmen ggf. an.

Die Methoden der ganzheitlichen Unternehmensanalyse

Im Rahmen der ganzheitlichen Unternehmensanalyse können eine Vielzahl von Analyse- und Therapiemethoden eingesetzt werden.
Die folgenden Übersichten zeigen die Instrumente auf. Sie sind den einzelnen Modulen zugeordnet.

Die ganzheitliche Unternehmensanalyse
-Struktur und Methoden-

Modul 1: Die Problemanalyse

- Kartenabfrage
- Matrix: Bedeutung/Beeinflussbarkeit
- Matrix: Wichtigkeit/Dringlichkeit
- Paretos Gesetz
- Beraterwerkstatt

Modul 2: Die Erfolgsfaktorenanalyse

- Generelle Erfolgsfaktoren
- Branchenerfolgsfaktoren
- Spezifische Erfolgsfaktoren
- PC-Programm „SUBER"
- Vernetzungsmatrix

Modul 3: Die Marktanalyse

- Wettbewerbsanalyse
- Kundenanalyse
- Kunden-/Mitbewerberanalyse
- Trendanalyse
- Datenbanken
- Produkt-Portfolio
- Service-Portfolio
- Strategische Orientierung
- Nutzensystem
- Innovationsansätze

Modul 4: Die Finanzanalyse

- Kennzahlen
- Quick-Test
- Branchenwerte
- Investitionspriorisierung
- Wertschöpfung
- Umsatzplanung
- Gewinnplanung
- Kostenplanung
- Finanzplanung
- PC-Programm „SUBER"

Modul 5: Die Vernetzung und Priorisierung der Aktivitäten

© Kurt Nagel „Systeme für den Erfolg"

Modul 1: Ganzheitliche Unternehmensanalyse
Die Problemanalyse
Ausgewählte Instrumente und Systeme

Methode	Ziel	Beispiel	Zeit
Kartenabfrage (Unsere Schwachstellen)	Ermitteln der Schwachstellen für das gesamte Unternehmen mit möglichst vielen Betroffenen	1. Mitwirkung von 10-20 Teilnehmern 2. Die Teilnehmer formulieren ihre Probleme 3. Die Schwachstellen werden strukturiert und priorisiert	Je nach Intensität zirka eine halbe bis eine Stunde. Für das Erarbeiten erster Lösungsansätze zirka eine Stunde
Bedeutung / Beeinflussbarkeit	Welche Probleme sind für uns in der Organisation bedeutsam und gut lösbar?	- Einführung der Zielvereinbarung - Kundendatenbank - Prozessorganisation	Für eine grobe Einordnung zirka 20 Minuten
Wichtigkeit / Dringlichkeit	Was ist für unser Unternehmen wichtig und dringlich?	Welche Probleme haben wir zuerst zu lösen?	Die Einordnung in die vier Felder kann in zirka 20 Minuten vorgenommen werden
Paretos Gesetz (Aktivitäten 80%/20% — Erfolg 20%/80%)	20 Prozent der Aktivitäten bringen 80 Prozent des Erfolgs. Diese Aussage gilt es, auf die Lösung der wichtigsten Probleme zu übertragen	- Umsatz mit Kunden - Ausschuss - Krankheitstage - Gewinn	Zirka 10 - 20 Minuten
Beraterwerkstatt (Ideen Ideen)	Wie finden wir neue Ideen zur Lösung unseres wichtigsten Problems? Ideen werden klassifiziert nach ✓ = bekannt, n = neu, a = attraktiv, n + a = neu + attraktiv.	Welche Ideen gibt es zur Verbesserung der Schnelligkeit?	In Rahmen der ganzheitlichen Analyse sind Ergebnisse in zirka 20 Minuten erreichbar

© Kurt Nagel „Systeme für den Erfolg"

Modul 2: Ganzheitliche Unternehmensanalyse
Die Erfolgsfaktorenanalyse
Ausgewählte Instrumente und Systeme

Methode	Ziel	Beispiel	Zeit
Generelle Erfolgsfaktoren (Ausprägung): Strategie, Organisation, Infosysteme, Mitarbeiter, Führung, Kundenorient.	Empirische Analysen zeigen, dass erfolgreiche Unternehmen über eine gute Ausprägung der sechs generellen Erfolgsfaktoren verfügen. Ein Indikatorensystem erlaubt die konkrete Standortbestimmung.	- Ausprägung der Erfolgsfaktoren im Verhältnis zueinander - Ausprägung der einzelnen Indikatoren für jeden Erfolgsfaktor	Zirka eine halbe Stunde für eine grobe Einschätzung
Branchenerfolgsfaktoren EF / Wir / Beste / ∅ Qualität 6 / 8 / 5 Service 7 / 7 / 4 Mehrwert 8 / 5 / 1	Für jede Branche gibt es branchenspezifische Erfolgsfaktoren (EF). Diese gilt es zu kennen, um zu wissen, wo man gegenüber den Besten und dem Durchschnitt steht.	- Erarbeiten Sie die Branchenerfolgsfaktoren - Rufen Sie diese ab bei * „Systeme für Erfolg" * Verbänden * Kreditinstituten	Zur Durchführung der Schritte zirka eine halbe bis eineinhalb Stunden
Spezifische Erfolgsfaktoren H / M / △ Mitarbeiter 6 / 7 / 1 Problemlösg. 8 / 9 / 1 Service 7 / 9 / 2 Technologie 5 / 7 / 2	Jedes Unternehmen/ jede Verwaltung hat spezifische Erfolgsfaktoren. Auf einer Skala von 0-10 kann der Status „IST" (heute) und das Ziel „SOLL" (morgen) fixiert werden (H und M). Die Differenz (△) zeigt den Handlungsbedarf.	1. Abfrage (Kartentechnik) 2. Priorisieren der Faktoren 3. Feststellen „IST"-Status 4. Fixieren „SOLL"-Status 5. Maßnahmen erarbeiten	Zur Durchführung der Schritte 1-5 zirka eine bis eineinhalb Stunden
PC-Programm 1. Generelle EF 2. Branchen EF 3. Spezifische EF 4. Kundenmeinung 5. Quick-Test 6. Strat. Bilanzanalyse	Dieses Programm unterstützt die Analyse der Erfolgsfaktoren. Daneben lässt sich das Unternehmen bewerten nach 1. Ist-Status „heute" 2. Soll-Status „morgen"	Anwendungen sind möglich: - branchenunabhängig - größenunabhängig	Je nach Intensität der Analyse eine bis vier Stunden
Vernetzungsmatrix (aktiv/passiv)	Welche Faktoren haben den stärksten Einfluss auf das Ergebnis, d. h. welche Faktoren sind besonders aktiv?	Hebelfaktoren sind z. B. - Strategie - Mitarbeiter - Führung	Zirka 1 Stunde

© Kurt Nagel „Systeme für den Erfolg"

Modul 3: Ganzheitliche Unternehmensanalyse
Die Marktanalyse (1)
Ausgewählte Instrumente und Systeme

Methode	Ziel	Beispiel	Zeit
Wettbewerbsanalyse	Diese Analyse vermittelt einen Überblick über die Stärken und Schwächen der Mitbewerber.	Status der: - Konkurrenten - Branche - Stärken und Schwächen der Mitbewerber	Der Detaillierungsgrad bestimmt den zeitlichen Aufwand.
Kundenanalyse	Die Kunden werden in die wesentlichen Zielgruppen eingeteilt. Für jede Zielgruppe werden ermittelt - Umsatz (heute/morgen) - Gewinn (heute/morgen) - Entscheidungskriterien - Maßnahmen.	Zielgruppen können u. a. sein: - Senioren - Erwachsene - Jugendliche - Kinder - Gewerbe/Industrie - öffentlicher Auftraggeber	Eine grobe Analyse ist in zirka 20 Minuten machbar.
Kunden-/Mitbewerberanalyse	Das Ziel der Analyse ist das Fixieren der Wettbewerbsposition. Diese wird bestimmt durch: 1. die Bedeutung der Leistungskriterien für Kunden, 2. das Verhältnis zur Konkurrenz.	1. Service - Stellenwert für Kunden: 130 - Wir sind der Konkurrenz überlegen: 120 2. Preis - Stellenwert: 130 - unsere Position: 110	Die Einordnung der wichtigsten Entscheidungskriterien dauert zirka 20 Minuten
Trendanalyse Druck<->Gegendruck	Die Trends werden konkretisiert und der vorhandenen Kompetenz gegenübergestellt. Der Vorteil dieser Methode liegt in der Quantifizierung der Einflussgrössen.	- Umweltentwicklungen - Kundenentwicklungen - Technologieeinflüsse	Pro Trend zirka eine Stunde
Datenbanken	Informationen verschaffen Wettbewerbsvorteile. Es gilt, Datenbanken aufzubauen und abzufragen.	- Kundenverhalten - Trends - Branchenzahlen - Rendite/Gewinne	Hängt von den Recherchen ab (Zugriff, Volumen).

© Kurt Nagel „Systeme für den Erfolg"

Modul 3: Ganzheitliche Unternehmensanalyse
Die Marktanalyse (2)
Ausgewählte Instrumente und Systeme

Methode	Ziel	Beispiel	Zeit
Produkt-Portfolio (Marktpotenzial / Rel. Marktanteil)	Das Produktportfolio macht deutlich, wie das Verhältnis zwischen - Nachwuchsprodukten - „Sternen" - „Melkkühen" und - Auslaufprodukten ist.	1. Nachwuchsprodukte: 20 Prozent 2. Sterne: 24 Prozent 3. Melkkühe: 31 Prozent 4. Auslaufprodukte: 25 Prozent	Eine detaillierte Standortbestimmung erfordert zirka zwei Stunden. Grobe Einordnung: zirka 15 Minuten
Service-Portfolio (Unternehmerischer Service / Persönlicher Service)	Der unternehmerische Service und der persönliche Service müssen im Einklang stehen.	Beispiele für höchsten Service: 1. 100 Prozent Termineinhaltung 2. Erreichbarkeit rund um die Uhr 3. optimale Prozesse	Zum Ausfüllen der Matrix: zirka eine Stunde
Strategische Orientierung (Mehrwert / Kostenführer / Konzentration auf Schwerpunkte)	Die generelle strategische Ausrichtung kann bestimmt sein durch: 1. Kostenführerschaft, 2. Differenzierung, 3. Nischenstrategie.	Die Profilierung kann z. B. erreicht werden durch: - Qualität - Service - Preisführerschaft - Problemlösungen	Die Fixierung ist eine Grundsatzentscheidung, die relativ rasch getroffen werden kann.
Das Nutzensystem 1. Generell 2. Spezifisch 3. Bewertung in DM	Der Nutzen wird: 1. allgemein 2. für jede Zielgruppe 3. in DM bewertet. Basis kann die Wertvergleichsmethode sein.	Nutzenargumente sind z. B.: - Image - Termineinhaltung - Service - Qualität - Mitarbeiter	Für alle drei Schritte zirka ein bis zwei Stunden
Strategieinnovationen **Prozessinnovationen** **Produktinnovationen**	Der Schwerpunkt der Innovationen kann liegen bei: - Produkten/Dienstleistungen, - Prozessen, - Strategien.	Innovationen sind z. B.: - Entsorgungssystem - Kundendatenbank - Logistik - Dienstleistungen - Strategische Allianzen	Hängt von der Intensität der Analyse ab.

© Kurt Nagel „Systeme für den Erfolg"

Modul 4: Ganzheitliche Unternehmensanalyse
Die Finanz-/Kostenanalyse (1)
Ausgewählte Instrumente und Systeme

Methode	Ziel (Erfolg)	Beispiel	Zeit
Kennzahlen	Wie liegen wir mit unseren Zahlen: a) in der eigenen Entwicklung? b) in der Branche?	Haben wir Vorteile im Branchenvergleich? Wie ist unsere Entwicklung bei den wesentlichen Kennzahlen?	Hängt vom DV-Grad ab
Quicktest zur finanz. Stabilität und Ertragslage	Bewertung von Unternehmen nach: 1. Eigenkapital, 2. Cash flow, 3. Rendite, 4. Schuldentilgung.	- Eigenkapital liegt über dem Branchendurchschnitt - Schuldentilgungsdauer unter drei Jahren	Bei vorliegendem Zahlenmaterial zirka eine halbe Stunde.
Branchenwerte - Ø Umsatz pro Mitarbeiter - Ø Rendite - Ø Kostenstrukturen - Ø Benchmarks	Durch den Vergleich mit den Branchenwerten sind die eigenen Leistungsdaten besser einzuschätzen.	- Rendite des Eigenkapitals - Umsatzrendite - Anteil der Personal- oder Materialkosten an den Gesamtkosten	Wenige Minuten für den Vergleich; die Ursachenanalyse kann sehr zeitaufwendig sein.
Investitionspriorisierung 1. Wirtschaftlich 2. Strategisch 3. Dringlich	Welche Investition ist für meinen Betrieb am sinnvollsten? Die Bewertung erfolgt nach mehreren Kriterien auf der Basis bewährter Formulare.	Investieren wir in eine neue Lagerhalle oder besser in neue Maschinen?	Zirka 20 Minuten für eine grobe Datenzuordnung.
Wertschöpfung Erlöse ./. Erlösschmälerungen ./. Materialkosten ./. Personalkosten ./. Gemeinkosten = interne Wertschöpfung	Die Zielsetzungen sind, gemeinsam 1. die Erlöse zu steigern, 2. die Kosten zu senken.	Für jeden Einflussfaktor gilt es, die Chancen zur Verbesserung der Wertschöpfung zu finden.	Im Sinne eines Brainstormings können die Vorschläge rasch erarbeitet werden.

© Kurt Nagel „Systeme für den Erfolg"

Modul 4: Ganzheitliche Unternehmensanalyse
Die Finanz-/Kostenanalyse (2)
Ausgewählte Instrumente und Systeme

Methode	Ziel	Beispiel	Zeit
Umsatzplanung Produktgruppe 1 / Produktgruppe 2 ... (Soll/Ist)	Für die wesentlichen Produktgruppen/ Leistungsgruppen werden die Umsatzplanzahlen erarbeitet.	- Wie sehen unsere Umsatzziele in den nächsten drei Jahren aus? - Benötigen wir neue Nachwuchsprodukte?	Notwendigkeit der Einführung: wenige Minuten Realisierung: zirka ein bis zwei Stunden
Gewinnplanung Erlöse Kosten Gewinn	Mit Hilfe der Gewinnplanung wird die Erlös- und Kostensituation überprüft.	- Ist die Erlössituation zufriedenstellend? - Können Kostensenkungspotenziale genutzt werden?	Wenn die Daten vorliegen, ist die Formalisierung rasch realisiert.
Kostenplanung VOLLKOSTEN ... TEILKOSTEN ...	Die Kostenplanung dient 1. der Abdeckung der Vollkosten, 2. der Ermittlung der Preisuntergrenze (Teilkosten).	- Haben wir eine wettbewerbsfähige Kostenstruktur? - Wie sieht unsere Angebotskalkulation aus?	Üblicherweise müssten die Kosteneinflussgrößen bekannt sein. Formalisierung ist rasch realisiert.
Finanzplanung Einnahmen Ausgaben Über-/Unterdeckung	Je nach Zielrichtung kann unterschieden werden: eine langfristige und mittelfristige Finanzplanung sowie eine Liquiditätsplanung.	- Ist die Liquidität in den nächsten Monaten sichergestellt? - Benötigen wir mittelfristig Fremdkapital?	Das Zusammenstellen der Daten sollte in kurzer Zeit möglich sein. Aus den vorgelegten Plänen sind die Daten zu übernehmen.
PC-Programm Strategische Unternehmens-Beratung (SUBER)	Dieses Programm erlaubt u. a. eine differenzierte Kennzahlenanalyse und die strategische Bilanzanalyse.	- Wie haben sich unsere Kennzahlen entwickelt? - Wie sind unsere Zukunftsaussichten?	Das Durchspielen der Daten dauert wenige Minuten.

Modul 5: Ganzheitliche Unternehmensanalyse
Die Vernetzung und Priorisierung der Aktivitäten

© Kurt Nagel „Systeme für den Erfolg"

Ein praktisches Beispiel:
Die Zusammenstellung von Analyse-Instrumenten zu einem ganzheitlichen Konzept.

Modul 1: Die Problemanalyse

Wo liegt das Problem ?

Nach der Darstellung der ganzheitlichen Unternehmensanalyse im Überblick wird nun schrittweise auf die verschiedenen Module anhand eines Praxisbeispiels eingegangen.

Vorangestellt und als Einstimmung gedacht seien drei Grundfragen zum strategischen Management:

„Tun wir die richtigen Dinge?"
„Tun wir die Dinge richtig?"
„Wie verändern wir die Dinge?"

Allein diese drei Fragestellungen zeigen, wie notwendig es ist, komplexe und unüberschaubare Sachverhalte auf Teilprobleme herunterzubrechen. In diesem ersten Modul der ganzheitlichen Unternehmensanalyse wird auf die Problemanalyse eingegangen.

Ziele dieses Moduls sind:

- erarbeiten der wichtigsten Probleme,
- strukturieren der Probleme u.a. nach Bedeutung – Dringlichkeit – Beeinflussbarkeit und
- finden und skizzieren von Lösungsansätzen.

Der Zeitansatz für dieses Modul beträgt entsprechend der angewandten Methoden eineinhalb bis zweieinhalb Stunden.

Dies bedeutet eine Konzentration auf das Erkennen der Kernprobleme im betrieblichen Umfeld, das Bewerten möglicher Alternativen und das Erarbeiten von konkreten Lösungsvorschlägen. Die hohe variable Anwendbarkeit der Methoden ermöglicht eine ganz individuelle Vorgehensweise in dem zu analysierenden Unternehmen. Zur Problemerkennung und zum Erarbeiten von Lösungsansätzen kommen im Wesentlichen die „Beraterwerkstatt" und die „Kartenabfrage" zum Einsatz.

Die Beraterwerkstatt

Diese Methode empfiehlt sich bei vier bis acht Teilnehmern aus Geschäftsleitungs- und Führungskreisen. Dabei wird versucht, das jeweilige Problem konkret zu beschreiben, Ansätze zur Lösung zu finden und zu formulieren. Alle Mitglieder der Beraterwerkstatt sollten sich aufgeschlossen gegenüberstehen. Das Analyseteam versucht jeweils gemeinsam, die wichtigsten Probleme zu definieren. Derjenige, der mit dem Problem am stärksten vertraut ist, sieht sich in der Rolle des Ratnehmers. Alle anderen Personen sind Ratgeber. Der Leiter der ganzheitlichen Unternehmensanalyse sollte die Position des Moderators einnehmen.

Der Ratnehmer hat folgende Aufgaben:

- Das von ihm eingebrachte Problem muss einen aktuellen Bezug haben. Dabei ist insbesondere auf den Gegenstand, das Umfeld und die Ursache des Problems zu achten.
- Das Problem ist in das betriebliche Umfeld einzuordnen.
- Es gilt Aussagen zu machen über: drei positive Konsequenzen zur Lösung des Problems, ins Auge gefasste Lösungsansätze und warum diese (noch) nicht befriedigen und letztlich über die drei wichtigsten Lösungskriterien.

Als Arbeitsunterlage und zur Standardisierung der Problemstellungen haben sich Formblätter in der Praxis bewährt.

Mein wichtigstes Problem

a) Gegenstand des Problems

b) Das Umfeld des Problems

c) Die Entstehung/Ursache des Problems

d) Drei positive Konsequenzen der Lösung des Problems

e) Ins Auge gefasste Lösungsansätze und warum befriedigen diese (noch) nicht?

f) Die drei wichtigsten Lösungskriterien

© Kurt Nagel „Systeme für den Erfolg"

Beispiel zur Präsentation eines Problems

Mein wichtigstes Problem
a) Gegenstand des Problems   **Optimale Nutzung der Zeit**
b) Das Umfeld des Problems   1. keine Kontinuität bei den Aufgaben   2. drängelnde Kunden   3. Personalengpässe
c) Die Entstehung/Ursache des Problems   1. nicht vorherzusehende Zwischenfälle   2. noch unzureichende Delegation
d) Drei positive Konsequenzen der Lösung des Problems   1. weniger Hektik   2. mehr Zeit für das Wesentliche   3. höhere Effizienz
e) Ins Auge gefasste Lösungsansätze und warum befriedigen diese (noch) nicht?   1. Vorschläge an die Kollegen werden nicht realisiert   2. Ordnung und Selbstdisziplin   3. Delegieren von Aufgaben
f) Die drei wichtigsten Lösungskriterien   1. direkte Info-Wege   2. Prioritäten-Liste   3. To-Do-Liste

Die Ratgeber erfüllen ihre Aufgaben im Rahmen der Beraterwerkstatt wie folgt:

- sie sollten zuhören können,
- die Ausführungen des Ratnehmers sind zu hinterfragen,
- sie bringen eigene Erfahrungen ein und sind dazu aufgerufen, neue Ideen zur Lösung der Probleme zu finden.

Der Moderator begleitet die Beraterwerkstatt durch:

- Verdeutlichung der Beziehungsebene neben der Sachebene,
- Einbringen methodischer Ansätze zur Lösung von Problemen,
- Voranbringen der Lösungsansätze,
- Vorschläge für die Priorisierung der Realisierungsmaßnahmen.

Die Beraterwerkstatt durchläuft fünf Schritte:

- Schritt 1 – Ratnehmer

Präsentation des Problems (vgl. Abb. „Mein wichtigstes Problem")

- Schritt 2 – Ratgeber

Finden neuer Ideen zur Lösung des Problems:
a) Brainstormingsitzung
b) Auflisten der Ideen

- Schritt 3 – gemeinsames Bewerten der Ideen

a) N = neu, A = attraktiv, N+A = neu und attraktiv, √ = bekannt
b) Bearbeiten der Ideen in der Rangfolge: 1. N + A; 2. A

- Schritt 4 – Ratgeber

Ausformulierung der Lösungsansätze

- Schritt 5 – Ratnehmer

Auswahl des Lösungsansatzes
a) Erfüllt die Lösung die drei wichtigsten Kriterien?
b) Kann die Lösung realisiert werden?
c) Was realisiere ich bis wann?

Durch das Zusammenspiel von Ratnehmer, Ratgeber und Moderator ist eine effiziente Synergienutzung gewährleistet.

Die Kartenabfrage

Diese Methode empfiehlt sich für mehr als sechs Teilnehmer aus allen Bereichen eines Unternehmens. Sie ermöglicht auch scheinbar teilnahmslosen Mitarbeitern, Beiträge zunächst einmal anonym zu formulieren und sich voll einzubringen.

Die Kartenabfrage läuft nach der „Metaplantechnik" ab. Auf einer Karte darf in maximal sieben Worten ein Argument formuliert werden. Die Fragestellung kann lauten: „Welche Schwachstellen haben wir in unserem Haus?" oder ganz einfach „Wo drückt der Schuh?" Nach Bekanntgabe der Karteninhalte werden Oberbegriffe gesucht, denen die einzelnen Argumente zugeordnet werden.

Danach erfolgt die Formulierung von Themen für die Arbeit in Kleingruppen. In der Praxis hat sich eine willkürliche Zusammensetzung der Gruppen bewährt. Auf diesem Weg erfahren auch nicht unmittelbar von der Problematik betroffene Mitarbeiter von den Problemen ihrer Kollegen. Die Gruppen entwickeln konkrete Verbesserungsvorschläge zu den Arbeitsthemen. Der Moderator leistet dabei Hilfestellung. Ein Gruppenmitglied aus jeder einzelnen Kleingruppe präsentiert anschließend die Ergebnisse seines Teams. Das Plenum kommentiert, diskutiert und ergänzt die Verbesserungsvorschläge der Gruppe.

Abschließend werden sämtliche von den Gruppen erarbeiteten Vorschläge zur Verbesserung der Problemsituation in einen Aktivitätenplan eingebracht.

Darin ist die jeweilige Aktivität, die Verantwortlichkeit und die Terminologie schriftlich fixiert. Dieser Aktivitätenplan dient als Arbeitspapier zur Umsetzung der Verbesserungsvorschläge zu den erörterten Problemen.

Die Praxis hat gezeigt, dass diese Art der Problemerfassung auch eine große soziale Wirkung hat, da sich alle Mitarbeiter eines Unternehmens angesprochen fühlen. Sie können an den Vorschlägen mitwirken und sind deshalb auch bereit, die notwendigen Änderungen zur Verbesserung der Problemsituation mitzutragen.

Die Lösungsmatrix „Bedeutung/Beeinflussbarkeit"

Zur Orientierung in der Problemlandschaft eignen sich besonders zweidimensionale Darstellungen. Die Probleme aus der Beraterwerkstatt oder der Kartenabfrage werden in eine Matrix mit den Achsen „Bedeutung" und „Beeinflussbarkeit" eingeordnet. Es ist darauf zu achten, dass die beiden Achsenkriterien unter zwei Aspekten betrachtet werden: „Bedeutung für die Mitarbeiter und das Unternehmen" sowie „Beeinflussbarkeit durch die Mitarbeiter und durch das Unternehmen".

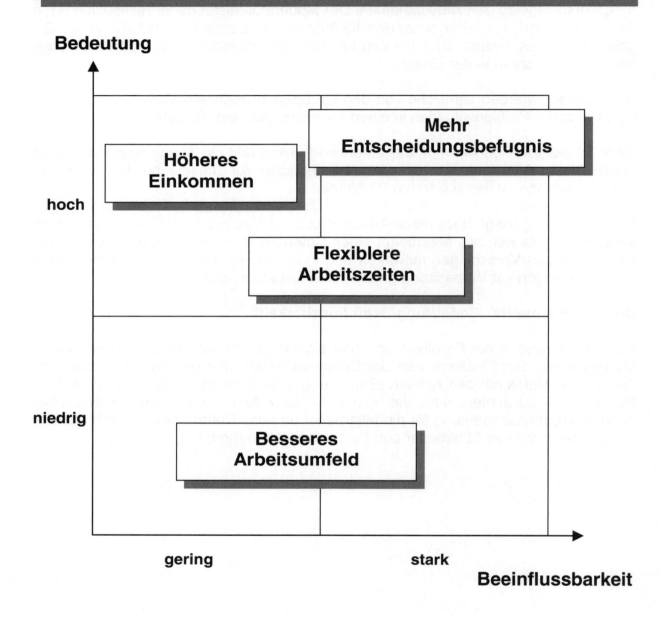

Ein Beispiel dazu zeigt die Darstellung:

Probleme, die im Feld „Bedeutung hoch" und „Beeinflussbarkeit stark" liegen, besitzen ein hohes Bedürfnis, gelöst zu werden. Im Beispiel wäre dies das Problem „mehr Entscheidungsbefugnis". Das Problem „höheres Einkommen" bedeutet den Mitarbeitern zwar sehr viel, das Unternehmen dürfte aber in der momentanen Wettbewerbssituation keinen Handlungsbedarf für eine Änderung sehen. Aus dieser Matrixdarstellung lässt sich eine grobe Reihenfolge der Bearbeitung von Lösungsvorschlägen ableiten.

Die Lösungsmatrix „Wichtigkeit/Dringlichkeit"

Diese Matrix ermöglicht analog zur vorherigen Matrixdarstellung eine terminliche Priorisierung. Hierbei werden alle Aktivitäten auf ihre Wichtigkeit und Dringlichkeit hin untersucht und in vier Kategorien eingeteilt:

- Ein Problem, das sowohl wichtig als auch dringlich ist, wird sofort selbst erledigt.
- Ein wichtiges, aber nicht dringliches Problem wird mit einem geeigneten Planungsinstrument terminiert.
- Ist ein Problem dringend, aber nicht wichtig, sollte es mit klaren Vorgaben von Kompetenz und Verantwortung delegiert werden.
- Sollte ein Problem weder dringend noch wichtig sein, so wird es abgelegt oder dem Papierkorb anvertraut.

Empfehlung zur Problemanalyse:

Eine große Anzahl der Anregungen zur Verbesserung aus dem Kreise der Mitarbeiter lassen sich meist ohne nennenswerten Kostenaufwand realisieren. Einfache Veränderungsmaßnahmen, bei denen sich relativ schnell Erfolg abzeichnen kann, sollten möglichst rasch zur Umsetzung freigegeben werden. Solche Erfolgserlebnisse setzen neue Motivationsschübe frei, die es zu einem späteren Zeitpunkt erlauben, auch schwierigere Aufgaben erfolgreich zu meistern.

Modul 2: Die Erfolgsfaktorenanalyse

Das System der Erfolgsfaktoren hat längst seine Bewährungsprobe in der Wirtschafts-/Verwaltungspraxis bestanden. Zahlreiche Organisationen in Wirtschaft und Verwaltung setzen dieses System zur Bestimmung der gegenwärtigen und zukünftigen Erfolgspositionen ein. In diesem Modul sollen die verschiedenen Erfolgsfaktoren auf ihre Stärken und Ausprägungen hin untersucht werden. Es wird aufgezeigt, wo sich die Stärken befinden und wo mit Verbesserungen anzusetzen ist.

Ziele dieses Moduls sind:

- Feststellen der Ausprägung der generellen Erfolgsfaktoren,
- Fixieren der Branchenerfolgsfaktoren,
- Erarbeiten der spezifischen Erfolgsfaktoren und Darstellung der Beeinflussung untereinander,
- Einholen von Kundenmeinungen zu unternehmensspezifischen Erfolgsfaktoren.

Der Zeitansatz für dieses Modul beträgt je nach Tiefe der einzelnen Untersuchungen eineinhalb bis zwei Stunden.

Der zunächst generalisierende Charakter entwickelt sich stufenweise über die branchen- bis hin zu den unternehmensspezifischen Erfolgsfaktoren. Als Spiegelbild zur Selbsteinschätzung wird zur Komplettierung dieser Analyse über das Einholen von Kundenmeinungen noch ein Fremdbild erstellt.

Die generellen Erfolgsfaktoren

Auf der Basis von umfangreichen empirischen Untersuchungen wurden sechs Erfolgsfaktoren ermittelt, die generelle Gültigkeit für jedes Unternehmen haben. Sie sind also losgelöst von der Branche und Größenordnung einer Organisation zu betrachten. Dass dabei unterschiedliche Ausprägungen möglich sein können, versteht sich von selbst. Die sechs generellen Erfolgsfaktoren sind:

- Kunden- und marktorientierte Strategien,
- strategie- und situationsorientierte Organisationsgestaltung,
- marktnahes Informationssystem,
- verstärkte Nutzung des Mitarbeiterpotenzials,
- effizientes Führungssystem,
- bestens praktizierte Kundennähe.

Diese Faktoren werden jeweils in mehrere Phasen unterteilt. Die Beschreibung der einzelnen Phasen weist auf die Ausprägung des Faktors hin. Dieses Phasenmodell ist in fünf Komponenten gegliedert:

1. Start,
2. Ausweitung,
3. Konsolidierung,
4. Wachstum und
5. Integration.

Der Reifegrad und die Ausprägung der einzelnen Erfolgsfaktoren nehmen von der Phase 1 bis zur Phase 5 zu. Ordnet man diese Unternehmensphasen den Erfolgsfaktoren nach der Beschreibung zu, dann entsteht eine Matrix mit dem generellen Reifegrad und Ausprägungen für die sechs Erfolgsfaktoren.

Siehe hierzu die Ausführungen zur Analyse der generellen Erfolgsfaktoren in Punkt 1 des IV. Kapitels „Instrumente zur Organisations- und Informationsanalyse".

Die jeweilige Standortbestimmung lässt unschwer die noch entwicklungsbedürftigen Faktoren anhand der Ausprägungen erkennen. Sie liefert zunächst für die Entscheidungsträger erste Hinweise zu Ansatzpunkten der Verbesserung. Nach dieser ersten groben Standortbestimmung kann jeder einzelne Faktor einer detaillierten Analyse unterzogen werden. Hierzu wird jeder generelle Erfolgsfaktor nochmals in sechs Indikatoren unterteilt, die nach demselben Phasenschema untersucht werden. Die hier gewonnenen Ausprägungen zeigen schon konkrete Ansätze zur Verbesserung schwach ausgeprägter Faktoren an. Noch genauere Ansätze erhält man, wenn zusätzlich zur ermittelten Ist-Bestimmung eine Soll-Bestimmung durchgeführt wird. Zu priorisierende Ansätze werden durch die Spanne zwischen Ist- und Soll-Werten deutlich angezeigt.

Die Branchen-Erfolgsfaktoren
Für jede Branche gibt es unterschiedliche Erfolgsfaktoren. Die Ermittlung dieser Faktoren ist eine wesentliche Grundlage für das Erarbeiten der unternehmensspezifischen Erfolgsfaktoren. Ihre Bestimmung ermöglicht Aussagen über Informationen, welche Faktoren ausschlaggebend für den Erfolg in der Branche sind, Ausprägungen des eigenen Unternehmens im Ist-Soll-Vergleich und Vergleiche mit dem Branchendurchschnitt und den wesentlichen Wettbewerbern.

Siehe hierzu die Ausführungen zur Analyse der Branchenerfolgsfaktoren in Punkt 2 des IV. Kapitels „Instrumente zur Organisations- und Informationsanalyse".

Die unternehmensspezifischen Erfolgsfaktoren

Darunter werden jene Erfolgsfaktoren verstanden, die über den Erfolg oder Misserfolg von Unternehmen, Bereich, Abteilung, Team oder Person entscheiden. Das Gewinnen dieser spezifischen Faktoren kann durch eine Gewichtung der Branchenerfolgsfaktoren oder durch die Methode der Kartenabfrage mit Bildung von Begriffsschwerpunkten erfolgen. Die Anzahl der spezifischen Erfolgsfaktoren, die in die Vernetzungsmatrix eingehen, sollte um sieben Faktoren liegen.

Diese Faktoren werden nun auf ihre gegenseitige Beeinflussung (aktive Wirkung, passive Einwirkung) hin untersucht. Für jeden Faktor ist seine Einflussstärke auf die anderen Faktoren zu ermitteln.

Siehe hierzu die Ausführungen zur Analyse der spezifischen Erfolgsfaktoren in Punkt 3 des IV. Kapitels „Instrumente zur Organisations- und Informationsanalyse".

Das Einholen von Kundenmeinungen

Zur Abrundung der bisher betriebenen Selbstbeurteilung ist es sinnvoll, eine Fremdeinschätzung zu erstellen. Eine wertvolle Hilfe dazu ist der Entwurf eines unternehmensspezifischen Kundenbefragungsbogens. Dieser kann zwischen sieben und zehn Fragen zur Beurteilung der Unternehmensleistungen enthalten. Die Fragen sind so zu formulieren, dass sie sich auf die Erfolgsfaktoren beziehen. Die Bewertung erfolgt mit Hilfe einer Zehnerskala, wobei 1= sehr schlecht, 5= durchschnittlich und 10= sehr gut bedeutet. Die Werte des Faktorendurchschnitts ergeben wiederum ein Leistungsprofil, an dem sich Verbesserungsansätze festmachen lassen. Um von den Kunden zusätzliche Anregungen zu gewinnen, kann folgender, den Fragen nachgestellter Satz „Um Ihre Wünsche in Zukunft noch besser erfüllen zu können, bitten wir Sie um Ihre Anregungen" eingefügt werden. Daraus hervorgehende Hinweise können äußerst wertvoll sein. Oftmals enthalten sie Anregungen, die von den Angehörigen des Unternehmens im Alltagsdruck gar nicht mehr wahrgenommen werden, auf die aber der Kunde großen Wert legt. Sicher ist es nicht verkehrt, Anregungen der Kunden zu nutzen.

Das PC-Programm SUBER 2 (Strategische Unternehmensberatung) unterstützt die Analyse der Erfolgsfaktoren einschließlich der Auswertung einer Kundenbefragung. Es ist über Medien für Erfolg – Prof. Dr. Dr. Kurt Nagel zu beziehen.

Hinweise zur Priorisierung von Aktivitäten

Meist ist es mangels Ressourcen nicht möglich, alle verbesserungswürdigen Aktivitäten gleichzeitig anzugehen. Sie sind deshalb auf ihre Realisierungsmöglichkeiten hin zu untersuchen, die bestimmt werden können durch

- die Höhe der Differenz zwischen Istausprägung und Sollausprägung,
- die Erfordernisse des Marktes,
- die Aktivitäten der Konkurrenz,
- den Kosten-/Nutzen-Effekt,
- die Dauer der Umsetzung,
- die Stärkung der Erfolgspotenziale.

Modul 3: Die Marktanalyse

Die Marktsituation des Unternehmens

Die Wettbewerbskräfte

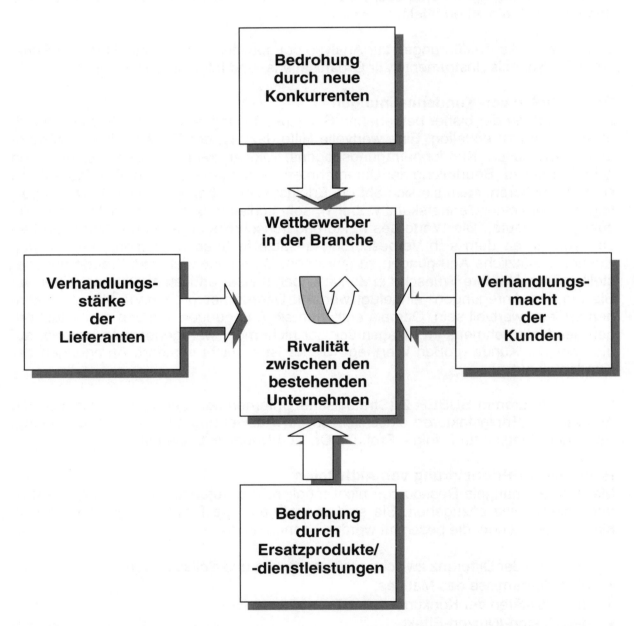

Den schwierigen Stand von Unternehmen in einer von Turbulenzen gekennzeichneten Zeit verdeutlicht die Abbildung „Die Wettbewerbskräfte". Sie zeigt an einem modifizierten Modell der fünf Wettbewerbskräfte nach Porter das Kräftefeld, dem Unternehmen Tag für Tag ausgesetzt sind. Diese Bedrohungen erfordern von den Unternehmen eine absolute Kunden- und Marktorientierung.

© Kurt Nagel „Systeme für den Erfolg"

Ziele der Marktanalyse sind:

- Analyse der Mitbewerber,
- Analyse der Kundengruppen,
- Analyse der Produkte/Dienstleistungen,
- Festlegen der strategischen Ausrichtung,
- Argumentative Aufbereitung des Kundennutzens,
- Diskutieren innovativer Ansätze.

Der Zeitansatz für dieses Modul sollte je nach Methodeneinsatz zwei bis drei Stunden betragen.

Analyse der Mitbewerber

Diese Analyse vermittelt einen Überblick über Stärken und Schwächen der Mitbewerber. Stellt man eigene Stärken und Schwächen denen der Mitbewerber gegenüber, dann wird es möglich, zukünftige Strategien und Ziele besser zu erarbeiten und zielgerichtet Erfolgspositionen aufzubauen.

Siehe hierzu die Ausführungen zur Analyse der Mitbewerber in Punkt 1 des II. Kapitels „Instrumente zur Strategie- und Vertriebsanalyse".

Diese Mitbewerberforschung sollte von jedem Unternehmen betrieben werden. Hauptprobleme dürften hierbei der Mangel an relevanten Daten und damit verbunden die systematische Auswertung derselben sein. Von Vorteil ist, wenn alle, auch scheinbar unnütze Daten über Wettbewerber in einem computergestützten System erfasst werden. Daten können auch durch das Einholen von Informationen über die Kundenseite gewonnen werden.

So gewonnene Daten können dann systematisiert und ausgewertet werden. Anhand dieser Profile lassen sich Standort und Verbesserungspotenziale ableiten.

Analyse der Kundengruppen

Der Kunde ist immer mehr zum Dreh- und Angelpunkt aller wirtschaftlichen Aktivitäten geworden. Ein Unternehmen hat nur dann Erfolg, wenn es die Bedürfnisse der Kunden besser befriedigt als die Mitbewerber. Heute gilt es, sich in die individuelle Situation der Kunden und deren Wünsche hineinzuversetzen.

Von großer Bedeutung ist hier das Herausfinden der jeweiligen Entscheidungskriterien des Kunden. Kriterien, die für den Kunden einen hohen Stellenwert haben, gilt es bestmöglich zu erfüllen. Ist man diesbezüglich den Mitbewerbern unterlegen, dann dürfte es schwer fallen, die Marktposition zu verbessern. Durch Befragungen sind die Entscheidungskriterien der Kunden zu fixieren. Bei Kriterien mit vitalem Kundeninteresse ist eine Überlegenheit im Wettbewerb anzustreben.

Es ist sinnvoll, die Kunden in Zielgruppen einzuteilen. Schnell wird man feststellen, dass die verschiedenen Zielgruppen eine teilweise sehr unterschiedliche Erwartung der Bedürfnisbefriedigung haben. Für die einzelnen Zielgruppen sind neben den Entscheidungskriterien die Umsatzanteile mit Gewinnanteilen (Deckungsbeiträgen), bezogen auf die Betriebsleistung, zu ermitteln. Mittels dieser Daten können Korrekturen für morgen abgeleitet werden.

Beispiel:
Werden mit einer Zielgruppe von 50 Prozent des Umsatzes nur 20 Prozent des Gewinns getätigt, dann ist eine Verlagerung der Aktivitäten auf eine Zielgruppe, die mit 20 Prozent der Umsätze 30 Prozent des Gewinns erzielt, erstrebenswert. Weiterhin sollten Maßnahmen zur Absicherung der Entscheidungskriterien für die jeweiligen Zielgruppen eingeführt werden.

Betrachtet man nun die Entscheidungskriterien der Kundenzielgruppen als Wettbewerbsparameter, dann lassen sich diese wiederum in eine Matrix einordnen.

Siehe hierzu die Ausführungen zur Mitbewerber- und zur Kundenanalyse Punkte 1 und 2 des II. Kapitels „Instrumente zur Strategie- und Vertriebsanalyse".

Analyse der Produkte und Dienstleistungen

Diese Analyse macht deutlich, mit welchen Dienstleistungen ein Unternehmen derzeit verstärkt seinen Umsatz generiert und welche Chancen das heutige Angebot in der Zukunft hat. Daraus können Überlegungen abgeleitet werden wie:

- Stellt der Anteil der Dienstleistungen mit hohem Marktanteil die künftigen Umsatzentwicklungen sicher?
- Ist eine angemessene Aufteilung der gesamten Dienstleistungspalette hinsichtlich Innovationen, bewährten Standards und Angeboten mit künftig weniger Nachfrage gegeben?
- Welche Gewinne/Deckungsbeiträge erbringen die einzelnen Dienstleistungen?
- Wie ist die Struktur der Marktanteile heute und wie wird sich diese verändern?

Auch diese Analyse lässt sich in einer Matrix (analog zur Matrix der Wettbewerbsparameter) darstellen.

Siehe hierzu die Ausführungen zur Portfoliotechnik in Punkt 3 des II. Kapitels „Instrumente zur Strategie- und Vertriebsanalyse".

Analyse der strategischen Ausrichtung

Bezüglich der strategischen Ausrichtung geht es um die Beantwortung der folgenden Fragen: Welche der drei Ausrichtungen von Kosten-/Preisführerschaft, Differenzierung mit Mehrwert und Nischenstrategie ist für das Unternehmen dominant?

Daneben gilt es Fragen zu stellen:

- Wie kann der „Mehrwert" gelebt werden?
- Gelten für einzelne Unternehmensbereiche unterschiedliche strategische Ausrichtungen?
- Ist die strategische Grundrichtung den Mitarbeitern, Kunden, Lieferanten und der Öffentlichkeit bekannt?

Viele mittelständische Unternehmen dürften sich, bedingt durch die hohen Arbeitskosten, auf die Strategie der Differenzierung, ergänzt durch eine Nischenstrategie, festgelegt haben. Hierbei wird dem Kunden etwas gegeben, was für ihn eine über den Preis hinausgehende Bedeutung hat. Im Gegensatz zum Preisunterschied bei der Kostenführerschaft wird hier auf den Leistungsunterschied gesetzt. Bei dieser

Strategie besteht das Ziel darin, sich von anderen Unternehmen abzuheben. Dies ist beispielsweise möglich durch:

- Geschäftsgrundsätze,
- Erscheinungsbild, Image,
- Problemlösungen, Service,
- exzellente Analyse,
- Spitzenqualität,

um nur einige Aspekte zu nennen. Dazu müssen die Alleinstellungsmerkmale des betreffenden Unternehmens erarbeitet werden: „Welchen Nutzen hat der Kunde über den Preis hinaus, wenn er unser Unternehmen beauftragt?"

Im ersten Schritt werden gemeinsam die generellen Mehrwertargumente für die Firma erarbeitet.

Es folgen die Nutzenargumente für die entsprechenden Zielgruppen, denn jede Zielgruppe hat eigene Entscheidungskriterien, die es zu erfüllen gilt. Auch hier ist es vorteilhaft, diese Kriterien in der zu installierenden Argumentebilanz einer Datenbank abzuspeichern. So ist jeder Mitarbeiter an der Kundenfront in der Lage, in Akquisegesprächen bei jeder Zielgruppe die aktuellsten Nutzenargumente ins Spiel zu bringen.

Die Wertvergleichsmethode erlaubt letztlich, den Mehrwert der qualitativen Argumente für den Kunden in DM zu quantifizieren.

Siehe hierzu die Ausführungen zum Nutzensystem Punkt 4 des II. Kapitels „Instrumente zur Strategie- und Vertriebsanalyse".

Analyse der Innovationen
Neben den bisherigen Analysen, die vorwiegend auf Datenanalysen und logischen Schlussfolgerungen basieren, muss künftig verstärkt eine Innovationsanalyse auf Grundlage einer Vision durchgeführt werden. Die Zukunft wird immer weniger aus Trends der Vergangenheit und Gegenwart abgeleitet werden können. Richtungsweisend ist das Erarbeiten von Innovationen, die sich jedoch auf alle Ebenen der Innovationsansätze beziehen müssen:

- die Marktinnovation (Strategie),
- die Produkt-/Dienstleistungsinnovation,
- die Prozessinnovation (Organisation und Logistik).

In diesem Zusammenhang sollten beispielsweise folgende Fragen analysiert und beantwortet werden:

- Welche Marktinnovationen zeichnen sich ab?
- Lassen sich Wettbewerbsvorteile durch Prozessverbesserungen erreichen?
- Können Wettbewerbsvorteile durch eine verstärkte Ökologieausrichtung erreicht werden?
- Wie lassen sich die Austrittsbarrieren für Kunden im Sinne eines Gewinner-Gewinner-Spiels noch weiter erhöhen?
- Welche Dienstleistungsinnovationen zeichnen sich ab?

- Wie kann eine Innovation möglichst rasch realisiert werden, um eine Tempoführerschaft zu erreichen?

Vgl. hierzu die Ausführungen zur Trendanalyse Punkt 5 des II. Kapitels „Instrumente zur Strategie- und Vertriebsanalyse".

Zusammenwirken der Analyse-Instrumente
Die beschriebenen Marktanalysebereiche bilden die Grundlage für das Erarbeiten einer Strategie. Das Ziel einer eindeutigen Strategie liegt im Finden einer Position, in der sich das Unternehmen am besten gegen die eingangs zitierten Wettbewerbskräfte schützen oder diese entsprechend positiv beeinflussen kann.

Modul 4: Die Finanz- und Kostenanalyse

Finanzen auf dem Prüfstand
Bei diesem Modul geht es um die Ermittlung und Interpretation der harten Faktoren aus der Finanz- und Kostensphäre des Unternehmens. Im Mittelpunkt stehen dabei Kennzahlen.

Ziele der Finanz- und Kostenanalyse sind:

- Ermitteln ausgewählter Bilanz-/GuV-Kennzahlen,
- Entwicklung der Kennzahlen,
- Vergleich mit Branchenkennzahlen,
- Festlegen von Kostenvergleichswerten.

Kennzahlen sollten ihre Aussagen nicht nur aus dem eigenen Unternehmen schöpfen. Zur umfassenden Orientierung ist die Betrachtungsweise über das eigene Unternehmen hinaus zu ergänzen mit einer vergleichbaren Betrachtung anderer Unternehmen in der Branche oder in ähnlich gearteten Branchen. Diese Vergleiche führen zu Messmöglichkeiten und damit zu einer Fülle von Fragestellungen im Bereich der Unternehmensanalyse: „Warum ist das beim Wettbewerber so und bei uns anders?"

Unternehmensrelevante Fragestellungen nach dem „Warum?" werden durch angestellte Vergleiche aufgebrochen. Dieser Analysevorgang, sozusagen die Unternehmensdiagnose, gibt Anstoß zu strategischen Überlegungen, der Unternehmenstherapie, und mündet möglicherweise in die Überprüfung der unternehmerischen Zielsetzungen. Oft ist es nicht einfach, die Kennzahlenrechnung mit dem dafür notwendigen externen Datenmaterial durchzuführen, weil das Datenmaterial oft nicht verfügbar ist und vergleichbar ist.

Die Frage nach der Verfügbarkeit lässt sich heute meist durch Anfrage bei Branchenverbänden, Banken oder externen Beratern lösen. Die Frage nach der Vergleichbarkeit macht eine einheitliche Aufbereitung des Basismaterials unbedingt erforderlich.

Der Zeitansatz beträgt für dieses Modul je nach Methodeneinsatz und Aufbereitung des Zahlenmaterials zwischen eineinhalb und drei Stunden.

© Kurt Nagel „Systeme für den Erfolg"

Die Kennzahlenanalyse

Fortschrittliche Unternehmen bedienen sich heute der Dienste der Verbände und nehmen an den angebotenen Betriebsvergleichen teil. Mit diesen Instrumenten soll hier auch nicht konkurriert werden. Vielmehr soll eine Ergänzung und unternehmensindividuelle Interpretation jener Daten ermöglicht werden, die Steuerberatungsbüros häufig unkommentiert abliefern. Die wirtschaftliche und finanzielle Situation eines Unternehmens wird auf der Basis von Bilanzdaten transparent gemacht.

Bei der Bilanzanalyse stehen die Istdaten, aber auch die Plandaten des eigenen Unternehmens auf dem Prüfstand. Kernpunkt sind dabei die Kennzahlen, bei denen es sich um die Auswertung einer Bilanz und GuV-Rechnung handelt, wie sie für einen Jahresabschluss erstellt wurden. Sie können einzelne, aber auch mehrere Sachverhalte kennzeichnen. Es können nur quantifizierbare Gegebenheiten erfasst werden. Kennzahlen dienen als Hilfsmittel bei der

- Analyse des Unternehmens,
- Planung des Betriebsgeschehens,
- Steuerung des Betriebsablaufs und
- Kontrolle des Betriebsergebnisses.

Die Bedeutung solcher Kennzahlen ergibt sich aus den verschiedenen Verwendungsmöglichkeiten:

1. Beschreibung eines Sachverhalts mit selbständigen Erkenntniswert
   - als Vorgabe für nachgeordnete Stellen,
   - als unbeeinflussbarer Entscheidungsparameter mit unselbstständigem Erkenntniswert

2. Erklärung eines Sachverhalts:
   - Kennzahlenzerlegung,
   - Ursachenforschung,
   - Vorhersage eines Sachverhalts,
   - Wirkungsforschung.

Siehe hierzu die Ausführungen zu Kennzahlen in Punkt 1 des III. Kapitels „Instrumente zur Finanz-/Kostenanalyse".

Der Quicktest: eine schnelle Analyse mit vier Kennzahlen

Der Quicktest, von Kralicek entwickelt, ist außerordentlich hilfreich bei einer schnellen Analyse. Dabei werden lediglich vier Kennzahlen herangezogen:

1. Eigenkapitalquote,
2. Schuldentilgungsdauer,
3. Gesamtkapitalrentabilität,
4. Cash-flow der Betriebsleistung in Prozent.

Diese stark verdichteten Kennzahlen machen in der Praxis getrennte Aussagen über die finanzielle Stabilität und die Ertragslage möglich.

Siehe hierzu die Ausführungen zur Quicktestanalyse in Punkt 2 des III. Kapitels „Instrumente zur Finanz-/Kostenanalyse".

Die strategische Bilanzanalyse

Aus Sicht der Bonitätsprüfer ist mit zunehmenden Turbulenzen und raschen Veränderungen am Markt eine vorwiegend vergangenheitsbezogene Datenanalyse unzureichend. Heute genügt eine Analyse der historischen „Datenaufbewahrungsanstalt – Rechnungswesen" immer weniger den Ansprüchen. Es geht verstärkt um die Bewertung der Erfolgspositionen für die Zukunft. Ein System mit zehn Bausteinen hilft, das Unternehmen umfassend zu bewerten:

1. Leitbild
2. Kennzahlen
3. Wertschöpfungskette
4. Produkte / Leistungen
5. Kunden
6. Kundenkonkurrenz und Branchenattraktivität
7. Lieferanten
8. Allgemeines Umfeld
9. Innovationen
10. Erfolgsfaktoren

Jeweils drei Kriterien zu den zehn Bausteinen konzentrieren sich dabei auf die Schwerpunkte. Diese erlauben eine Standortbestimmung für jeden Baustein und machen die Unternehmensanalyse transparent.

Eine nahezu unverzichtbare Unterstützung erfahren die oben angeführten Analyse-Instrumente durch den Einsatz der Software SUBER 2 (Strategische Unternehmensberatung). Dieses Programm ermöglicht die Ermittlung von 35 verschiedenen Bilanz- und GuV-Kennziffern. Neben dem Vergleich und der Analyse von sieben Geschäftsjahren können auch Planbilanzen erstellt werden. Mit dem neu entwickelten Quicktest sind die Anwender im Handumdrehen in der Lage, ihr Unternehmen im Hinblick auf Ertragslage und finanzielle Stabilität zu untersuchen. Die neue strategische Bilanzanalyse erlaubt eine ganzheitliche Betrachtung der Standortbestimmung und -entwicklung.

Arbeitsblätter zur Planung

Im Rahmen dieses Teilmoduls wird auf eine Reihe von Planungsformularen eingegangen. Fragen zur Planung werden in zweierlei Hinsicht gestellt:

- Werden die Planungsvorschriften eingehalten?
- Waren die Planungsprämissen richtig, und führten sie zur Zielerreichung?

Bezüglich der Priorisierung gelten die folgenden Empfehlungen:

1. Absatzplan „Was kann auf dem Markt zu welchen Bedingungen abgesetzt werden?"
2. Produktionsplan „Können diese Leistungen erstellt werden?"
3. Investitionsplan „Was muss an Kapazitäten für die Leistungserstellung geschaffen werden?"
4. Personalplan „Welche personellen Voraussetzungen müssen gegeben sein?"
5. Beschaffungsplan „Welche Leistungen müssen für die eigene Leistungserstellung erbracht werden?"
6. Kostenplan „Was kosten Beschaffung, Investition, eigene Leistungserstellung?"

7. Finanzplan „Woher kommen die finanziellen Mittel?"

Eine solche Planungsfolge wäre für ein Unternehmen ideal, wenn nicht aus Engpassproblemen die Planungsrichtung laufend verändert werden müsste. Hier kommt das Ausgleichsgesetz der Planung zum Tragen, das besagt, dass sich jede Planung kurz- bzw. langfristig auf den schwächsten Bereich, den strukturellen Engpass des Unternehmens, einpendelt.

Die „Interne Wertschöpfung"

Mit Hilfe der „Internen Wertschöpfung" ist es möglich, die Einflussgrößen auf den internen Wertschöpfungsbeitrag näher zu analysieren. Daneben kann dieses Instrument künftig verstärkt als Orientierung für die Ermittlung eines Bonus´ im Rahmen variabler Entlohnung dienen. Ergänzend zu leistungsorientierten Prämiensystemen kann dieses Modell der internen Wertschöpfung als erfolgs- und beteiligungsorientiertes System eingesetzt werden.

Interne Wertschöpfung

Als Maßstab für die Berechnung dieses Ansatzes werden herangezogen:

Einflussnahme

Brutto-Umsatz	
./. Erlösschmälerung	
= Netto-Umsatz	
./. Materialaufwand	
./. Personalaufwand	
./. Gemeinkosten	
= Interne Wertschöpfung	

Ziel dieses Ansatzes ist, die hohe Einflussnahme aller Mitarbeiter auf den Wertschöpfungsbetrag zu verdeutlichen.

Die Vorteile:

- Der Mitarbeiter agiert als Mitunternehmer, indem er die Material-, Personal- und Gemeinkosten sowie die Erlösschmälerungen und den Bruttoumsatz beeinflussen kann.
- Der Mitarbeiter erfährt periodisch den erzielten Wert der Wertschöpfung.
- Der Ansatz ist transparent und gut nachvollziehbar.
- Keine Probleme bei der Verrechnung von Umlagen.
- Sicherung der Wettbewerbsfähigkeit des Unternehmens.

© Kurt Nagel „Systeme für den Erfolg"

Bei jeder der fünf Stufen können die Mitarbeiter konkreten Einfluss auf die einzelnen Kriterien nehmen und somit einer „Verschwendungssucht" entgegenwirken. Der quantitative Mehrertrag dieser internen Wertschöpfung wird nach einem fest zu legenden Schlüssel anteilig zur Rücklagenbildung im Unternehmen und als erwirtschafteter Bonus für die Mitarbeiter verwendet. Die Ausschüttung kann zu frei zu vereinbarenden Terminen erfolgen.

Harte Faktoren als Basis für den ganzheitlichen Ansatz

Die in diesem Modul angewandten Methoden befassen sich mit den harten Faktoren zum Erarbeiten von strategischen Erfolgspositionen. Diese harten Faktoren können aber niemals als Allheilmittel allein, sondern nur in Symbiose mit weichen Faktoren zum gewünschten Unternehmenserfolg führen.

Modul 5: Vernetzung und Priorisierung der Aktivitäten

Vernetzung der Aktivitäten

Bei diesem zusammenfassenden Modul geht es um die Vernetzung und Festlegung der Reihenfolge der gewonnenen Erkenntnisse aus den vorangegangenen Modulen.

Ziele dieser Vernetzung sind:

- Zusammenstellen der Maßnahmen aus den einzelnen Modulen,
- Kurzbeschreibung der Aktivitäten,
- Festlegen von Verantwortlichkeiten,
- Bewerten von Aktivitäten und Festlegung ihrer Reihenfolge.

Der Zeitansatz für dieses Modul sollte für einen ersten Überblick über den Status des Unternehmens etwa eine Stunde betragen.

Zusammenstellung der Aktivitäten

Hierzu kann die folgende Übersicht herangezogen werden. In Spalte 1 werden die während der Analyse ermittelten, verbesserungswürdigen oder neu erkannten Problemfelder aufgelistet. In die Spalte „Ausprägung" wird der Status-quo (heute) und der angestrebte Stand (morgen, zirka in einem Jahr) eingetragen.

Die Skalierung reicht von 0 = sehr schwach, über 5 = durchschnittlich bis 10 = sehr stark. Die sich daraus ergebende Differenz (Spalte 3) gibt erste Hinweise auf eine Priorität (Spalte 4). Vorschläge mit Maßnahmen zur Verbesserung der Problemfelder werden in der nächsten Spalte fixiert. Die letzte Spalte dient der Festlegung des Termins, bis wann diese Aktivität erledigt sein soll oder in welchem Zeitraum sie getätigt wird.

Zusammenstellung der Aktivitäten

Aktivität aus Modul:	Ausprägung (0 – 10)		Diffe-renz (Δ)	Priori-täten	Vorschläge zur Verbesserung der Problemfelder (festgelegt am ____)	Frist/ Fällig-keit
	heute	morgen				

Beschreibung einer Aktivität und Festlegen von Verantwortlichkeit.
Die Erfahrung zeigt immer wieder, dass es relativ unübersichtlich wird, wenn man sich nicht an eine stringente Vorgehensweise bei der Beschreibung von Aktivitäten hält. Der von internen und externen Turbulenzen geplagte Unternehmer und Entscheidungsträger wird wenig geneigt sein, seitenlange Berichte über die einzelnen notwendigen Aktivitäten zu verfassen oder auch nur zu lesen. Deshalb wird dazu eine Formalisierung, wie in der folgenden Übersicht aufgezeigt, vorgeschlagen. Hier wird eine saubere und klare Gliederung der angestrebten Aktivitäten und Problemlösungen einschließlich entsprechender Alternativen und Vernetzungen auf einer Seite dargestellt. Außerdem sind darin noch enthalten

- der Termin,
- die Verantwortlichkeit,
- die Ziele,
- die Beurteilung.

Formblatt zum Fixieren von Verbesserungsvorschlägen

Verbesserungsvorschlag zur Aktivität aus Modul:	Datum:

Initiator (Mitarbeiter/in, Team/Abteilung):

Kurze Beschreibung des Problems:

Ziele der Problemlösung:

Kurze Beschreibung alternativer Problemlösungen:

Alternative 1:

Alternative 2:

Alternative 3:

Kurze Beurteilung der einzelnen Alternativen:

	Stärken	Schwachstellen	Kosten	Nutzen
Alternative 1:				
Alternative 2:				
Alternative 3:				

Vernetzungen mit Aktivitäten aus anderen Modulen:

© Kurt Nagel „Systeme für den Erfolg"

Bewertung und Reihenfolge von Aktivitäten
Die Realität in den Unternehmen verweist immer wieder darauf, dass die während der Analyse aufgeworfenen Problemfelder und deren Verbesserungen nicht alle zugleich angegangen und umgesetzt werden können. Aus diesem Grund ist es sinnvoll, die fixierten Aktivitäten individuell auf das jeweilige Unternehmen und nach dessen Bedürfnissen abgestimmt in eine Reihenfolge zu bringen. Als hilfreiche Unterstützung kann hierzu ein Arbeitsblatt „Priorisierung von Investitionen/Projekten" dienen.

Vgl. hierzu die Ausführungen und Arbeitsblätter zur Investitionspriorisierung Punkt 3 des III. Kapitels „Instrumente zur Finanz-/Kostenanalyse".

Dabei werden die Aktivitäten in drei Kriteriengruppen eingeteilt, die es einzeln und nach Faktoren zu bewerten gilt. Die Bewertungsskala reicht von 1 = sehr niedrig, über 3 = mittel, bis 5 = sehr hoch.

1. Kriterium ist die Rentabilität/Amortisationsdauer:
   Hier gilt der Grundsatz: Je kürzer die Amortisationsdauer, umso höher ist die Punktzahl.
2. Kriterium ist die strategische Bedeutung:
   Die strategische Bedeutung ist aus mehreren Faktoren abzuleiten. Die im Arbeitsblatt vorgeschlagenen Faktoren sind beispielhaft und können ausgetauscht oder ergänzt werden.
3. Kriterium ist die operative Dringlichkeit:
   Die Vorgehensweise ist analog zu Kriterium 2.

   Die Rangfolge der Aktivitäten kann wie folgt festgelegt werden:

- Für das Kriterium Wirtschaftlichkeit und die Faktoren der Kriterien strategische Bedeutung und operative Dringlichkeit werden Bewertungsziffern vergeben und eingetragen.
- Anschließend wird für jedes Kriterium der Durchschnittswert ermittelt (Summe der Faktorenpunkte : Anzahl der Faktoren).
- Hieraus entsteht für jedes Kriterium eine Bewertungsziffer.
- Diese drei Ziffern bilden eine dreistellige Bewertungszahl, wobei der höchste Bewertungspunkt die erste Ziffer darstellt und der niedrigste Bewertungspunkt die letzte Ziffer.
- Ist für die wichtigsten Aktivitäten nun jeweils eine solche Bewertungszahl gebildet, kann eine Reihenfolge der Aktivitäten nach Höhe der Bewertungszahlen abgeleitet werden.

Durch dieses systematische Vorgehen können manche Gefühlsentscheidungen ihrer Unsicherheit enthoben und bestätigt werden oder sich als unrichtig erweisen. Bei den zu realisierenden Aktivitäten ist als weitere Entscheidungsgröße schließlich noch das Risiko ihrer Durchführung zu beachten.

Schlussbemerkung
Vernetzt zu denken heisst, das so genannte ganzheitliche Denken zu praktizieren. Eine alte Weisheit besagt: „Das Ganze ist mehr als nur die Summe seiner Teile." Diese Denkweise wird schon auf zahlreichen Gebieten angewandt. Der Verhaltensforscher Konrad Lorenz hat in seinem bemerkenswerten Buch „Rückseite des Spiegels" aufgezeigt, dass durch Beziehungen zwischen Dingen, die vorher nicht verbun-

den waren, etwas Neues entsteht. Auf diese Weise können sich durch das Verknüpfen und Zusammenfügen bisher unverbundener Fakten aus unterschiedlichen Wissensbereichen ganz neue Erkenntnisse und Problemlösungen ergeben. Der einzelne Mensch, ein Betrieb und der Markt sind überaus komplexe und vielfältig miteinander verbundene Systeme. Hier finden nicht nur Kapitalvorgänge und ökonomische Abläufe statt, sondern auch emotionale, geistige, soziale, ökologische und politische Prozesse, die untereinander und mit ihrem Umfeld unauflöslich vernetzt sind. Verändert man einen Faktor, dann zieht dies unweigerlich Veränderungen bei vielen anderen Vorgängen nach sich. Kein Problem, keine Information und keine Idee bildet eine Insel und steht für sich allein. Die wichtigsten Vernetzungen sind immaterieller Art und weder sichtbar noch messbar. In diesen komplexen Systemen ist das tradierte, materialistisch-lineare Denken und Handeln, wie es lange Zeit von der Wissenschaft praktiziert und in der Schule gelehrt wurde, fehl am Platze. Es erzeugt mehr Probleme, als es zu lösen vermag!

Im Rahmen der ganzheitlichen Unternehmensanalyse ist es daher unabdingbar, alle ins Auge gefassten Aktivitäten ganzheitlich zu betrachten.

2. Der Unternehmens-Check-up – ein PC-Programm zur Finanz- und Kostenanalyse

Zielsetzung des Modells

Grundsätzlich kann einerseits festgestellt werden, dass alle Unternehmen mit ihren Entscheidungsträgern und Führungskräften erfolgreich sind, wenn sie in der Gegenwart am heutigen Markt bestehen können. Dafür gebührt ihnen Hochachtung.

Andererseits lässt sich mehr Erfolg wohl kaum über noch mehr Arbeitseinsatz realisieren, denn wer hat hier nicht schon die Grenzen seiner möglichen Leistungsfähigkeit erreicht und bewegt sich nicht im „roten Bereich"?

Mehr Erfolg ist heute nur dadurch realisierbar, indem man das Unternehmen regelmässig auf den Prüfstand stellt, gewisse Sachverhalte überdenkt und gezielte Veränderungen einleitet. Dabei soll folgender Grundsatz gelten: „Weniger kann oft mehr sein". Je genauer das Unternehmen analysiert wird, desto wirkungsvoller, konzentrierter und nicht zuletzt kräfteschonender können künftig gewinnbringende Maßnahmen für das Unternehmen durchgezogen werden. Dieses PC-Modell soll in dieser Hinsicht bei der laufenden Steuerung und Kontrolle eines Unternehmens Unterstützung bieten. Anlass zur Entwicklung dieses Modells waren unzureichende Lösungsansätze im Bereich der Kosten und Finanzen. Während in anderen Analysebereichen längst Vernetzungen stattfanden, die strategische Weiterentwicklungen aufzeigten, ließ hier der integrierte Ansatz zu wünschen übrig. Es wurden häufig Insellösungen von unterschiedlicher Qualität erarbeitet.

Aus der Perspektive des Unternehmers und Entscheidungsträgers betrachtet fehlte eine umfassende, aussagefähige und durchstrukturierte Aufbereitung des Zahlenwerks in seinem Unternehmen, das mitunter ein stiefmütterliches Dasein führte oder dem Steuerberater überlassen wurde. Dem Anwender soll speziell in diesem Bereich Hilfestellung gegeben werden. Diese sollte aber wiederum nicht über Gebühr kostbare Zeit in Anspruch nehmen.

Darüber hinaus zeigen Unternehmer und Entscheidungsträger meist in geringem Umfang spontane Neigung, die Notwendigkeit zu Veränderungen in ihrem Unternehmen oder in ihrer Organisation zu akzeptieren, wenn die harten Fakten dazu nicht hinterlegt sind. Unterschiedliche Denkstrukturen, Sorge vor noch mehr Belastung und mitunter vielleicht die Angst vor der eigenen Courage sind hier Hemmfaktoren.

Dieses Modell gibt Unternehmern und Entscheidungsträgern Sicherheit im Umgang mit den nackten Tatsachen ihrer Unternehmenszahlen und lässt die Dringlichkeit erkennen, etwas ändern zu müssen. Die Einsicht zu künftigen Veränderungen wird sich steigern. Diese harten Faktoren initiieren und stützen auf diesem Weg eine Neu- oder Umordnung einer komplexen Unternehmensorganisation sowie deren längerfristige strategische Entwicklung.

Dieser Unternehmens-Check-up liefert Unternehmern und Entscheidungsträgern prägnante Steuergrößen und Kennzahlen für ihre Firmen. Im Zahlenwerk von Unternehmen und Organisationen werden umfassende Vergleiche und Zahlenbeziehungen dargestellt. Die Ebenen reichen von der Mikrobetrachtung (Positionen des sonstigen Aufwands) bis hin zur Makrobetrachtung (ROI). Sicherlich mögen einzelne Mikrobetrachtungen als „Erbsenzählerei" abgetan werden, aber manche Unternehmermentalität erkennt gerade auch hier Ansätze zu künftigen Veränderungen.

Primäres Ziel der Verfasser ist es, Unternehmern und Entscheidungsträgern ein Werkzeug in die Hand zu geben, mit dem sie selbst innerhalb kurzer Zeit in der Lage sind, durch eine strukturierte Vorgehensweise das harte Datenmaterial eines Unternehmens bzw. einer Organisation auf einen umfassenden Prüfstand zu heben. Das sekundäre Ziel ist, daraus unternehmensrelevante Veränderungen im komplexen System von Unternehmen/Organisationen zu initiieren. Das ganze Modell ist anwenderfreundlich, leicht verständlich und wird bei der Erstinstallation auf die unternehmensspezifischen Gegebenheiten modifiziert.

Dieser Unternehmens-Check-up liegt wahlweise in den Versionen Einzelunternehmen und GmbH vor. Er ist von den Verfassern entwickelt worden und über diese zu beziehen. In den folgenden Ausführungen wird auf die Version Einzelunternehmen mit Berücksichtigung der kalkulatorischen Kosten eingegangen.

Der Aufbau des Modells

Den Aufbau dieses Modells kann man als Synthese von größtenteils bekannten Instrumenten wie:

- Betriebsvergleich
- Elemente der Bilanzanalyse
- Elemente aus der Kostenrechnung
- Kennzahlen (Rentabilität, Liquidität, ROI, Break-even-point im Jahresverlauf etc.) und
- Bankenregel

bezeichnen.

Eine Kombination und Koordination dieser Elemente ergibt den Rahmen für diesen Unternehmens-Check-up.

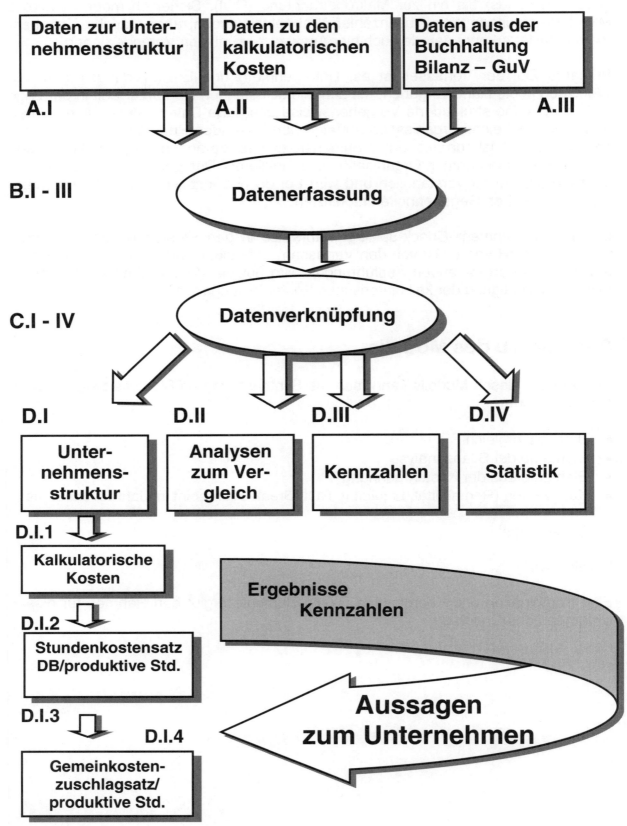

Schritt A: Dieser Abschnitt bezieht sich auf Daten, die in jedem Unternehmen bzw. jeder Organisation vorhanden sind – oder sein sollten.

Schritt B: Hier findet eine Zuordnung der Unternehmensdaten in drei verschiedene Rubriken (Unternehmensstruktur, kalkulatorische Kosten und Daten aus der Buchhaltung) statt (Daten-Input).

Schritt C: In diesem Schritt werden die Daten ins Systemraster eingebracht und mit den jeweiligen Auswertungstabellen verknüpft.

Schritt D: Als Aussage zum Unternehmen werden hier die verarbeiteten Daten in vier Kategorien mit insgesamt 34 Tabellen dargestellt (Daten-Output).

Die Daten im Unternehmen (Schritt A)

Gelegentlich bereitet es Unternehmern und Entscheidungsträgern einigen Aufwand, die maßgeblichen Daten aus dem vorhandenen Zahlenmaterial herauszufiltern. Die Erfahrung zeigt immer wieder, dass die Geschäftsleitung eines Unternehmens/einer Organisation doch ein wenig Mühe investieren muss, um sich die entsprechende Transparenz zu verschaffen. Dies ist jedoch nur bei der Einführung dieses Instruments und nur einmalig der Fall. Die nachfolgenden Aktualisierungen werden zum Selbstläufer und nehmen nur sehr geringe Zeit in Anspruch.

Bewährt hat sich folgende Vorgehensweise:

zu A.I/Daten zur Unternehmensstruktur:
Diese Daten sollten nach entsprechenden Vorgaben durch die Geschäftsleitung von der kaufmännischen Abteilung vorbereitet werden.

zu A.II/Daten zu den kalkulatorischen Kosten:
Diese Angaben sind bei Einzelunternehmen durch den/die Inhaber aufzubereiten.

zu A.III/Daten aus der Buchhaltung – Bilanz – GuV:
Die Geschäftsleitung veranlasst die Bereitstellung aussagefähiger Unterlagen durch die Buchhaltung oder den Steuerberater.

Die Datenerfassung (Schritt B)

Vor der ersten Systemanwendung wird empfohlen, die gesammelten und vorbereiteten Daten handschriftlich auf Formblätter zur Datenerfassung einzutragen. Diese Formblätter sind zum Ausdruck im PC-Programm enthalten. Die Praxiserfahrung zeigt immer wieder, dass sich durch diese Vorgehensweise Abgleiche zwischen dem Datenmaterial aus dem Unternehmen und dem PC-Programm am besten vornehmen lassen. Die Daten werden mit dem verantwortlichen Ansprechpartner gemeinsam durchgecheckt und bei Bedarf in Interviewform ergänzt. Auch eventuelle Modifikationen im Programmsystem werden, falls erforderlich, am zweckmäßigsten schon in dieser Phase vorgenommen.

Sind die Unternehmensdaten vollständig in die Formblätter eingetragen, dann können Sie anschließend in die Eingabemaske des PC-Programms übertragen werden.

Die nachstehende Übersicht zeigt die verschienenen Rubriken auf, aus denen die Unternehmensdaten erfasst werden.

B. Datenerfassung aus:

A.I

Daten zur Unternehmensstruktur

1. Erfassung der Beschäftigtenstruktur
2. Erfassung der Fertigungsstruktur
3. Erfassung der Tätigkeitsstruktur

A.II

Daten zu den kalkulatorischen Kosten

4. Erfassung des kalkulatorischen Unternehmerlohns
5. Kalkulatorische Zinsen
6. Erfassung der kalkulatorischen Miete
7. Erfassung der Privatentnahme

A.III

Daten aus der Buchhaltung Bilanz – GuV

8. Daten zum sonstigen Aufwand
9. Daten zur betriebswirtschaftlichen Erfolgsrechnung
10. Daten zur Bilanzstruktur
11. Erfassung des Mittellohns im Unternehmen
12. Erfassung der Gehälter
13. Erfassung der Zuschlagsätze auf Material und Fremdleistungen, über Handelsware zu verrechnende Kosten
14. Erfassung der produktiven Stunden im Unternehmen

Die folgenden Ausführungen befassen sich mit Erläuterungen zur Datenstruktur und zur Datenerfassung im Unternehmen/in der Organisation:

A. I: Daten zur Unternehmensstruktur

1. Angaben zur Beschäftigtenstruktur
Diese Angaben geben Auskunft über die Anzahl und den Beschäftigungsgrad aller Mitglieder eines Unternehmens/Organisation.   Anzahl im Jahr

- Vollzeitkräfte   ....
- Azubis   ....
- Teilzeitkräfte (in Prozent der Beschäftigung)   ....

- Aushilfen (in Prozent der Beschäftigung) ....
- 630 DM Kräfte ....
- Ehegatte ....
- Unternehmer ....

Danach ist eine Zuordnung in produktive und administrative Anteile der Beschäftigung zu vorzunehmen. Definition: produktive Beschäftigung ist unmittelbar erfolgswirksam, administrative Beschäftigung führt dagegen nur mittelbar zum Erfolg, ist aber in einem Unternehmen unentbehrlich.

2. Angaben zur Fertigungsstruktur
Diese Angaben unterteilen die Leistungsbereiche in einem Unternehmen/einer Organisation in Prozent der Betriebsleistung, z. B. in:

- Fertigungs- oder Dienstleistungsbereiche
- Gruppen
- Teams
- Niederlassungen etc.

3. Angaben zur Tätigkeitsstruktur
Diese Angaben unterteilen die Auftragsbereiche in einem Unternehmen/einer Organisation in Prozent der Betriebsleistung:

- Abrechnung der Leistung über Projekte,
- Abrechnung von Stundenlohnarbeiten, Wartungsarbeiten, Kleinaufträgen, Reparaturen etc.

A. II: Daten zu den kalkulatorischen Kosten
Es soll heute noch Einzelunternehmen geben, in denen die kalkulatorischen Kosten nur unzulänglich oder gar nicht zum Ansatz gebracht werden. Es darf einfach nicht mehr sein, dass nachstehende Aussagen noch Gültigkeit haben:

„Mache ich selbst, kostet nichts!"
„Macht meine Ehefrau, kostet nichts!"
„Ist mein Geld, kostet nichts!"
„Grund und Boden ist mein Eigentum, kostet nichts!"

Diese Aussagen sind, mit Verlaub gesagt, nicht nur antiquiert, sondern auch falsch!

4. Angaben zum kalkulatorischen Unternehmerlohn
Die Höhe dieses Lohnes kann sich z. B. am Geschäftsführergehalt eines vergleichbaren Unternehmens orientieren. Er ist zu splitten in:

- produktive Mitarbeit in Prozent und
- administrative (verwaltende) Tätigkeit in Prozent

5. Angaben zu den kalkulatorischen Zinsen
Hier wird die Verzinsung des Eigenkapitals (z. B. 8%) in Betracht gezogen.

6. Angaben zur kalkulatorischen Miete
Hier werden entgangene Mieteinnahmen wegen Eigennutzung zum Ansatz gebracht:

- eine vergleichbare ortsübliche Miete für eigene Grundstücke und Gebäude und
- der Aufwand und Abschreibungen für eigene Grundstücke und Gebäude.

7. Angaben zu Privatentnahmen
Wenn kein Geschäftsführergehalt bezogen wird, ist es in der Praxis häufig der Fall, dass diverse private Entnahmen über das Geschäftskonto abgebucht werden. Diese Posten können u. a. sein:

- Lebensunterhalt,
- Krankenkasse,
- Altersversorgung,
- Lebensversicherung,
- sonstige Versicherungen,
- Bausparverträge etc...

A.III: Daten aus der Buchhaltung – Bilanz-GuV

8. Angaben zum sonstigen Aufwand
Diese Angaben sind der GuV, oder zeitnah der monatlichen BWA des Steuerberaters zu entnehmen.

9. Angaben zur betriebswirtschaftlichen Erfolgsrechnung
Diese Angaben sind ebenfalls der GuV, oder zeitnah der monatlichen BWA des Steuerberaters zu entnehmen.

10. Angaben zur Bilanzstruktur
Diese Angaben sind der jeweils zeitnächsten Bilanz zu entnehmen.

11. Angaben zum Mittellohn im Unternehmen
Die Bestimmung des Gemeinkostenzuschlagsatzes erfordert Daten zum Errechnen des Fertigungslohns zur Leistungserstellung. Dazu ist der im Unternehmen bezahlte Mittellohn für produktive Stunden festzulegen.

12. Angaben zu den Gehältern
Diese Angaben können der Buchhaltung entnommen werden. Sie sind anteilsmässig dem produktiven oder administrativen Bereich zuzuordnen. Ausserdem ist hier der kalkulatorische administrative Unternehmerlohn zu berücksichtigen.

13. Angaben zu den Zuschlagsätzen
Diese Angaben geben Auskunft über die im Unternehmen angewandten Zuschlagsätze auf:

- das Material in Prozent,
- die Fremdleistungen in Prozent und über
- die Handelsspanne.

© Kurt Nagel „Systeme für den Erfolg"

14. Angaben zu den produktiven Stunden im Unternehmen

Hier sind regionale Gegebenheiten zu berücksichtigen wie z. B. die unterschiedliche Anzahl der Feiertage. Vielfältigere Differenzierungen dürften bei der Ermittlung der Daten in den einzelnen Branchen, deren tariflichen Bestimmungen sowie in den internen unternehmensspezifischen Strukturen auftreten.

Die Datenverknüpfung (Schritt C)

Wurden die unternehmensrelevanten Daten mit Hilfe handschriftlicher Aufzeichnungen erfasst und anschließend über die Eingabemaske des PC-Programms zugeordnet, so findet im Schritt C die Verknüpfung der Informationen mit den Auswertungstabellen statt. Diesen Arbeitsgang übernimmt das Programm selbstständig. Der Ausdruck und die Interpretation der Auswertungstabellen wird in Schritt D, dem Datenoutput, kommentiert.

Aussagen zum Unternehmen/zur Organisation – Ergebnisse – Vergleiche – Kennzahlen

Generell lassen sich in diesem PC-Programm zwei vergleichende Eingabeserien darstellen:

- Durch die Eingabe zweier aufeinander folgenden Perioden erhält man eine Trendanalyse.
- Die Eingabe von Planzahlen ermöglicht einen Soll-Ist-Vergleich.
- Durch die Eingabe von Daten aus dem Betriebsvergleich einer Branche und die Eingabe von Unternehmensdaten kann eine Abweichungsanalyse erstellt werden.

Kommentare sind in kürzester Form den jeweiligen Tabellen zugeordnet. Begriffsdefinitionen befinden sich jeweils am Ende der Auswertungstabellen (Block D).

Die nachfolgenden Übersichtstafeln geben einen Ausblick über das Leistungsspektrum des Unternehmens-Check-ups. „Ergebnisse – Vergleiche – Kennzahlen 1 und 2" zeigen in 34 Tabellen mit Kurzkommentaren die Bandbreite des Unternehmens-Check-ups auf.

Beispiele

Nach den beiden Übersichtstabellen zur Auswertung des Unternehmens-Check-ups sind im Anschluss auszugsweise einige Beispiele aus den Auswertungstabellen bzw. der Dokumentation angeführt.

D. Ergebnisse – Vergleiche – Kennzahlen (1)

D.I.1 Unternehmensstruktur

- Tab. 1: Tabelle zur Beschäftigtenstruktur
- Tab. 2: Tabelle zur Fertigungsstruktur
- Tab. 3: Tabelle zur Tätigkeitsstruktur

D.I.2 Kalkulatorische Kosten

- Tab. 4: Tabelle zum kalkulatorischen Unternehmerlohn
- Tab. 5: Tabelle zu den kalkulatorischen Zinsen
- Tab. 6: Tabelle zur kalkulatorischen Miete
- Tab. 7: Summe der kalkulatorischen Kosten

D.I.3 Stundenkostensatz DB/ prod. Std.

- Tab. 8: Tabelle zu den produktiven Stunden
- Tab. 9: Tabelle zu den Gesamtkosten
- Tab. 10: Tabelle der Kostenarten (variabel/fix)
- Tab. 11: Tabelle zu den Personalkosten für produktiv Beschäftigte
- Tab. 12: Tabelle zu den über Material, Handelswaren und Fremdleistungen zu verrechnende Kosten
- Tab. 13: Tabelle zu den fixen Kosten
- Tab. 14: Tabelle zur Fixkostendegression
- Tab. 15: Tabelle zum Stundenkostensatz
- Tab. 16: Tabelle zum Deckungsbeitrag und betriebswirtschaftlichen Ergebnis
- Tab. 17: Tabelle zum Deckungsbeitrag und betriebswirtschaftlichen Ergebnis je produktive Stunde

D.I.4 Gemeinkostenzuschlagsatz/ prod. Std.

- Tab. 18: Tabelle zum Fertigungslohn und der Lohnzusatzkosten
- Tab. 19: Tabelle zum Gemeinkostenzuschlag

© Kurt Nagel „Systeme für den Erfolg"

D. Ergebnisse – Vergleiche – Kennzahlen (2)

D.II Analysen zum Vergleich

Tab. 20: Tabelle zur Aufteilung des sonstigen Aufwands
Tab. 21: Tabelle zur betriebswirtschaftlichen Erfolgsrechnung
Tab. 22: Tabelle zur Bilanzstruktur

D.III Kennzahlen

Tab. 23: Relation der produktiv geleisteten Stunden zu den bezahlten Stunden
Tab. 24: Tabelle zu Leistungskennzahlen
Tab. 25: Tabelle zum Investitionsrahmen
Tab. 26: Tabelle zur finanziellen Stabilität
Tab. 27: Tabelle zum Verschuldungsgrad (27 a - alternativ)
Tab. 28: Tabellen zur Liquidität I + II (28 a - alternativ)
Tab. 29: Tabelle zur Nettorendite
Tab. 30: Tabelle zum Return on Investvestment (ROI)
Tab. 31: Break-even-point im Jahresverlauf
Tab. 32: Goldene Bankenregel
Tab. 33: Quicktest

D.IV Statistik

Tab. 34: Tabelle zur Entwicklung des Unternehmens in den letzten Jahren

Beispiel aus der Unternehmensstruktur

Beschäftigtenstruktur

	Der Jahresdurchschnitt der Beschäftigtenzahl einschließlich Unternehmer und mithelfender Familienmitglieder.				
	12 Monate = 1 Vollbeschäftigter; 1 Monat = 1/12 Beschäftigter (Faktor = 0,083)				
		Werte 01.01.98 bis 31.12.98		Werte bis 30.09.99	
	Daten aus dem Unternehmen		gesamte		gesamte
			Beschäftigungs-		
Wert		Anzahl /Jahr	-dauer	Anzahl /Jahr	-dauer
100%	Vollzeitkräfte	12,08	12 1/12	18,08	18 1/12
90%	1. Teilzeitkräfte	3,83	4 1/4	0,90	1
80%	2. Teilzeitkräfte	2,40	3	2,80	3 1/2
50%	3. Teilzeitkräfte	0,92	1 5/6	1,33	2 2/3
50%	4. Teilzeitkräfte-Büro	0,50	1	0,50	1
10%	5. Teilzeitkräfte	0,00	0	0,00	0
100%	Auszubildende	0,92	11/12	1,25	1 1/4
17%	630 DM-Kräfte	1,74	10 1/4	1,67	9 5/6
9%	1/2 630 DM-Kräfte	1,25	14 2/3	1,21	14 1/4
170%	Unternehmer	1,70	1	1,70	1
17%	630 DM Putzhilfen	0,34	2	0,51	3
	insgesamt Beschäftigte	**25,67**		**29,96**	
	Anteile an der produktiven Beschäftigung		produktiver		produktiver
Wert		Anzahl /Jahr	Anteil	Anzahl /Jahr	Anteil
100%	Vollzeitkräfte	11,24	93%	16,82	93%
90%	1. Teilzeitkräfte	3,56	93%	0,84	93%
80%	2. Teilzeitkräfte	2,23	93%	2,60	93%
50%	3. Teilzeitkräfte	0,85	93%	1,24	93%
50%	4. Teilzeitkräfte-Büro	0,00	0%	0,00	0%
10%	5. Teilzeitkräfte	0,00	0%	0,00	0%
100%	Auszubildende	0,32	35%	0,56	45%
17%	630 DM-Kräfte	1,62	93%	1,55	93%
9%	1/2 630 DM-Kräfte	1,16	93%	1,13	93%
170%	Unternehmer	0,85	50%	0,85	50%
17%	630 DM Putzhilfen	0,00	0%	0,00	0%
	produktiv Beschäftigte	**21,83**		**25,59**	

* Alle produktiv Beschäftigten sind nach der effektiven Mitarbeit bewertet.

© Kurt Nagel „Systeme für den Erfolg"

Tätigkeitsstruktur

Betriebsvergleich		Werte 1999	
Daten aus dem Unternehmen	%	%	Differenz
Projekte	68,4%	70,0%	1,6%
Std. Lohnarbeiten, Wartungsarbeiten und Kleinaufträge	31,6%	30,0%	-1,6%

In den meisten untersuchten Unternehmen wird bei der Abrechnung über Projekte (nach Aufmaß oder Stück) eine Wertschöpfung von 80 bis 85 DM erzielt, was auch angemessen ist. Wird jedoch eine Leistung auf Stundenlohnbasis abgerechnet, so ist der Unternehmer an Marktpreise gebunden. Es kann durchaus sein, dass dabei für eine Fachkraft nur 65 DM zu erzielen sind. In diesem Fall würde das Unternehmen freiwillig auf 15 bis 20 DM verzichten, wenn es diesen Abrechnungsmodus anwenden würde. Bei dieser Konstellation sei dem Unternehmer empfohlen – auch wenn es mit mehr Aufwand verbunden ist – die Abrechnung über Leistung oder Festpreis zu bevorzugen.

Beispiel zu den Kosten

Zur Abb. Stundenkostensatz

In der folgenden Tabelle werden die durchschnittlich angefallenen Kostenanteile pro produktiver Stunde ausgewiesen. Ausgangspunkt sind dabei die variablen Kosten pro Stunde, die sich aus dem Lohnaufwand und sonstigen variablen Kosten pro Stunde zusammensetzen. In diesem Stundenkostensatz sind noch keine Kosten für Material enthalten. Zudem sind noch Wagnis- und Gewinnanteile zu berücksichtigen.

Stundenkostensatz

Betriebsvergleich		Werte 1999	
Daten aus dem Unternehmen	DM	DM	Differenz
Personalkosten für produktiv Beschäftigte pro produktiver Stunde	35,92	28,65	
+ sonstige variable Kosten pro Stunde	4,52	2,33	
variable Kosten pro Stunde	**40,44**	**30,98**	
+ über produktive Stunden zu verrechnende Fixkosten pro Stunde	22,23	18,92	
Stundenkostensatz	**62,67**	**49,90**	**-12,77**

Zur Abb. Deckungsbeitrag und betriebswirtschaftliches Ergebnis

Im Schritt nach der Analyse der Kosten und des Stundenkostensatzes unter Einbeziehung der geleisteten Kapazität wird nun untersucht, ob die erzielte Betriebsleistung kostendeckend ist. In der nachstehenden Abb. werden von der gesamten Betriebsleistung die variablen Kosten abgezogen. Der daraus resultierende Restbetrag wird als Deckungsbeitrag bezeichnet und dient zunächst der Abdeckung der fixen Kosten. Die Differenz aus Deckungsbeitrag und fixen Kosten ergibt das betriebswirtschaftliche Ergebnis, das auch die kalkulatorischen Kosten berücksichtigt.

Deckungsbeitrag und betriebswirtschaftliches Ergebnis

Betriebsvergleich			Werte 1999		
Daten aus dem Unternehmen	DM	in %	DM	in %	Differenz
gesamte Betriebsleistung	6.755.711	100%	5.029.940	100%	
- Material- und Handelswareneinsatz	2.606.669	38,58%	2.552.547	50,75%	
- Fremdleistungen	649.791	9,62%	33.698	0,67%	
- Sondereinzelkosten	24	0,00%	0	0,00%	
- Personalkosten für produktiv Beschäftigte	1.546.030	22,88%	1.038.328	20,64%	
- sonstige variable Kosten	194.412	2,88%	84.476	1,68%	
Gesamtdeckungsbeitrag	1.758.785	26,03%	1.320.891	26,26%	0,23%
- fixe Kosten	1.439.583	21,31%	1.199.689	23,85%	
Betriebswirtschaftliches Ergebnis	319.203	4,72%	121.202	2,41%	-2,32%

Ziel dieser Kalkulationsmethode ist, neben der Ermittlung des Stundenkostensatzes, eine verbesserte Möglichkeit zur Auftragsvor- bzw. Auftragsnachkalkulation zu schaffen. Ein Auftrag ist nicht nur danach zu beurteilen, ob er kostendeckend ist oder nicht. Es kann in Phasen von schlechter Kapazitätsauslastung ein Auftrag auch dann positiv zu beurteilen sein, wenn er über die variablen Kosten hinaus einen Teil des Fixkostenblocks abdeckt. Zu berücksichtigen ist weiterhin, dass bei der Kalkulation von Zusatzaufträgen die Fixkosten bereits abgedeckt sind.

Langfristig müssen aber die gesamten variablen und fixen Kosten gedeckt sein. Zusätzlich sollte auch noch ein angemessener Gewinn erwirtschaftet werden.

Beispiel zu den Kennzahlen

Leistungskennzahlen

Betriebsvergleich		Werte 1999	
	DM	DM	Differenz
Eigene Betriebsleistung je Beschäftigter	161.961	134.771	-27.190
Eigene Betriebsleistung je produktiv Beschäftigter	207.967	188.312	-19.655
Eigene Betriebsleistung je Produktivstunde	141,87	138,14	-3,73
Wertschöpfung je produktiv Beschäftigter	119.099	73.599	-45.500
Wertschöpfung je Produktivstunde	81,25	53,99	-27,26
Rohgewinn Handel	2.494	4.150	1.656
Handelsspanne	20,0%	39,5%	20%

Zur Abb. Investitionsrahmen

Um im Wettbewerb bestehen zu können, muss ein Unternehmen ständig dem technischen Fortschritt angepasst werden. Das hierfür zur Verfügung stehende Kapital wird in der nachstehenden Tabelle ermittelt. Jeder Unternehmer sollte darauf achten, dass dem Unternehmen durch Privatentnahmen nicht mehr Kapital entzogen wird, als es erwirtschaftet – das bedeutet, dass die Privatentnahmen geringer sind als der Reingewinn (Betriebsergebnis). Dies ist im Jahr 1999 der Fall, in dem die Abschreibungen die überhöhten Privatentnahmen kompensieren und nicht ihrem eigentlichen Sinn entsprechend der Kapitalbildung zugeführt werden.

Investitionsrahmen

Betriebsvergleich		Werte 1999			
	DM	in %	DM	in %	Differenz
Reingewinn (BE)	509.360	7,54%	279.244	5,54%	-2,00%
- Privatentnahmen	391.229	5,79%	305.000	6,05%	0,26%
Kapitalbildung	118.131	1,75%	-25.756	-0,51%	-2,26%
+ steuerliche Abschreibung	107.876	1,60%	54.402	1,08%	-0,52%
Investitionsrahmen aus Selbstfinanzierung	**226.007**	**3,35%**	**28.646**	**0,57%**	**-2,78%**
Investitionsrahmen je Beschäftigter in DM	**5.995**		**771**		**-5.224**

Zur Abb. Return on Investment (ROI)

Diese Kennzahl orientiert sich am betriebswirtschaftlichen Ergebnis und zeigt an, wie sich das im Unternehmen eingesetzte Kapital verzinst hat.

Formel: (G x 100) :   Betriebsleistung   X   Betriebsleistung   :   Kapital
　　　　　　　　　　 Umsatzrendite   X   Kapitalumschlag

Return on Investment

Betriebsvergleich			Werte 1999		
	DM	ROI	DM	ROI	Differenz
Betriebsergebnis	509.360		279.244		
- kalkulatorische Kosten	190.157		153.892		
+ Fremdkapitalzinsen	34.050		76.738		
Gewinn =	**353.253**		**202.090**		
Betriebsleistung (gesamt) =	**6.755.711**		**5.040.440**		
Kapital (gesamt) =	**3.661.005**		**2.944.070**		
Umsatzrendite =	5,23%		4,01%		
		9,65%		6,86%	-2,78%
Kapitalumschlag =	1,85		1,71		

Zur Abb. Goldene Bankenregel

Die Banken setzen mitunter die horizontale Bilanzstrukturregel bei Kreditwürdigkeitsprüfungen ein. Wird der Wert von 100 Prozent unterschritten, dann kann unter Umständen die Kreditaufnahme gefährdet sein.

Formel: $\dfrac{\text{Eigenkapital + langfristiges Fremdkapital}}{\text{Anlagevermögen +1/4 Umlaufvermögen}} \times 100 = \text{Anlagendeckungsgrad}$

Goldene Bankenregel

	Betriebsvergleich			Werte 1999		
		DM	A-Dg in %	DM	A-Dg in %	Differenz
Eigenkapital		576.780		152.399		
langfristiges Fremdkapital		220.013		530.997		
			74,88%		64,28%	-10,60%
Anlagevermögen		262.474		438.992		
1/4 Umlaufvermögen		801.610		624.089		

Der Quicktest

Der Quicktest liefert vier markante Kennzahlen zur schnellen Analyse eines Unternehmens. Zusätzlich wird über eine Bewertungsskala der finanzielle Status, die Ertragslage und eine Gesamtbeurteilung nach Noten abgeleitet.

	Betriebsvergleich			Werte 1999		
finanzielle Stabilität			in %	in %		Differenz
	Eigenkapitalquote					
	Finanzierung (EK : GK)		15,75%	5,18%		-10,58%
	Schuldtilgungsdauer in Jahren		in Jahren	in Jahren		
	Liquidität {(FK - FLM) : CF}		6,36	14,12		7,76
Ertragslage			in %	in %		
	Gesamtkapitalrentabilität					
	Rentabilität {(BE + FKZ) : GK}		9,65%	6,86%		-2,78%
	Cash-flow in % der BL					
	Erfolg (CF : BL)		6,32%	3,57%		-2,76%

Die nachfolgende graphische Auswertung zeigt die Ausprägung der vier Kennzahlen von beiden Perioden im Vergleich.

© Kurt Nagel „Systeme für den Erfolg"

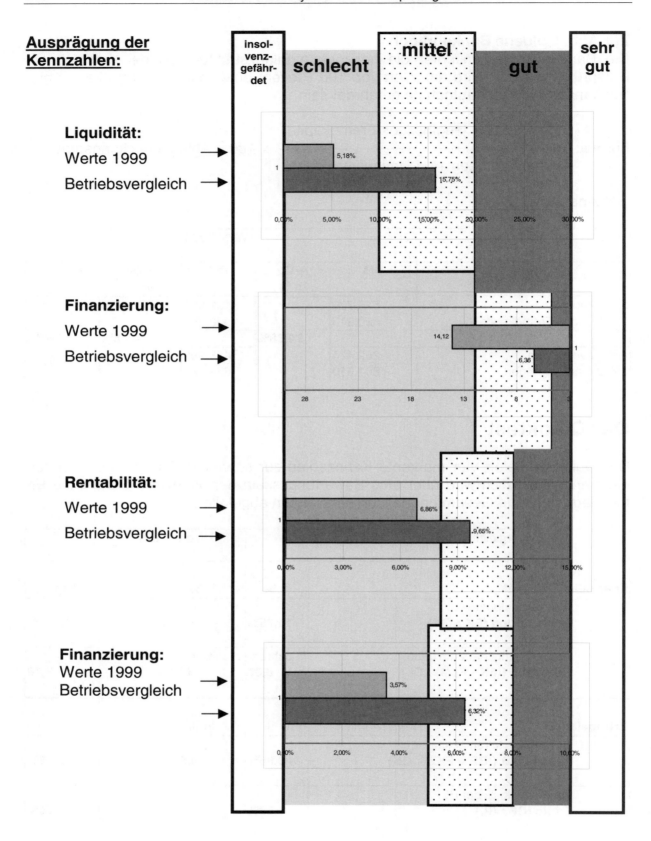

Entwicklung des Unternehmens in den letzten Jahren

Zum Abschluss dieses Aufwands-, Kosten- und Ertragsvergleichs werden die wichtigsten Kennzahlen der verglichenen beiden Perioden oder im Branchenvergleich gegenübergestellt. Es wird dargelegt, wie sich das Unternehmen in der Vergangenheit entwickelt hat oder wie es in der Branche steht.

Entwicklung des Unternehmens

	Betriebsvergleich		Werte 1999		
					Differenz
Betriebsleistung	6.743.253	DM	4.543.069	DM	-2.200.184
Betriebsleistung gesamt	6.755.711	DM	5.040.440	DM	-1.715.271
Materialaufwand	38,44%		50,64%		**12,20%**
Personalaufwand	33,35%		29,40%		**-3,94%**
Abschreibungen	1,60%		1,08%		-0,52%
Sonstiger Aufwand	9,31%		12,54%		3,23%
Gewinn (betriebswirtschaftliches Ergebnis)	4,72%		2,49%		**-2,24%**
Betriebsleistung je produktiven Beschäftigten	207.967	DM	188.312	DM	-19.655
Stundenleistung	141,87 DM		138,14 DM		**-3,73 DM**
Wertschöpfung je produktiven Beschäftigten	119.099	DM	73.599	DM	-45.500
Stundenleistung	**81,25 DM**		**53,99 DM**		**-27,26 DM**
Spanne:	**18,58 DM**		**4,20 DM**		
Stundenkostensatz	**62,67 DM**		**49,79 DM**		**-12,88 DM**
Produktivstunden gesamt (Jahr)	43.037,8	Std.	36.244,1	Std.	-6793,7
Produktivstunden pro MA (Jahr)	1.465,9	Std.	1363,2	Std.	**-102,7**

© Kurt Nagel „Systeme für den Erfolg"

Die Leanversion

Die Leanversion des Unternehmens-Check-ups ist, wie die Bezeichnung andeutet, eine schlanke Ausführung der Vollversion.

Die wesentlichen Unterscheidungsmerkmale sind:

- Begrenzung des Rechensystems auf die aufgelaufenen Daten einer Periode,
- Beschränkung auf gezielt ausgewählte Kennzahlen und
- noch geringerer Zeitaufwand (monatlich max. ½ Stunde).

Die Leanversion ist der schnelle Check zur monatlichen Kontrolle und kann als Frühwarnsystem zur Unternehmenssteuerung eingesetzt werden.

Dateneingabe
Die Eingabedaten beziehen sich auf die kumulierten Werte nach jedem Monat. Diese stehen in der Regel in jedem Unternehmen aktuell zur Verfügung. Es sind:

- Daten zur Beschäftigung (Stunden im Monat),
- Daten zu den kalkulatorischen Kosten (hier findet eine einmalige Monatsbewertung statt, die dann fortgeschrieben wird),
- Daten aus der Buchhaltung (monatliche BWA des Steuerberaters),
- Daten zu den Gehältern (administrative Beschäftigung von Unternehmer, Ehegatte, Azubis, Bürokräften etc.) und
- Daten zu den auf Material, Fremdleistungen und Handelswaren zu verrechnenden Kosten (Aufschlagsätze).

Kennzahlen im kalkulatorischen Bereich

Stundenkostensatz pro produktive Stunde
Die nachstehende Kennzahl weist die durchschnittlichen Personalkosten einer produktiven Stunde aus. Zugrunde liegen die variablen Kosten pro Stunde, die sich aus dem Lohnaufwand und den sonstigen variablen Kosten pro produktiver Stunde zusammensetzen. Hinzu kommen die über produktive Stunden zu verrechnenden Fixkostenanteile.

Stundenkostensatz:	**68,50 DM**

In diesem Stundenkostensatz sind noch keine Kosten für Material enthalten. Außerdem sind noch Wagnis- und Gewinnanteile zu berücksichtigen.

Wertschöpfung pro produktive Stunde
Diese Kennzahl zeigt an, welcher Betrag in einer produktiven Stunde erwirtschaftet wurde.

Wertschöpfung/produktive Stunde:	**84,50 DM**

Handelserträge, Fremdleistungen und Materialeinsatz sind hierbei nicht berücksichtigt.

© Kurt Nagel „Systeme für den Erfolg"

Differenz zwischen Wertschöpfung und Stundenkostensatz

Diese Differenz gibt Auskunft darüber, welcher Betrag in einer produktiven Stunde erwirtschaftet wurde, um Wagnis und Gewinnanteile abzudecken.

Differenz- Wertschöpfung/Kosten pro produktive Stunde: 16,00 DM

Deckungsbeitrag und betriebswirtschaftliches Ergebnis pro produktiver Stunde

Diese Kennzahl gibt an, ob die erzielte Betriebsleistung einer produktiven Stunde kostendeckend ist. Von der Betriebsleistung pro Stunde werden die variablen Kosten pro Stunde abgezogen. Der Restbetrag wird als Deckungsbeitrag pro Stunde bezeichnet und dient zur Abdeckung der fixen Kosten pro Stunde.

Deckungsbeitrag/produktive Stunde: 29,80 DM

Die Differenz aus Deckungsbeitrag pro Stunde und fixen Kosten pro Stunde ergibt das betriebswirtschaftliche Ergebnis pro produktiver Stunde.

betriebswirtschaftliches Ergebnis/produktive Stunde: 16,00 DM

Ziel dieser Kalkulationsmethode ist, neben der Ermittlung des Stundenkostensatzes eine verbesserte Möglichkeit zur Auftragsvor- bzw. Auftragsnachkalkulation zu schaffen. In Phasen von schlechter Kapazitätsauslastung kann ein Auftrag auch dann positiv zu beurteilen sein, wenn er über die variablen Kosten hinaus einen Teil der Fixkosten pro produktiver Stunde abdeckt. Zu berücksichtigen ist weiterhin, dass bei der Kalkulation von Zusatzaufträgen die Fixkosten bereits abgedeckt sind. Langfristig müssen aber die gesamten variablen und fixen Kosten pro Stunde gedeckt sein. Zusätzlich sollte jede produktive Stunde auch noch einen angemessenen Gewinnanteil beisteuern.

Kennzahlen im finanziellen Bereich

Return on Investment (ROI) (Umsatzrendite x Kapitalumschlag)
Diese Kennzahl sagt aus, wie sich das im Unternehmen eingesetzte Kapital verzinst hat.

Return on Investment: 9,75%

Goldene Bankenregel

$$\frac{\text{Eigenkapital} + \text{langfristiges Fremdkapital}}{\text{Anlagevermögen} + \text{¼ Umlaufvermögen}} \times 100 = \text{Anlagendeckungsgrad}$$

Diese horizontale Bilanzstrukturregel wird bei der Kreditwürdigkeitsprüfung eines Unternehmens durch die Banken eingesetzt. Wird der Wert von 100 Prozent unterschritten, dann kann unter Umständen die Zustimmung zur Kreditaufnahme verweigert werden.

© Kurt Nagel „Systeme für den Erfolg"

Anlagendeckungsgrad:	**163,45%**

Der Quicktest

Der Quicktest liefert vier markante Kennzahlen zur schnellen Analyse eines Unternehmens. Der finanzielle Status, die Ertragslage und eine Gesamtbeurteilung werden nach Noten abgeleitet.

Finanzielle Stabilität		
Finanzierung:	Eigenkapitalquote (EK/GK)	18,0%
Liquidität:	Schuldtilgungsdauer in Jahren (FK-FLM)/CF	5,63 J.
Rentabilität:	Gesamtkapitalrentabilität (BE+FKZ) / GK	13,6%
Erfolg:	Cash-Flow in % der Betriebsleistung(CF/BL)	8,4%
Ertragslage		

Schlussbemerkung

Der Unternehmens-Check-up wurde bisher überwiegend in zwei Bereichen eingesetzt:

- als Analyse-Instrument innerhalb der ganzheitlichen Unternehmensanalyse zur Bearbeitung von Modul 4 (Kosten-/Finanzanalyse).
- Die Resonanz war durch die umfassende Dokumentation der harten Faktoren des Zahlenwerks als Gegenstück zu den Modulen 1 bis 3 überaus positiv. Den Anwendern ist es gelungen, durch die systematische Zahlenaufbereitung die Notwendigkeit zu Veränderungsaktivitäten bei der Problem-, der Erfolgsfaktoren- und der Marktsituation der Unternehmen zu belegen und die Unternehmensleitung davon zu überzeugen.
- als eigenständiges Frühwarnsystem, mit dem Unternehmer und Entscheidungsträger in der Lage sind, ihr Unternehmen/ihre Organisation zeitnah auf den Prüfstand zu heben. Dabei werden zu Beginn die Ansprechpartner im Unternehmen mit dem PC-Programm vertraut gemacht und eingewiesen. Das PC-Programm wird installiert und auf die speziellen Gegebenheiten im Unternehmen angepasst und modifiziert. Die Erstanwendung wird gemeinsam als Training durchgeführt. Zur weiteren Betreuung ist eine Hotline eingerichtet.

Generell haben die Unternehmer und Entscheidungsträger als Selbstanwender bei diesem Finanz- und Kostenanalysepaket mit zwei Möglichkeiten zu rechnen:

- Einerseits gehen alle zur Verfügung stehenden „roten und gelben Lampen" an, was dringenden Handlungsbedarf bedeutet, oder
- es findet eine Bestätigung einer bisherigen erfolgreichen und umsichtigen Unternehmensführung statt. Unterstützend und ressourcenschonend kann hierbei der Unternehmens-Check-up als zeitnahes Steuerungs- und Kontrollinstrument das Unternehmen auf seinem weiteren Erfolgsweg begleiten.

3. Ein Modell zur Ertragssteigerung – ein Praxisbeispiel mit den Instrumenten „Interne Wertschöpfung" und dem „PC-Programm Unternehmens-Check-up"

Anhand dieses authentischen Falles möchten die Verfasser aufzeigen, wie sich durch den Einsatz von zwei in diesem Buch beschriebenen Instrumenten ganz konkrete Verbesserungsmaßnahmen in einem angeschlagenen Unternehmen realisieren lassen.

Vorab sei eine kurze Beschreibung des damaligen Ist-Zustandes gestattet: Beim ersten Kontaktgespräch präsentierte sich das Unternehmen in einer fast hoffnungslosen Ausgangssituation. Ein junges Unternehmen mit der Rechtsform einer GmbH war aus einem in Insolvenz geratenen Vorgängerunternehmen entstanden. Fünf ehemalige Mitarbeiter hatten sich zur Gründung eines Nachfolgeunternehmens mit dem Zweck der Arbeitsplatzerhaltung zusammengefunden. In erster Linie standen zunächst menschliche Schicksale und die Sorge um die eigene Existenz im Brennpunkt. Dementsprechend wurde auch gewirtschaftet: Jedes Unternehmensmitglied schuftete nahezu bis zum Umfallen, aber Erfolg wollte sich keiner einstellen. Als Folge stellte sich Resignation ein, gepaart mit gelegentlichen „Befreiungsschlägen". Das neue Unternehmen hatte permanent neben den unternehmerischen „Altlasten" hauptsächlich mit dem Ertrag und den Kosten zu kämpfen.

Um in einem derart benachteiligten Unternehmen zunächst überhaupt die Chancen des Machbaren zu ergründen und, wenn erkennbar, Perspektiven aufzeigen zu können, wurde eine komprimierte Analyse durchgeführt. Es musste in Erfahrung gebracht werden, ob überhaupt Erfolgsaussichten zur Unternehmenskontinuität bestehen, ohne noch mehr finanzielle Opfer einbringen zu müssen.

In einem gemeinsamen Workshop wurde das Potenzial aus dem Instrument der „Internen Wertschöpfung" erörtert und quantitativ bewertet. Bei dem daraus resultierenden Wertschöpfungsbetrag – in diesem Fall nahezu 50 Prozent der bisherigen Betriebsleistung – war jedoch bei der quantitativen Betrachtung Vorsicht geboten. Bekanntlich lässt ein seit langer Zeit ersehnter Lichtblick Bäume in den Himmel wachsen. Im normalen Unternehmensalltag werden dann gewöhnlich am Anfang einer Veränderungsphase die im Workshop erarbeiteten emotionalen und ideellen Potenziale meist etwas in Mitleidenschaft gezogen. Der durchaus berechtigte Optimismus wird durch die harte Realität wieder auf das richtige Maß zurecht gestutzt. So wurden in diesem Fall die Wertschöpfungspotenziale realitätsnah und vorbeugend vorsichtig bei dem Simulationsmodell der Planberechnung (Ist-Wirtschaftsjahr 1999/2000 zum Planjahr 1999/2000) angesetzt.

Zum generellen Aufzeigen von Perspektiven, wie sich das Unternehmen unter bestimmten Veränderungen von Steuergrößen entwickeln wird, wurden über das „PC-Programm Unternehmens-Check-up" drei Simulationen erstellt:

1. Im Ausgangstableau fand eine Ist-Bewertung der Daten aus dem Jahr 1999 mit den aufgelaufenen Daten des Jahres 2000 statt.

2. In der zweiten Berechnung wurde das negative Betriebsergebnis über eine ausschließliche Erhöhung der Betriebsleistung (Umsatzsteigerung) auf eine „schwarze Null" gestellt.
3. Der dritte Schritt war eine Planberechung unter Einbeziehung des Potenzials der „Internen Wertschöpfung", wobei einerseits die Steigerung der Betriebsleistung und andererseits die Senkung der Kosten zum Ansatz kommt.

Interne Wertschöpfung

Ziel dieses Modellansatzes ist:
Eine hohe Einflussnahme aller Mitarbeiter auf den Wertschöpfungbetrag.

Vorteile:
- Der Mitarbeiter agiert als Mitunternehmer, indem er die Material-, Personal- und Gemeinkosten sowie die Erlösschmälerungen und den Umsatz beeinflussen kann.
- Der Mitarbeiter erfährt periodisch den erzielten Wert der Wertschöpfung.
- Der Ansatz ist transparent und gut nachvollziehbar.
- Keine Probleme bei der Verrechnung von Umlagen.
- Sicherung der Wettbewerbsfähigkeit des Unternehmens.

Einflussnahme auf:

      Bruttoumsatz |1|

-   Erlösschmälerungen |2|

=   Nettoumsatz

-   Materialaufwand |3|

-   Personalaufwand |4|

-   Gemeinkosten |5|

=   interne Wertschöpfung

Das Beispiel des Musterfalles:
Das Team der Firma XY Feinkost GmbH ermittelte hier einen Wertschöpfungsbetrag von 596.000 DM.

Die nachstehenden fünf Arbeitsblätter geben Aufschluss über die Zusammensetzung des Wertschöpfungsbetrags.

© Kurt Nagel „Systeme für den Erfolg"

VI. Bewährte Instrumente für ganzheitliche Quick-check-ups 217

1 Einflussnahme auf den Bruttoumsatz

Generelle Möglichkeiten	unser Wertschöpfungsbetrag
Bestmögliche Dienstleistung • Bestellqualität • Lieferantenqualität	• **Potenzial: 40.000 DM**
Problemlösungen für Zielgruppen	
Optimierung der Prozesse mit Lieferanten und Kunden • Logistik-Bestellwesen • Kundenführung • Stammkundschaft	• **Potenzial: 36.000 DM**
Lieferpünktlichkeit • Pünktliche Lieferung/pünktliche Belieferung	• **Potenzial: 100.000 DM**
Flexibilität • Kosten, Flexibilitätsgrenzen (Selbstverständlichkeiten)	• **Potenzial: 7.000 DM**
Schnelligkeit • Reaktionen auf Trends	
Innovationsfähigkeit • Generalunternehmen, Aktionen, Produkte	
	Potenzial geschätzt: 183.000 DM

© Kurt Nagel „Systeme für den Erfolg" 110900w

2 Einflussnahme auf Erlösschmälerungen

Generelle Möglichkeiten	unser Wertschöpfungsbetrag
Vermeidung von Umsatzboni	
Vermeidung von Preisnachlässen • Bestellwesen, MHD	• **Potenzial: 6.000 DM**
Standardisierte Zahlungsbedingungen einhalten • Außenstände, Kredite	• **Potenzial: 15.000 DM**
Ab-Werk-Lieferungen vereinbaren • Zwischenhändler • Einkaufssplitting	• **Potenzial: 25.000 DM**
Vermeidung von Reklamationen • Qualitätsbeanstandung	• **Potenzial: 5.000 DM**
Vermeidung von Falschlieferungen	• **Potenzial: 5.000 DM**
Vermeidung von Ausbuchungen Forderungsverluste vermeiden	• **Potenzial: 25.000 DM**
	Potenzial geschätzt: 81.000 DM

© Kurt Nagel „Systeme für den Erfolg"

3 Einflussnahme auf den Materialaufwand

Generelle Möglichkeiten	unser Wertschöpfungsbetrag
Reduzierung des Materialaufwands • Optimale Logistikplanung	• Potenzial: 96.000 DM
Günstiger Materialeinkauf • Wartung und Pflege • Benzinkosten • Fahrweise etc.	• Potenzial: 4.000 DM
Verhinderung von Ausschuss und Nacharbeit	
Einsatz von genormten Teilen	
Frei-Haus-Lieferungen vereinbaren	
Skontoabzüge vereinbaren	
Verpackungskosten minimieren	
	Potenzial geschätzt: 100.000 DM

© Kurt Nagel „Systeme für den Erfolg"

4 Einflussnahme auf den Personalaufwand

Generelle Möglichkeiten	unser Wertschöpfungsbetrag
Qualität bei allen Arbeiten	• Potenzial: 50.000 DM
Ständige Verbesserung der Abläufe	• Potenzial: 90.000 DM
Flexibler Mitarbeitereinsatz	
Verhinderung von Mehrarbeit	• Potenzial: 15.000 DM
Geringe Abwesenheitszeiten	
Verhinderung von Störfaktoren	• Potenzial: 25.000 DM
Vermeidung von Doppelarbeit/Mehrarbeit	• Potenzial: 30.000 DM
	Potenzial geschätzt: 210.000 DM

© Kurt Nagel „Systeme für den Erfolg"

5 Einflussnahme auf die Gemeinkosten

Generelle Möglichkeiten	unser Wertschöpfungsbetrag
Reduzieren der Telefonkosten	• **Potenzial: 12.000 DM**
Optimieren der Reisekosten	
Nutzen der Kosteneinsparungen bei Bewirtungen	
Senken der Energiekosten	• **Potenzial: 10.000 DM**
Optimieren der Portokosten	
	Potenzial geschätzt: 22.000 DM

Simulationen mit Hilfe des Unternehmens-Check-ups

1. Ist-Bewertung (Werte 1999/kumulierte Werte im Jahr 2000)

Im Ausgangstableau fand eine Ist-Bewertung der Daten aus dem Jahr 1999 mit den aufgelaufenen Daten des Jahres 2000 statt.

Betriebswirtschaftliche Erfolgsrechnung 1

	Daten aus der Buchhaltung	Werte 1999 DM	in %	Werte 2000 DM	in %	Differenz
21.01	Betriebsleistung	1.214.156	100,0%	364.084	100,0%	0,0%
21.02	+ sonst. betriebl. Erträge	0	0,0%	0	0,0%	0,0%
	+ Betriebsleistung Handel	0	0,0%	0	0,0%	0,0%
	+/- Bestandsveränderungen	0	0,0%	0	0,0%	0,0%
21.03	**Betriebsleistung gesamt**	1.214.156	100,0%	364.084	100,0%	0,0%
21.04	- Fremdleistung	0	0,0%	0	0,0%	0,0%
21.05	**Eigene Betriebsleistung**	1.214.156	100,0%	364.084	100,0%	0,0%
21.06	- Materialeinsatz	0	0,0%	0	0,0%	0,0%
21.07	- Handelswareneinsatz	916.903	75,5%	237.344	65,2%	- 10,3%
21.08	- Sondereinzelkosten	0	0,0%	0	0,0%	0,0%
21.09	**Rohgewinn I**	297.253	24,5%	126.740	34,8%	10,3%
21.10	- gesamte Personalkosten *	20.439	21,5%	96.63	26,5%	5,1%
21.11	**Rohgewinn II**	36.814	3,0%	30.077	8,3%	5,2%
21.12	- Abschreibungen	0	0,0%	0	0,0%	0,0%
21.12	- GwG	2.945	0,2%	1.360	0,4%	0,1%
21.14	- sonstiger Aufwand	170.934	14,8%	48.294	13,3%	- 1,6%
21.15	**Betriebsergebnis**	- 146.065	- 12,0%	- 19.577	- 5,4%	6,7%

* Die Gehälter für Geschäftsführer sind im Personalaufwand enthalten.

Analysebereiche des Quicktests 1

	Werte 1999		Werte 2000	
Finanzielle Stabilität		in %	in %	Differenz
Eigenkapitalquote **Finanzierung (EK:GK)**		19,40%	6,99%	-12,41%
Schuldtilgungsdauer in Jahren **Liquidiät [(FK–FLM):CF]**		in Jahren - 1,68	in Jahren - 15,66	-13,98
Ertragslage		in %	in %	
Gesamtkapitalrentabilität **Rentabilität [(BE+FK):GK]**		- 40,07%	- 6,25%	33,81%
Cash-Flow in % der BL **Erfolg (CF:BL)**		- 11,79%	- 5,00%	6,7%

© Kurt Nagel „Systeme für den Erfolg"

Diese Momentanaufnahme wurde zu Ende des Monats April 2000 erstellt. Der Trend weist wie im Jahr 1999 auf ein negatives Betriebsergebnis hin. Die Folge davon ist:

- Im Kennzahlenbereich Finanzierung/Eigenkapitalquote zeichnet sich ein mittlerer bis schlechter Wert ab.
  Note 3-4
- Im Kennzahlenbereich Liquidität/Schuldtilgungsdauer in Jahren deutet ein negativer Wert auf Insolvenzgefährdung hin.
  Note 5
- Im Kennzahlenbereich Rentabilität/Gesamtkapitalrentabilität entwickelt sich ein negativer Wert, was ebenso Insolvenzgefährdung bedeutet.
  Note 5
- Im Kennzahlenbereich Erfolg/Cash-Flow in Prozent der Betriebsleistung ist ein leicht verbesserter, aber dennoch negativer Wert abzusehen, der auf eine Insolvenzgefährdung hinweist.
  Note 5

Bei negativen Ergebnissen kann in der folgenden grafischen Darstellung keine Ausprägung der Kennzahlen dargestellt werden. Es findet in diesen Bereichen keine Anzeige statt.

Ausprägung der Kennzahlen 1

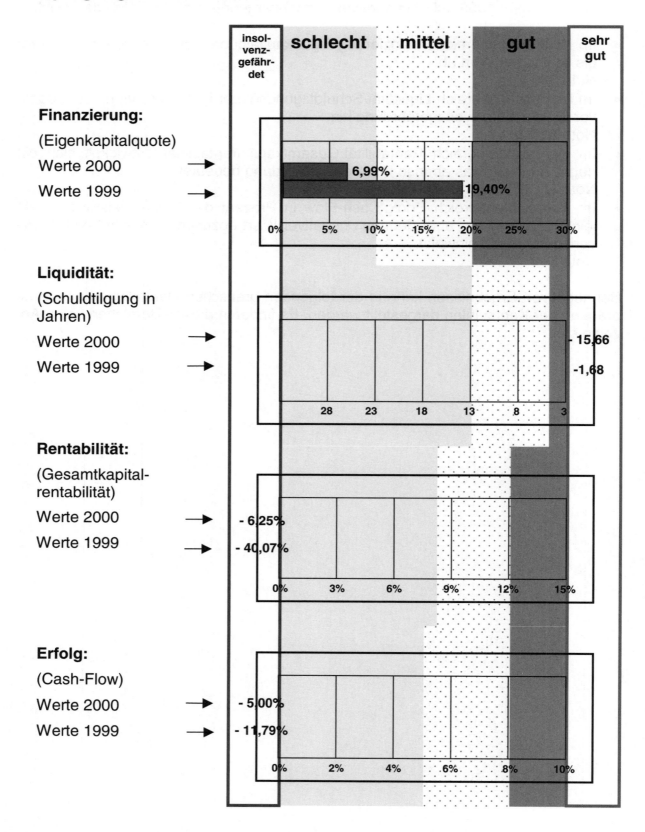

© Kurt Nagel „Systeme für den Erfolg"

2. Nullstellung (Wj. 1999/2000) des Betriebsergebnisses über eine ausschließliche Umsatzerhöhung (Soll 2000)

Die Nullstellung des Betriebsergebnisses wurde in dieser Simulation über eine ausschließliche Erhöhung der Betriebsleistung (Umsatzsteigerung) erreicht.

Betriebswirtschaftliche Erfolgsrechnung 2

Daten aus der Buchhaltung	Werte 1999/2000 DM	in %	Soll 2000 DM	in %	Differenz
Betriebsleistung	1.578.240	100,0%	2.240.808	100,0%	0,0%
+ sonst. betriebl. Erträge	0	0,0%	0	0,0%	0,0%
+ Betriebsleistung Handel	0	0,0%	0	0,0%	0,0%
+/- Bestandsveränderungen	0	0,0%	0	0,0%	0,0%
Betriebsleistung gesamt	1.578.240	100,0%	2.240.808	100,0%	0,0%
- Fremdleistung	0	0,0%	0	0,0%	0,0%
Eigene Betriebsleistung	1.578.240	100,0%	2.240.808	100,0%	0,0%
- Materialeinsatz	0	0,0%	0	0,0%	0,0%
- Handelswareneinsatz	1.154.247	73,1%	1.651.173	73,7%	0,6%
- Sondereinzelkosten	0	0,0%	0	0,0%	0,0%
Rohgewinn I	423.993	26,9%	589.635	26,3%	0,6%
- gesamte Personalkosten *	357.102	22,6%	357.102	15,9%	- 6,7%
Rohgewinn II	66.891	4,2%	232.533	10,4%	6,1%
- Abschreibungen	0	0,0%	0	0,0%	0,0%
- GwG	4.305	0,3%	4.305	0,2%	- 0,1%
- sonstiger Aufwand	228.228	14,5%	228.228	10,2%	- 4,3%
Betriebsergebnis	- 165.642	- 10,5%	0	0,0%	10,5%

* Die Gehälter für Geschäftsführer sind im Personalaufwand enthalten.

Analysebereiche des Quicktests 2

Finanzielle Stabilität		WJ 1999/2000 in %	Soll 2000 in %	Differenz
	Eigenkapitalquote **Finanzierung (EK:GK)**	13,44%	13,44%	0,00%
	Schuldtilgungsdauer in Jahren **Liquidität [(FK–FLM):CF]**	in Jahren - 1,65	in Jahren 61,70	63,35
Ertragslage		in %	in %	
	Gesamtkapitalrentabilität **Rentabilität [(BE+FK):GK]**	- 47,85%	1,65%	49,49%
	Cash-flow in % der BL **Erfolg (CF:BL)**	- 10,22%	0,19%	10,41%

© Kurt Nagel „Systeme für den Erfolg"

Bei dieser Simulation weisen die Sollwerte 2000 bescheidene positive Merkmale auf. Zielgröße des Betriebsergebnisses war eine „schwarze Null". Die Folge davon ist:

- Im Kennzahlenbereich Finanzierung/Eigenkapitalquote zeichnet sich ein schwacher mittlerer Wert ab.
  Note 3
- Im Kennzahlenbereich Liquidität/Schuldtilgungsdauer in Jahren ist jetzt ein positiver Wert zu verzeichnen. Allerdings ist die Dauer der Schuldentilgung über die Innenfinanzierung mit knapp 62 Jahren als schlecht zu bezeichnen.
  Note 4-5
- Im Kennzahlenbereich Rentabilität/Gesamtkapitalrentabilität ist nun ein positiver Wert erkennbar. Er ist aber so schwach ausgeprägt, dass er als insolvenzgefährdet zu bezeichnen ist.
  Note 5
- Im Kennzahlenbereich Erfolg/Cash-Flow in Prozent der Betriebsleistung ist ebenso ein leicht verbesserter, aber ganz schwach positiver Wert zu erkennen, der auf der Bewertungsskala noch immer schlecht ist.
  Note 4

Diese Variante war und ist auch künftig nicht realisierbar, da sich in der gebotenen Eile neue Absatzmöglichkeiten gar nicht so schnell erschließen lassen. Selbst wenn dieses Unterfangen realisierbar wäre, so würden die geforderten Umsatzsteigerungen die Kapazitäten sprengen. Dies würde wiederum zu einer erneuten Kostenexplosion führen. Dagegen sprechen auch die Überlegungen aus der „internen Wertschöpfung".

Ausprägung der Kennzahlen 2

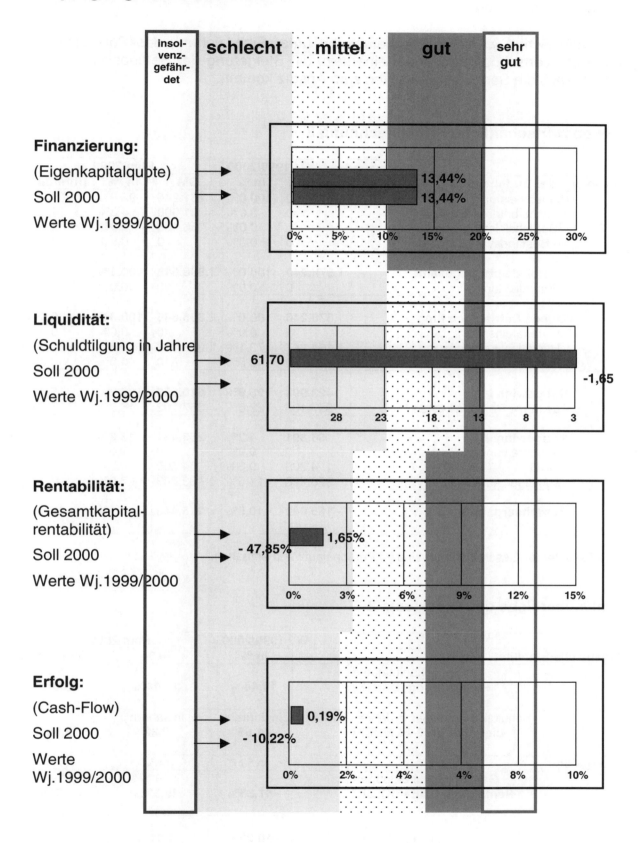

© Kurt Nagel „Systeme für den Erfolg"

110900w

3. Planrechnung (Wj. 1999/2000) unter Einbeziehung der „Internen Wertschöpfung" (Plan 2000)

Der dritte Schritt war eine Planberechung unter Einbeziehung des Potenzials der „Internen Wertschöpfung", wobei einerseits die Steigerung der Betriebsleistung und andererseits die Senkung der Kosten zum Ansatz kommt.

Betriebswirtschaftliche Erfolgsrechnung 3

Daten aus der Buchhaltung	WJ 1999/2000 DM	in %	Plan 2000 DM	in %	Differenz
Betriebsleistung	1.578.240	100,0%	1.761.240	92,8%	- 7,2%
+ sonst. betriebl. Erträge	0	0,0%	81.000	4,3%	4,3%
+ Betriebsleistung Handel	0	0,0%	56.406	3,0%	3,0%
+/- Bestandsveränderungen	0	0,0%	0	0,0%	0,0%
Betriebsleistung gesamt	1.578.240	100,0%	1.898.646	100,0%	0,0%
- Fremdleistung	0	0,0%	0	0,0%	0,0%
Eigene Betriebsleistung	1.578.240	100,0%	1.898.646	100,0%	0,0%
- Materialeinsatz	0	0,0%	0	0,0%	0,0%
- Handelswareneinsatz	1.154.247	73,1%	1.288.093	67,8%	- 5,3%
- Sondereinzelkosten	0	0,0%	0	0,0%	0,0%
Rohgewinn I	423.993	26,9%	610.553	32,2%	5,3%
- gesamte Personalkosten *	357.102	22,6%	357.102	18,8%	- 3,8%
Rohgewinn II	66.891	4,2%	253.451	13,3%	9,1%
- Abschreibungen	0	0,0%	0	0,0%	0,0%
- GwG	4.305	0,3%	4.305	0,2%	0,0%
- sonstiger Aufwand	228.228	14,5%	133.703	7,0%	- 7,4%
Betriebsergebnis	- 165.642	- 10,5%	115.443	6,1%	16,6%

* Die Gehälter für Geschäftsführer sind im Personalaufwand enthalten.

Analysebereiche des Quicktests 3

		WJ 1999/2000 in %	Plan 2000 in %	Differenz
Finanzielle Stabilität				
	Eigenkapitalquote Finanzierung (EK:GK)	13,44%	13,44%	0,00%
	Schuldtilgungsdauer in Jahren Liquidiät [(FK–FLM):CF]	in Jahren - 1,65	in Jahren 2,22	3,86
Ertragslage		in %	in %	
	Gesamtkapitalrentabilität Rentabilität [(BE+FK):GK]	- 47,85%	35,99%	83,84%
	Cash-flow in % der BL Erfolg (CF:BL)	- 10,22%	6,31%	16,53%

© Kurt Nagel „Systeme für den Erfolg"

Bei dieser Simulation weisen die Planwerte 2000 durchaus akzeptable Merkmale auf. Ziel war ein positives Betriebsergebnis zu erreichen, das auch realisierbar ist. Die Folge davon ist:

- Im Kennzahlenbereich Finanzierung/Eigenkapitalquote zeichnet sich weiterhin ein schwacher mittlerer Wert ab. Er ist deshalb unverändert, weil bei dieser Simulation die Bilanzdaten nicht angepasst wurden, was aber für die Aussagefähigkeit dieser Berechnung nicht von Nachteil ist.
Note 3
- Der Kennzahlenbereich Liquidität/Schuldtilgungsdauer in Jahren weist jetzt einen sehr guten Wert auf. Mit einer Dauer der Schuldentilgung von rund zwei Jahren zeichnen sich überaus erfolgversprechende Perspektiven ab.
Note 1
- Im Kennzahlenbereich Rentabilität/Gesamtkapitalrentabilität ist nun ebenfalls ein sehr guter Wert erreicht. Die Möglichkeit einer Eigenkapitalbildung und Entschuldung ist bei andauernd hoher Rendite gegeben.
Note 1
- Im Kennzahlenbereich Erfolg/Cash-Flow in Prozent der Betriebsleistung ist nun auch ein solider mittlerer Wert vorhanden. Mit höherer Wirtschaftlichkeit können nun auch notwendige Investitionen getätigt werden.
Note 3

Fazit der Simulationen
Diese vorsichtig und der Realität entsprechend bewerteten Simulationen ließen bei unserem angeschlagenen Unternehmen sehr hoffnungsvolle und machbare Perspektiven für die Zukunft erkennen. Die Komponenten „Umsatzsteigerung" und „Kostenreduzierung" brachten Bewegung in die festgefahrenen Überlegungen.

Die Kombination der beiden Instrumente „interne Wertschöpfung" und „PC-Programm Unternehmens-Check-up" bestätigte sich in diesem Fall als wirkungsvolles Werkzeug, das auch der angespannten Finanzsituation des Unternehmens gerecht wurde. Das Verbesserungspotenzial wurde von den Unternehmensmitgliedern erarbeitet und quantitativ bewertet. Die Wirkung wurde über das PC-Programm in Simulationen aufgezeigt. Diese Prozesse wurden unterstützend begleitet. Mittlerweile glauben die Unternehmensmitglieder an ihre Chancen und nehmen verstärkt ihre Möglichkeiten wahr. Die Gesundung des Unternehmens ist nicht mehr utopisch, sondern rasch realisierbar. Das Kernproblem liegt allerdings – wie bei einer Vielzahl von Unternehmen – an der konsequenten Umsetzung der eigenen Ideen.

Zur allgemeinen Freude zeigen die neuesten Daten, dass die Kehrtwendung eingeleitet ist: Das Betriebsergebnis liegt deutlich im „schwarzen Bereich".

Bei Ergebnissen mit der Note sehr gut kann in der folgenden grafischen Darstellung keine Ausprägung der Kennzahlen dargestellt werden. Es findet in diesen Spitzenbereichen keine zusätzliche Anzeige statt.

Ausprägung der Kennzahlen 3

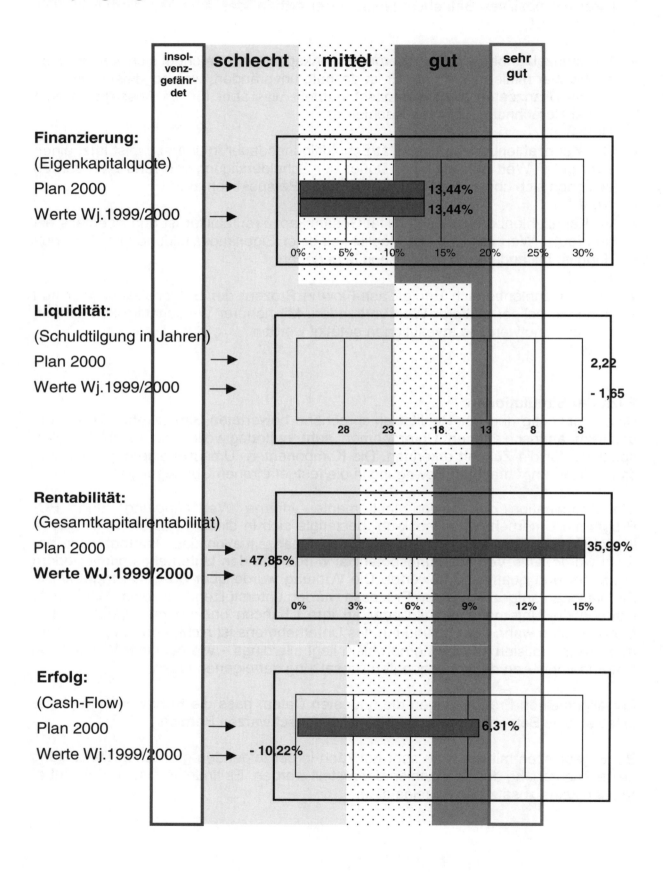

© Kurt Nagel „Systeme für den Erfolg"

VII. Online-Quick-check-ups

1. Drei Anwendungsbeispiele von Expertensystemen

Die Zielsetzungen bestimmen die Beratungsmethode

Beim Lesen der Überschrift „Online-Unternehmensberatung" mag es eine Reihe von Meinungen geben: Diese reichen von einer strikten Ablehnung, über ein kompromissbereites Abwägen, bis hin zu einer positiven Aufnahme. Wenn es um die Bewertung von Methoden, Instrumenten und ganzheitlichen Produktangeboten geht, sind mehrere Einflussfaktoren zu überprüfen, um die adäquate Vorgehensweise zu bestimmen. Die folgende Tabelle „Entscheidungskriterien für den Beratungsansatz" gibt für den Einzelfall konkrete Hilfestellung.

Wendet man diese Tabelle als Entscheidungshilfe für eine mögliche Onlineberatung an, dann wird erkennbar, dass bei der Bewertung der Kriterien:

- zeitliche Dauer,
- Kosten der Analyse,
- Kosten der Vorschläge,
- Einbindung der Beteiligten,
- Detaillierungsgrad,
- Beratungseinsatz vor Ort,
- Vorlaufzeiten für die Beratungsleistung und
- Kontaktgespräche

die einzelnen Entscheidungen vorwiegend in den Feldern 1 und 2 liegen müssten.

Wenn diese Ziele angestrebt werden, kann die Online-Unternehmensberatung eine mögliche Alternative sein.

Entscheidungskriterien für den Beratungsansatz

Bewertung/Alternative Kriterien	1	2	3	4	5
Zeitliche Dauer	sehr kurz	kurz	mittel	lang	sehr lang
Kosten der Analyse	sehr gering	gering	mittel	hoch	sehr hoch
Kosten der Vorschläge	sehr gering	gering	mittel	hoch	sehr hoch
Einbindung der Beteiligten	sehr begrenzt	begrenzt	mittel	stark	sehr stark
Detaillierungsgrad	sehr generell	generell	durchschnittlich	gründlich	sehr gründlich
Beratungseinsatz vor Ort	nicht gegeben	Informationshilfen	gering	hoch	sehr hoch
Vorlaufzeiten für die Beratungsleistung	nicht notwendig	kaum	durchschnittlich	lang	sehr lang
Kontaktgespräche	entfallen	Informationen über Medien	ein Vor-Ort-Gespräch	mehrere Gespräche	umfangreiche Gespräche

© Kurt Nagel „Systeme für den Erfolg"

Anforderungen an die Onlineberatung

Eine Onlineberatung kann nur erfolgreich sein, wenn die nachstehenden Anforderungen erfüllt werden. Diese Forderungen werden in der nachstehenden Tabelle unterteilt in die Kategorien Dateninput und Datenoutput.

Anforderungen an Onlineberatungssysteme

Anforderungen	Lösung in der Dateneingabe (Input)	Lösung in der Datenausgabe (Output)
Verständlichkeit	• Klare Systematik • Präzise Anweisungen • Einfaches Handling	• Gute Struktur • Konkrete Empfehlungen • Nachvollziehbare Überlegungen
objektivierte Informationen	• Ehrliche Eingaben • Neutralität in der Fixierung der Schwachstellen • Neutralität in der Fixierung der Stärken	• Objektives Beratungs-Know-how • Verständliche Empfehlungen • Kunde muss sich „wiederfinden"
gutes Preis-/Leistungs-Verhältnis	• Geringer Eingabeaufwand • Analyse bindet wenig Ressourcen	• Gutachten ist kostengünstig • Betreuungskosten sind niedrig
Umsetzungstransfer	• Modularer Aufbau • Integration der Mitarbeiterpotenziale	• Hilfe bei der Realisierung • Priorisierung der Aktivitäten

Gerade bei der Onlineberatung kommt es besonders darauf an, dass zwei Postulate erfüllt werden:

> **1. Postulat:**
> Der ernsthafte Wille zum Erkennen und Beseitigen von Schwachstellen

> **2. Postulat:**
> Das Unternehmen muss zu einer lernenden Organisation werden

Bei dieser Beratungsform kommt ganz es entscheidend auf das Agieren im Unternehmen an. Hier steht üblicherweise kein direkter Berater dahinter, der die Prozesse

- der Auftragsinitiierung,
- der Datenerhebung,
- der Datenübermittlung,
- der Datenauswertung,
- der Begutachtung der Vorschläge,
- der Umsetzung der Vorschläge,
- der Stabilisierung der Organisation

begleitet. Es ist die Aufgabe der Führung und der Mitarbeiter, dafür Sorge zu tragen, dass die Prozesse im besten Sinne initiiert und umgesetzt werden.

In den folgenden Darstellungen finden Sie zwei Formeln mit Beispielen

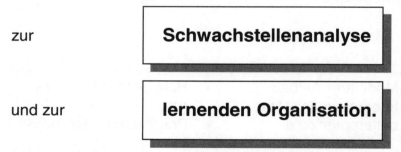

zur **Schwachstellenanalyse**

und zur **lernenden Organisation.**

Diese von den Verfassern entwickelten Ansätze geben in der praktischen Arbeit konkrete Hilfestellung.

Schwachstellen-Quicktest

Bedeutung der Schwachstellen	⇨⇦	Notwendigkeit der Lösung
(Risiko für die Firma)	⇨⇦	(Chance für das Unternehmen)

FORMEL:

Auswirkung auf die Kunden (3) + Auswirkung auf die Mitarbeiter (2) + Auswirkung auf das Ergebnis (2) + Dringlichkeit der Lösung (3) ⇨⇦ Schnelligkeit der Lösung (4) + Nutzen/Kosten-Relation (3) + Kompetenz zur Lösung (3)

Der in Klammern angegebene Wert stellt einen Multiplikator dar.

Die Wertigkeit der einzelnen Kriterien ist wie folgt:

5 =   sehr hoch;   sehr stark;   sehr schnell;

4 =   hoch;   stark;   schnell;

3 =   mittel;   mittelmäßig;   durchschnittlich;

2 =   niedrig;   schwach;   langsam;

1 =   sehr niedrig; sehr schwach;   sehr langsam;

Beispiel: Mittelständischer Produktionsbetrieb

4 (3)   +   3 (2)   +   3 (2)   +   5 (3)   ⇨⇦ 4 (4)   +   3 (3)   +   3 (3)
Summe: 39 ⇨⇦ Summe: 34

Was sagt dieses Beispiel?

⇨ Die Bedeutung der Schwachstelle ist relativ hoch (39 von 50 Punkten)
⇦ Die Chance zur Realisierung ist gut (34 von 50 Punkten)

Ergebnis: Diese Schwachstelle sollte möglichst schnell behoben werden.

Vorschlag: Bewerten Sie die wichtigsten Schwachstellen nach dieser Methode und versuchen Sie, die entsprechenden Aktivitäten aufzusetzen.

© Kurt Nagel „Systeme für den Erfolg"

DRUCK zur Lernorganisation ⇨⇦ GEGENDRUCK durch Kompetenz

Rasche Veränderung des Wissen	Konkurrenz- druck	Anteile des Wissens am Geschäft		Kompetenz der Mitarbeiter	Lern- bereitschaft	Lern- klima
(3)	+ (3)	+ (4)	⇨⇦	(3)	+ (4)	+ (3)

Der in Klammern angegebene Wert stellt einen Multiplikator dar.

Die Wertigkeit der einzelnen Kriterien ist wie folgt:

5 = sehr hoch; sehr stark; sehr schnell;

4 = hoch; stark; schnell;

3 = mittel; mittelmäßig; durchschnittlich;

2 = niedrig; schwach; langsam;

1 = sehr niedrig; sehr schwach; sehr langsam;

Beispiel:

4 (3)   5 (3)   + 4 (4)   ⇨⇦   4 (3)   +   3 (4)   +   3 (3)
     Summe: 43   ⇨⇦   **Summe: 33**

Was sagt dieses Beispiel?

⇨ Die Bedeutung des Drucks zur Lernorganisation ist sehr hoch (43 von 50 Punkten).
⇦ Der Gegendruck durch Kompetenz ist zwar überdurchschnittlich, reicht aber nicht aus (33 von 50 Punkten).

Ergebnis: Die Lernorganisation ist rasch zu verbessern.

© Kurt Nagel „Systeme für den Erfolg"

Die Abwicklung und die Kosten

Aus der nachstehenden Übersicht gehen die wesentlichen Informationen über die drei Expertensysteme hervor.

	Top im Handwerk	Top im Mittelstand	Rating-System
Zuständige Firma	gettop	Systeme für Erfolg	gettop
Anschrift		Prof. Dr. Dr. Kurt Nagel Hohenstaufenstr. 8/3 71067 Sindelfingen Tel.: 07031/802632 Fax: 07031/804799	
Dateneingabe / Datenübermittlung	1. Internet: www.gettop.de 2. Erfassungssatz	1. CD „Top im Mittelstand" 2. Erfassungs-Satz	1. Internet: www.gettop.de 2. Erfassungs-Satz
Umfang der Dateneingabe	1. 6 Checklisten mit je 10 Fragen und je 3 Ausprägungen 2. 1 Seite Firmendaten	1. 8 Checklisten mit je 6 Kriterien und je 5 Ausprägungen 2. 1 Seite Firmendaten	1. 4 Checklisten mit je 5 Kriterien und je 5 Ausprägungen 2. zusätzliche Checklisten
Umfang der Datenausgabe (Beratungsvorschläge)	1. Analysebericht I: Managementfassung ca. 15 Seiten 2. Analysebericht II: Detailvorschläge ca. 70 Seiten	1. Analysebericht I: Managementfassung ca. 10 Seiten 2. Analysebericht II: Detailvorschläge ca. 70 Seiten 3. Formularsatz ca. 20 Seiten	1. Einführung zu Ratingsystemen ca. 5 Seiten 2. Analysebericht ca. 10 Seiten 3. Ergänzende Bewertungen ca. 3-5 Seiten
Zeitliche Dauer der Analyse	Online	Offline max. 3 Tage nach Erhalt des Inputs ist der Analysebericht beim Empfänger	Online
Unterstützung / Beratung	Beraternetzwerk von Kurt Nagel		
Kosten	300 DM zzgl. MwSt.	500 DM zzgl. Versandkosten und MwSt.	300 DM zzgl. MwSt.
Zielgruppe	Handwerksbetriebe	Mittelständische Unternehmen	kleine und mittlere Betriebe
Indikatoren (Anhaltspunkte)	1. ≤ 30 Beschäftigte 2. Umsatz ≤ 3 Mill. €	1. > 30 Beschäftigte 2. > 3 Mio. €	Unabhängig von der Anzahl der Betriebsmitglieder und vom Umsatz

2. Das Analyse- und Therapiesystem „Top im Handwerk"

In der Bundesrepublik Deutschland bestehen zur Zeit zirka 2,5 Millionen Unternehmen. Davon haben:

> 87 Prozent der statistisch erfassten Unternehmen < 10 Mitarbeiter und
> 95 Prozent der statistisch erfassten Unternehmen < 20 Mitarbeiter.

Handwerksbetriebe beschäftigen im Durchschnitt 11 Mitarbeiter, insgesamt 6,3 Mio. Menschen. 80 bis 90 Prozent der Handwerksbetriebe haben einen Umsatz zwischen einer und fünf Millionen DM. Diese Zahlen sollen den Stellenwert dieses Analysesystems verdeutlichen.

Die Vorschläge basieren auf den Erfahrungen einer umfangreichen Beratungspraxis und einschlägigen wissenschaftlichen Erkenntnissen. Es gilt, die Ratschläge zu analysieren und diese vor dem Hintergrund der spezifischen internen und externen Gegebenheiten zu prüfen. Es ist durchaus möglich, dass diese auf die individuelle Situation hin anzupassen sind. Hier zeigen sich die Grenzen des von uns entwickelten Expertensystems.

Die Zielsetzung muss sein, ein optimales Diagnoseinstrument auf der Basis des konkreten Firmenwissens und der generellen Verhaltensmuster zu entwickeln. Ein derart konzipiertes Beratungssystem nutzt optimal die Vorteile einer standardisierten und individuellen Diagnose und Therapie.

Das Unternehmen wird beleuchtet auf Basis der folgenden Faktoren:

1. **Positive Grundeinstellung und bestes Erscheinungsbild**
2. **Richtige Strategien und schlüssige Pläne**
3. **Flexible Organisation und effiziente Informationssysteme**
4. **Mitarbeiter als Mitunternehmer und Inhaber/Führungskräfte als Spielmacher**
5. **Beste Kundenorientierung und aktives Marketing**
6. **Treffen besserer Entscheidungen und Lösen von Problemen**

Die Ausprägung dieser Faktoren bestimmt entscheidend den Erfolg eines Handwerksbetriebes. Wir haben in den letzten Jahren einige hundert Vorträge, Seminare und Workshops in Handwerksbetrieben mit mehreren zehntausend Unternehmern, Führungskräften und Mitarbeitern aus dem Handwerk durchgeführt. Wir konnten hier hautnah erfahren, wo der Schuh drückt. Wir durften auch eine Vielzahl erfolgreicher Handwerker kennenlernen. Ein wichtiges Ergebnis unserer Erfahrungen ist, dass der Handwerker mehr und mehr zum Kopfwerker werden muss. Es gilt, „die Hausaufgaben zu machen". Der harte Kampf im Alltag lässt vielen Betriebsinhabern kaum Zeit, diese Aufgaben zu realisieren. Nicht zuletzt deshalb wurde dieses Expertensystem entwickelt.

Die Bewertung der Betriebe erfolgt nach den folgenden Erfolgsfaktoren:

Note:

1. **Positive Grundeinstellung und bestes Erscheinungsbild**

2. **Richtige Strategien und schlüssige Pläne**

3. **Flexible Organisation und effiziente Informationssysteme**

4. **Mitarbeiter als Mitunternehmer und Inhaber/Führungskräfte als Spielmacher**

5. **Beste Kundenorientierung und aktives Marketing**

6. **Treffen besserer Entscheidungen und Lösen von Problemen**

Jeder Erfolgsfaktorenbereich umfasst zehn Fragen. Innerhalb der angegebenen 60 Fragen haben einzelne Fragen eine unterschiedliche Bedeutung. Dies wird in der Beurteilung verdeutlicht. Im Folgenden werden die Erfassungsdaten wiedergegeben.

© Kurt Nagel „Systeme für den Erfolg"

Die Erfassung der Daten

Angaben zu Ihrem Unternehmen

Name der Firma :

Anschrift :

Telefonnummer :

Faxnummer :

E-mail :

Name des Verantwortlichen :

Funktion :

Branche/Gewerk :

Anzahl der Mitarbeiter :

Anzahl der computer-
unterstützten Arbeitsplätze :

Umsatz in Mio. DM :

Gewinnsituation : gut: [ ] befriedigend: [ ] schlecht: [ ]

Die zwei wichtigsten
Probleme :
1.
2.

© Kurt Nagel „Systeme für den Erfolg"

Die Checkliste für die Einstellung und das Erscheinungsbild

Bitte Antworten ankreuzen

1. Stehen Sie als Firmenleitung der Zukunft positiv gegenüber? ☺ 😐 ☹

2. Positives Denken ist bei den Firmenmitgliedern stark ausgeprägt. ☺ 😐 ☹

3. Die Denkhaltung Ihres Betriebes in Bezug auf strukturelle Schwierigkeiten bezeichnen Sie als sehr flexibel. ☺ 😐 ☹

4. Ihre Belegschaft verhält sich gegenüber Firmenproblemen positiv. ☺ 😐 ☹

5. Die gesamte Firma geht mit Kundenproblemen konstruktiv um. ☺ 😐 ☹

6. Die Lern- und Veränderungsbereitschaft Ihrer Belegschaft ist überdurchschnittlich ausgeprägt. ☺ 😐 ☹

7. Die Mitarbeiter sind von Ihrem Angebot überzeugt und stehen hinter ihrer Firma. ☺ 😐 ☹

8. Das Erscheinungsbild Ihrer Firma, die Selbstdarstellung Ihrer Belegschaft und Ihr Angebot ist für eine positive Kundenwahrnehmung geeignet. ☺ 😐 ☹

9. Sie und Ihre Belegschaft haben Vertrauen in Bezug auf die Zukunft der Firma. ☺ 😐 ☹

10. Denken Sie und die Mitarbeiter in „Lösungskategorien", anstatt nur das Problem zu thematisieren? ☺ 😐 ☹

© Kurt Nagel „Systeme für den Erfolg"

Die Checkliste für Strategie, Ziele und Planung

Bitte Antworten ankreuzen

1. Haben Sie Ihre Kunden in Zielgruppen unterteilt und kennen Sie deren Wünsche? ☺ 😐 ☹

2. Kennen Sie Ihre Mitbewerber möglichst gut? ☺ 😐 ☹

3. Beschäftigen Sie sich mit den neuesten Tendenzen im Markt? ☺ 😐 ☹

4. Haben Sie Ihre Strategie für die nächsten drei Jahre schriftlich formuliert? ☺ 😐 ☹

5. Wissen Sie, welche Dienstleistungen/Produkte Sie in den nächsten Jahren verstärkt forcieren? ☺ 😐 ☹

6. Kennt der Kunde Ihre Vorteile und Alleinstellungsmerkmale? ☺ 😐 ☹

7. Wurden die Ziele schriftlich formuliert? ☺ 😐 ☹

8. Kennen alle Mitarbeiter die Unternehmensziele? ☺ 😐 ☹

9. Verfügen Sie über eine Finanz-, Kosten- und Vertriebsplanung? ☺ 😐 ☹

10. Wird die Planung computergestützt durchgeführt? ☺ 😐 ☹

© Kurt Nagel „Systeme für den Erfolg"

Die Checkliste für Organisation

Bitte Antworten ankreuzen

1. Ist unsere Organisation schnell und flexibel?   ☺ 😐 ☹

2. Wird die Einhaltung von Terminen garantiert?   ☺ 😐 ☹

3. Verfügen wir über Grundsätze und Regeln in unserer Organisation?   ☺ 😐 ☹

4. Sind die Abläufe bei uns dokumentiert?   ☺ 😐 ☹

5. Ist unsere maschinelle Ausstattung auf dem neuesten Stand?   ☺ 😐 ☹

6. Sind unsere Kundendaten vollständig?   ☺ 😐 ☹

7. Wird der Prozess der Bestellung bis zur Auslieferung/Abnahme bestmöglich computergestützt?   ☺ 😐 ☹

8. Wenden die Mitarbeiter die Informationsverarbeitung engagiert an?   ☺ 😐 ☹

9. Verfügen wir über Zielvereinbarungen?   ☺ 😐 ☹

10. Ist unsere Selbstorganisation effizient?   ☺ 😐 ☹

© Kurt Nagel „Systeme für den Erfolg"

Die Checkliste für Mitarbeiter

Bitte Antworten ankreuzen

1. Sind Sie sich bewusst, dass die Mitarbeiter eines Betriebes dessen größtes Kapital sind? ☺ 😐 ☹

2. Wissen Sie, dass eine Firma immer nur so erfolgreich ist, wie es die Menschen, die in ihr beschäftigt sind, zulassen? ☺ 😐 ☹

3. Haben Sie erkannt, dass Produktivitätssteigerungen künftig nur durch die volle Nutzung des Mitarbeiterpotenzials möglich sein werden? ☺ 😐 ☹

4. Werden Mitarbeiter in Ihrem Betrieb an Entscheidungsprozessen beteiligt? ☺ 😐 ☹

5. Agieren die Mitarbeiter als Mitunternehmer? ☺ 😐 ☹

6. Haben Sie Verantwortung in hohem Umfang delegiert? ☺ 😐 ☹

7. Sind flexible Arbeitszeiten für Sie eine Selbstverständlichkeit in Ihrem Betrieb? ☺ 😐 ☹

8. Haben Sie flexible Entgeltsysteme eingeführt? ☺ 😐 ☹

9. Begreifen sich alle Mitarbeiter als eine lernende Organisation in Bezug auf Motivation und Befindlichkeit? ☺ 😐 ☹

10. Führen Sie regelmäßige Mitarbeiterbefragungen durch, um sicherzustellen, dass Führung, Motivation und Betriebsklima gut sind? ☺ 😐 ☹

© Kurt Nagel „Systeme für den Erfolg"

Die Checkliste für Kundenorientierung

Bitte Antworten ankreuzen

1. Führen Sie regelmäßig Befragungen durch, aus denen die Bedürfnisse, Erwartungen und der Zufriedenheitsgrad der Kunden hervorgehen? ☺ 😐 ☹

2. Entsprechen unsere Produkte/Dienstleistungen voll den Anforderungen der Kunden? ☺ 😐 ☹

3. Versuchen wir mit den Kunden und den Kunden unserer Kunden den Gewinner-Gewinner-Ansatz zu realisieren? ☺ 😐 ☹

4. Sind der Kundenservice, die Kundenberatung sowie die sonst für unser Geschäft notwendigen Kriterien exzellent? ☺ 😐 ☹

5. Werden die Ergebnisse der Kundenzufriedenheit systematisch analysiert und Verbesserungsvorschläge rasch umgesetzt? ☺ 😐 ☹

6. Ist Ihre Organisation bestmöglich kundenorientiert angelegt? ☺ 😐 ☹

7. Haben die Mitarbeiter in der Rolle der Mitunternehmer höchste Kundenverantwortung? ☺ 😐 ☹

8. Ist der Prozess der Bestellung bis zur Auslieferung der Ware bestmöglich computergestützt? ☺ 😐 ☹

9. Sind unsere Kundendaten immer auf dem neuesten Stand? ☺ 😐 ☹

10. Können alle Mitarbeiter den Mehrwert unserer Produkte und Dienstleistungen verkaufen? ☺ 😐 ☹

© Kurt Nagel „Systeme für den Erfolg"

Die Checkliste für Entscheidungsfindung

Bitte Antworten ankreuzen

1. Treffen Sie Ihre Entscheidungen auf der Basis erfolgreicher Methoden? ☺ 😐 ☹

2. Gehen Sie und Ihre Mitarbeiter beim Treffen von Entscheidungen systematisch vor? ☺ 😐 ☹

3. Haben Sie und Ihre Mitarbeiter die Ziele bei Entscheidungen formuliert und die einzelnen Alternativen möglichst objektiv bewertet? ☺ 😐 ☹

4. Haben Sie konkrete Verfahren beim Priorisieren von Investitionen? ☺ 😐 ☹

5. Gibt es in Ihrem Unternehmen Formulare zum Treffen besserer Entscheidungen? ☺ 😐 ☹

6. Binden Sie bei der Entscheidungsfindung Betroffene mit ein? ☺ 😐 ☹

7. Lösen Sie Probleme unter Einbindung von methodischen Verfahren? ☺ 😐 ☹

8. Ist Ihr Unternehmen eine lernende Organisation? ☺ 😐 ☹

9. Ermitteln Sie regelmäßig die Schwachstellen? ☺ 😐 ☹

10. Sind Entscheidungen und Problemlösungen nachvollziehbar? ☺ 😐 ☹

© Kurt Nagel „Systeme für den Erfolg"

110900w

Der Analysebericht

Der Analysebericht umfasst eine

- Managementfassung und die
- Detailempfehlungen.

Wichtig ist, dass zwischen dem Nutzer von Expertensystemen und den Ergebnissen eine Interaktion hergestellt wird. Nur dadurch wird der Analysebericht nicht zur toten Schrankware, sondern eine lebendige Basis zur Verbesserung des Betriebs. Wesentliche Empfehlungen für den Anwender sind folgende:

1. Lesen Sie den Analysebericht aufmerksam durch

Sie müssen sich die Zeit nehmen, um die gesamten Aussagen aufzunehmen und zu reflektieren.

2. Nehmen Sie das Blatt Beratungshilfe 1 „Rasch zu realisierende Aufgaben"

Tragen Sie in dieses Blatt die Ihrer Ansicht nach wichtigen Probleme ein, die rasch einer Lösung zuzuführen sind. Arbeiten Sie hierfür den gesamten Analysebericht einmal durch. Schreiben Sie in die Spalte „Bedeutung" ein h = für hoch oder ein m = für mittel oder ein n = für niedrig.

3. Ziehen Sie die Bewertungen aus dem Analysebericht heran

Hier sind zunächst die zwei Wertungen wichtig:

- Notenspiegel pro Erfolgsfaktorengruppe
- Die ausgewiesenen einzelnen Schwachstellen

Übertragen Sie die Ihrer Ansicht nach wichtigen Positionen ebenfalls in das Formular Beratungshilfe 1 (vgl. Seite 249). Die notwendigen Aktivitäten aus der summarischen Bewertung der Erfolgsfaktorengruppen als auch der einzelnen Schwachstellen sind eine zusätzliche Ergänzung der Verbesserungsmaßnahmen. Die Spalte „Bedeutung" füllen Sie ebenfalls mit hoch, mittel oder niedrig aus.

4. Priorisieren Sie die Aktivitäten

Grundsätzlich sollten Sie sich daran orientieren, dass im operativen Geschäft, also im Tagesgeschäft, alles funktionieren muss. Denken Sie hier an die Aussage: Zufriedene Kunden werden nicht geboren, sondern im täglichen Geschäft gemacht. Dies bedeutet, dass alle Vorschläge aus den Kapiteln:

- **Organisation**
- **Mitarbeiter**
- **Kundenorientierung**

üblicherweise Vorrang haben, da diese kurzfristig greifen.

Konzentrieren Sie sich auf die Positionen, die Ihnen innerhalb dieser drei Gruppen besonders bedeutsam sind. Hierzu sollten Sie sich an den Vorschlägen orientieren, die Sie mit der Bedeutung h (= hoch) gekennzeichnet haben.

Die Vorschläge aus den Kapiteln:

- **Positive Grundeinstellung und bestes Erscheinungsbild**
- **Richtige Strategien und schlüssige Pläne**
- **Treffen besserer Entscheidungen und Lösen von Problemen**

haben üblicherweise eher eine strategische Bedeutung, d. h. diese sind auf die mittlere bis längere Sicht angelegt. Diese Vorschläge sind fraglos für den Aufbau künftiger Erfolgspositionen von entscheidender Bedeutung. Dennoch muss zunächst die bestmögliche tägliche Abwicklung sicher gestellt werden.

5. Fixieren Sie die einzelnen Aktivitäten

Ziehen Sie hierzu das Blatt Beratungshilfe 2 (vgl. Seite 250) „Unser Aktivitätenplan" heran. Tragen Sie in dieses Blatt die Aufgaben mit Terminen und Verantwortlichkeiten ein.

Beratungshilfe 1:
Rasch zu realisierende Aufgaben

Laufende Nr.	Problem/Lösungs-vorschlag	Bedeutung h; m; n	Anmerkungen

© Kurt Nagel „Systeme für den Erfolg"

Beratungshilfe 2:
Unser Aktivitätenplan

Laufende Nr.	Aufgaben	Termin	Verantwortlich	Verknüpfen mit anderen Vorschlägen

© Kurt Nagel „Systeme für den Erfolg"

Versuchen Sie bezüglich des Aufgabenkatalogs sich selbst und Ihre Mitarbeiter nicht zu überfordern. Eröffnen Sie nicht zu viele Baustellen. Weniger sind häufig mehr.

6. Realisieren Sie die geplanten Aktivitäten

Hier gilt es, die Mitarbeiter voll einzubinden. Nur wenn aus Betroffenen Beteiligte gemacht werden, funktioniert dieser Schritt. Sie haben die Möglichkeit, sich auf der Basis des Analyseberichts selbst zu helfen und die Stärken selbst auszubauen bzw. die Schwachstellen zu verbessern. Bei diesem Vorhaben ist ein Vertrauensklima in der Firma und eine große Hartnäckigkeit im Erreichen der Ziele unabdingbar.

Der Wunsch an Sie: Betrachten Sie diesen Analysebericht als Ihr Erfolgsbuch!

⇨ **Seien Sie unruhig, auch wenn es Ihnen gut geht!**

⇨ **Denken Sie daran: Wer sich zurücklehnt, hat bereits verloren!**

⇨ **Setzen Sie möglichst viele Vorschläge um!**

⇨ **Beherzigen Sie: Wenn Du lernst, aber nichts veränderst, hast Du nichts gelernt!**

Da die Analyse des Unternehmens aus der Sicht der ganzheitlichen Beurteilung nur einen Teil der Bewertung darstellt, ist es notwendig, noch weitere Bereiche einzubeziehen.

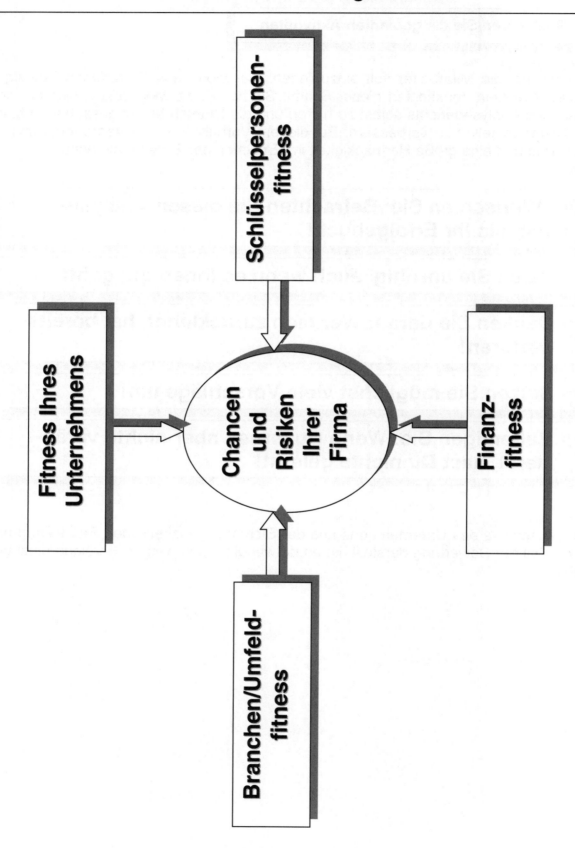

Neben der ▭Fitness Ihres Unternehmens▭ sind für eine ganzheitliche Bewertung

- die **Branchen-/Umfeldfitness**
- die **Finanzfitness**
- die **Schlüsselpersonenfitness**

erforderlich.

Diese Daten sind vom Anwender selbst zu ermitteln. Sie werden bewusst nicht in das Gutachten eingebunden, da die Bekanntgabe dieser Daten meistens ein überaus hohes Vertrauensverhältnis voraussetzt. Neben der Vertraulichkeit dieser Daten ist zudem eine intime Kenntnis der persönlichen und situationsbezogenen Verhältnisse unabdingbar. Für diesen Teil der Analyse wurde daher ein System entwickelt, bei dem Sie für jeden Bereich nur vier Wertungen abzugeben haben. Vor diesem Hintergrund ist der Aufwand für den Anwender nicht allzu hoch. Wichtig ist, dass der Nutzer dieses Systems sich um eine ehrliche, objektivierte Beurteilung bemüht.

Für die

- Branchen-Umfeldfitness
- Finanzfitness
- Schlüsselpersonenfitness

ist jeweils die Durchschnittsnote zu ermitteln, wobei die Note 5 = sehr schwach und die Note 1 = sehr gut bedeutet.

Die jeweils ermittelten Durchschnittsnoten werden in das nachstehende Datenkreuz eingetragen. Die Bewertung „Fitness des Unternehmens" wird maschinell markiert.

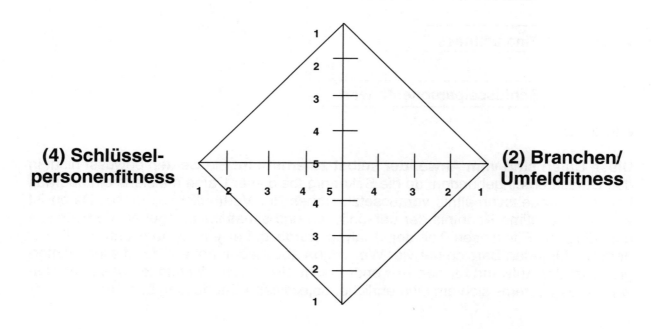

Diese ganzheitliche Bewertung zeigt, wo das Unternehmen steht. Es ist erforderlich, den Analysebericht, der aus einer Selbstdiagnose und einem standardisierten Analysesystem resultiert, intensiv zu besprechen. Die Unternehmensleitung sollte Unternehmensberater, Steuerberater, Wirtschaftsprüfer oder Firmenkundenbetreuer der Banken/Sparkassen mit einbinden. Ziel ist, gemeinsam vitale Erfolgspositionen für die Zukunft aufzubauen. Der Analysebericht sollte als Leitfaden für künftigen Erfolg betrachtet werden.

3. Das Analyse- und Therapiesystem „Top im Mittelstand"

Generelle Aussagen

Eine Analyse von mittelständischen Unternehmen aus dem Jahr 1998 zeigt die folgenden Strukturzahlen.

Umsatzgrössenklasse (DM)	Anzahl der Unternehmen	in Prozent
bis 1 Mio. DM	2.138.432	85,54
ab 1 Mio. bis 5 Mio. DM	229.073	9,16
ab 5 Mio. bis 250 Mio. DM	128.779	5,15
ab 250 Mio. bis 1 Mrd. DM	2.705	0,11
über 1 Mrd. DM	1.011	0,04
Gesamt	**2.500.000**	**100,00**

Unternehmen in Deutschland nach Grössenklassen

Die Zahlen verdeutlichen, dass die überwiegende Mehrheit der Firmen in Deutschland kleine und mittelgrosse Firmen sind. Unternehmen zwischen 50 und 99 Mitarbeitern machen nur etwa ein Prozent aller Firmen aus, Unternehmen mit 500 bis 999 Mitarbeitern nur noch 0,1 Prozent. Diese Werte verdeutlichen, dass das Marktpotenzial für mittelständische Firmen sehr hoch ist. Die Gründe für die schwierige Situation im Mittelstand sind vielschichtig. Sicherlich sind als Ursachen auch eine Reihe von externen Faktoren wie gesamtwirtschaftliche Situation, Branchenentwicklung, Nachfrageverhalten, internationaler Wettbewerb usw. zu nennen. Über das Wohlergehen des Mittelstandes und des einzelnen Betriebes entscheiden aber in erster Linie die firmeninternen Erfolgsfaktoren. Hier fällt auf, dass zahlreiche Betriebe ihre Hausaufgaben nicht gemacht haben.

Die Verfasser haben in den letzten Jahren zahlreiche Veranstaltungen mit Inhabern, Führungskräften und Mitarbeitern aus mittelständischen Unternehmen durchgeführt. Dabei wurden Schwachstellen deutlich wie:

- fehlende Grundsätze und Strategien,
- ungenügende Ziel- und Kontrollsysteme,
- hohe Austauschbarkeit der Produkte,
- zu geringe Orientierung als Problemlöser für Zielgruppen,
- nachlässige Kundenbetreuung,
- nur begrenzte Konzentration auf die Stärken/Kernkompetenzen,
- fehlendes Verargumentieren der Alleinstellungsmerkmale,
- das Treffen von Bauchentscheidungen,
- die Mitarbeiter sind nicht in der Rolle von Mitunternehmern,
- Abteilungs- statt Prozessdenken.

Hier setzt das Expertensystem „Top im Mittelstand" an. Das System erlaubt in angemessener Zeit, ein mittelständisches Unternehmen auf den Prüfstand zu stellen und Maßnahmen zur Verbesserung vorzuschlagen. Mit diesem System ist es möglich, das Unternehmen ganzheitlich zu analysieren und zu optimieren. Neben der Diagnose werden im Analysebericht generelle Therapievorschläge gemacht.

Der Aufbau des PC-Programms und die Vorgehensweise

Das PC-Programm „Top im Mittelstand" ist als unterstützendes Werkzeug bei der Bearbeitung der Erfolgsbausteine anzusehen. Es beginnt mit der Darstellung des Gesamtmodells. Alle erforderlichen Arbeitsunterlagen lassen sich erstellen. Der Status zu einem gegebenen Zeitpunkt einerseits und die Zielvorstellung andererseits können jederzeit in unterschiedlichen Formen nachgewiesen und so zu einer laufenden Fortschrittskontrolle eingesetzt werden.

Das Programm besteht aus acht konkreten Bausteinen, die nach den Erfahrungen des Autors den Erfolg begründen. Es sind dies:

1. Grundsätze und Strategien,
2. Ziele und Ergebnisse,
3. Organisation und Logistik,
4. Unternehmer und Führungskräfte,
5. Mitarbeiter,
6. Produkte und Dienstleistungen,
7. Kundenorientierung und
8. Umfeld.

Jeder dieser Bausteine umfasst sechs Elemente, in denen jeweils der heutige Status und der Stellenwert, den das betreffende Element für die Firma bedeutet, angegeben werden kann. Nach gewissenhafter Überlegung sollten diese Eingaben erfolgen. Die Ausprägung und der Stellenwert ergeben für sich alleine, aber besonders im Zusammenhang ein Messinstrument zum Stand einer Firma oder einer Organisation.

Auch mittelständische Unternehmen durchlaufen verschiedene Entwicklungsphasen. So folgt üblicherweise auf eine Phase des Wachstums eine Konsolidierungsphase. In diesem PC-Programm werden fünf Entwicklungsphasen unterschieden:

1. Start   (0-2)
2. Ausweitung   (3-4)
3. Konsolidierung   (5-6)
4. Wachstum   (7-8)
5. Integration   (9-10)

Die Aufgabe besteht nun darin, die Firma entsprechend den vorgegebenen Indikatoren mit dem jeweils zutreffenden Wert einzuordnen bzw. zu bewerten.

Zum Erstellen des Expertengutachtens „Top im Mittelstand" sind zunächst die acht nachfolgenden Phasenmodelle zur Betriebsdiagnose durchzuarbeiten.

„Top im Mittelstand" – Das Phasenmodell zur Betriebsdiagnose

Baustein 1: Firma: [　　　] Datum: [　]

Grundsätze und Strategien Ersteller: [　　　]

Phasen/Punkte	Start		Ausweitung		Konsoli-dierung		Wachstum		Integration		Ihre Bewertung Status heute	Stellen-wert
Elemente	0	1	2	3	4	5	6	7	8	9	10	
Geschäfts-grundsätze	Fehlen		Angedacht		Formuliert		Veröffent-licht		Gelebt		☐	☐
Wett-bewerbs-analyse	Fehl-anzeige		Notwendig-keit von Analysen wird erkannt		Grobe Kunden-analyse		Mitbewer-ber-/Liefe-ranten-analyse		Klare Positionie-rung		☐	☐
Produkt-/Dienst-leistungs-analyse	Fehlt		Erkennen der Notwendig-keit		Erste Grundsatz-aussagen		Zunehmend metho-disches Arbeiten		Methodisch und inhaltlich hervor-ragend		☐	☐
Strate-gische Ausrich-tungs-analyse	Kein Konzept		Markt-konformes Verhalten		Nachdenken über die Stärken		Streben nach klarer Positionie-rung		Optimales Strategie-verhalten		☐	☐
Koopera-tionen und Allianzen	Interessiert nicht		Nachdenken		Alternativen werden durchge-spielt		Konkrete Suche nach Partnern		Realisierung und klare Konzepte		☐	☐
Strategie-umsetzung	Fehlt		Bemühen		Erste Vorgaben		Guter Transfer		Optimale Umsetzung		☐	☐

© Kurt Nagel „Systeme für den Erfolg"

„Top im Mittelstand" – Das Phasenmodell zur Betriebsdiagnose

Baustein 2: Firma: Datum:

Ziele und Ergebnisse Ersteller:

Phasen/Punkte	Start		Ausweitung		Konsolidierung		Wachstum		Integration		Ihre Bewertung Status heute / Stellenwert
Elemente	0	1	2	3	4	5	6	7	8	9	10
Zielsystem	Kein Stellenwert		Umsatz-Ziele		Vertriebs-/Finanzziele		Ganzheitliches Zielsystem		Stringente Ableitung aus dem Strategiepapier		☐ ☐
Planung/Kontrolle	Kein Stellenwert		Klassische Buchhaltungswerte		Vertriebs-/Finanzplanung und Kontrolle		Ganzheitliches Zielsystem		Frühwarnsystem		☐ ☐
Abteilungs-/Mitarbeiter-Ziele	Fehlen		Notwendigkeit wird erkannt		Erste Ansätze		Umfassende Anwendung		Beste Umsetzung		☐ ☐
Kennzahlen	Keine Beachtung		Aufmerksamkeit nimmt zu		Analyse einschlägiger Kennzahlen		Ständige Beachtung		Hoher Stellenwert		☐ ☐
Kostensituation	Mangelhaft		Ausreichend		Befriedigend		Gut		Sehr gut		☐ ☐
Erlössituation	Mangelhaft		Ausreichend		Befriedigend		Gut		Sehr gut		☐ ☐

© Kurt Nagel „Systeme für den Erfolg"

„Top im Mittelstand" – Das Phasenmodell zur Betriebsdiagnose

Baustein 3: Firma: Datum:

Organisation und Logistik   Ersteller:

Phasen/Punkte	Start		Ausweitung		Konsolidierung		Wachstum		Integration		Ihre Bewertung	
											Status heute	Stellenwert
Elemente	0	1	2	3	4	5	6	7	8	9	10	
Aufbauorganisation	Kein Nachdenken über Zweckmäßigkeit		Schwerfällig		Funktionsorientiert		Marktorientiert		Optimal		☐	☐
Ablauforganisation	Zahlreiche Schwachstellen		Erkennen der Schwachstellen		Beseitigen der Schwachstellen		Flexibel		Schnell		☐	☐
Prozessorganisation	„Fremdwort"		Abteilungsbezogen		Unternehmensbezogen		Einbeziehung der Kundenprozesse		Einbeziehung der Lieferantenprozesse		☐	☐
Informationssysteme	Kein Stellenwert		Stellenwert wird erkannt		Durchschnittliche Ausprägung		Gute Ausprägung		Sehr gute Ausprägung		☐	☐
Logistik	Mangelhaft		Ausreichend		Befriedigend		Gut		Sehr gut		☐	☐
Lernende Organisation	Kennen wir nicht		Erste Überlegungen		Spielregeln		Praktiziert		Höchste Ausprägung		☐	☐

© Kurt Nagel „Systeme für den Erfolg"

"Top im Mittelstand" – Das Phasenmodell zur Betriebsdiagnose

Baustein 4:   **Firma:**   **Datum:**

Unternehmer und Führungskräfte   **Ersteller:**

Phasen/ Punkte	Start		Ausweitung		Konsoli-dierung		Wachstum		Integration		Ihre Bewertung	
Elemente	0	1	2	3	4	5	6	7	8	9	Status heute	Stellen-wert
										10		
Unternehmer-persönlichkeit	Entwicklungspotenzial		Licht und Schatten		Vorbildfunktion		Höchstes Ansehen intern		Höchstes Ansehen extern		☐	☐
Führungsmannschaft	Insgesamt nicht ausreichend		Ausreichend		Insgesamt befriedigend		Gut		Sehr gut		☐	☐
Generationswechsel	Wird sich schon regeln		Erste Überlegungen		Einbindung der Betroffenen		Planmäßiges Vorgehen		Bestmögliche Vorsorge		☐	☐
Führungsstil	Patriarchalische Führung		Geringe Einbindung der Mitarbeiter		Stärkere Einbindung der Mitarbeiter		Kooperative Führung		Hohe Akzeptanz		☐	☐
Betriebsklima	Unterkühlt		Ausreichend		Befriedigend		Gut		Sehr gut		☐	☐
Motivation	Fremdwort		Unterdurchschnittlich		Durchschnittlich		Gut		Hervorragend		☐	☐

© Kurt Nagel „Systeme für den Erfolg"

„Top im Mittelstand" – Das Phasenmodell zur Betriebsdiagnose

Baustein 5: Firma: [   ] Datum: [   ]

Mitarbeiter Ersteller: [   ]

Phasen/Punkte	Start		Ausweitung		Konsolidierung		Wachstum		Integration		Ihre Bewertung	
Elemente	0	1	2	3	4	5	6	7	8	9	10	Status heute	Stellenwert
Kompetenz	Insgesamt nicht ausreichend			Fachliche Kompetenz ist durchschnittlich		Hohe Fach- und Sozialkompetenz		Unternehmerische Kompetenz ausgeprägt		Insgesamt sehr gute Abdeckung		☐	☐
Identifikation	Nicht gegeben			In Ansätzen vorhanden		Zusammengehörigkeit nimmt zu		Gute Identifikation		Höchster Grad an Identifikation		☐	☐
Beurteilung	Fehlt			Erfolg nach fixierten Kriterien		Besprechung mit Mitarbeitern		Persönlichkeitsentwicklung gewinnt an Bedeutung		Firmen- und Mitarbeiterpersönlichkeit stimmen überein		☐	☐
Leistungsbereitschaft	Schulaufgabendenken herrscht vor			Sich fügen und einordnen		Ehrliche Leistungsbereitschaft		Priorisierung: Fimeninteresse vor Privatinteresse		Hohe Eigeninitiative fördert Leistungsbereitschaft		☐	☐
Entlohnung	Tarifzahlung			Außertarifliche Leistungszulagen		Leistungslohn		Verstärkte Einbindung der Beurteilung		Gesamtwürdigung des Mitarbeiters als Mitunternehmer		☐	☐
Weiterbildung	Anlernen am Arbeitsplatz			Sporadische Teilnahme an externen Seminaren		Streben nach gezielter Aus- und Weiterbildung		Effizientes Aus- und Weiterbildungssystem		Langfristige Aus- und Weiterbildungsprogramme		☐	☐

© Kurt Nagel „Systeme für den Erfolg"

110900w

"Top im Mittelstand" – Das Phasenmodell zur Betriebsdiagnose

Baustein 6: Firma: [ ] Datum: [ ]

Produkte und Dienstleistungen Ersteller: [ ]

Phasen/ Punkte	Start		Ausweitung		Konsoli- dierung		Wachstum		Integration		Ihre Bewertung	
Elemente	0	1	2	3	4	5	6	7	8	9	Status heute	Stellen- wert
										10		
Produkte/ Dienst- leistungen	Wir sind schwach		Nachteile sind gegeben		Durch- schnittlich		Gute Chancen		Wir sind sehr gut		☐	☐
Problem- lösungen	Bieten wir nicht an		Wir sollten etwas tun		Für einzelne Zielgruppen		Für alle Zielgruppen		Hervor- ragende Lösungen		☐	☐
Prozess- optimierung	Keine Ansätze		Bedeutung wird erkannt		Erste Ansätze		Gute Erfahrungen mit Kunden		Beste Lösungen mit allen Beteiligten		☐	☐
Produkt- innovationen	Wir imitie- ren nur		Stellenwert nimmt zu		Durch- schnittlich		Gute Ideen		Wir sind führend		☐	☐
Problem- lösungs- innovationen	Mangelhaft		Wir bemühen uns		Es bestehen generelle Ansätze		Haben wir für jede Zielgruppe		Führend in der Branche		☐	☐
Prozess- innovationen	Kennen wir nicht		Wir wissen um die Bedeutung		Erste Geh- versuche		Lösungen können sich sehen lassen		Wir verfügen über attraktive Innovationen		☐	☐

© Kurt Nagel „Systeme für den Erfolg"

110900w

„Top im Mittelstand" – Das Phasenmodell zur Betriebsdiagnose

Baustein 7: Firma: Datum:

Kundenorientierung Ersteller:

Phasen/Punkte	Start		Ausweitung		Konsolidierung		Wachstum		Integration		Ihre Bewertung Status / Stellenwert heute / wert
Elemente	0	1	2	3	4	5	6	7	8	9	10
Stellenwert	Wird nicht gesehen		Kunde ist mehr als Geschäftsvorfall		Hohe Bedeutung		Eindeutiges Bekenntnis		Besessenheit in der Umsetzung		☐ ☐
Bearbeitung	Mangelhaft		So macht man Kunden nicht heiß		Durchschnittlich		Gut		Wird höchsten Anforderungen gerecht		☐ ☐
Beratung	Vergiss es!		Ausreichend		Zufriedenstellend		Klare Nutzenargumente		Überzeugend		☐ ☐
Betreuung	Kennt man nicht		In Ansätzen		Normal		Vorausdenkend		Beste Vor- und Nachbetreuung		☐ ☐
Beziehung	Kunde ist anonym		Standardisierte Beziehung		Individuelle Unterstützung		Kunde wird zum Partner		Langfristige Partnerschaft		☐ ☐
Bindung	Nicht zu erkennen		In Ansätzen erkennbar		Anstreben von beiderseitigen Vorteilen		Gewinner-Gewinner-Ansatz		Langfristige Abstimmung der Strategie		☐ ☐

© Kurt Nagel „Systeme für den Erfolg"

„Top im Mittelstand" – Das Phasenmodell zur Betriebsdiagnose

Baustein 8:   **Firma:**   **Datum:**

Umfeld   **Ersteller:**

Phasen/Punkte	Start		Ausweitung		Konsoli-dierung		Wachstum		Integration		Ihre Bewertung Status / Stellenwert	
Elemente	0	1	2	3	4	5	6	7	8	9	heute	wert
Branchen-attraktivität	Sehr bescheiden		Niedrig		Durch-schnittlich		Überdurch-schnittlich		Äußerst positiv		☐	☐
Lieferanten	Hohe Abhängig-keit		Parzielle Nachteile		Chancen sind befriedigend		Zufriedene Partner-schaft		Optimale Zusammen-arbeit		☐	☐
Steuern/Abgaben	Rechtsform bringt große Nachteile		Möglich-keiten werden nicht genutzt		Chancen werden teilweise genutzt		Volle Nutzung der Möglich-keiten		Strategische Vorteile		☐	☐
Konkurrenz	Überaus stark		Harter Wettbewerb		Durch-schnittlicher Wettbewerb		Vorteile auf unserer Seite		Wir nutzen die Chancen		☐	☐
Ökologie	Große Schwächen		Bewusstsein steigt		Konzepte gilt es umzusetzen		Gute Lösungen		Chancen-manage-ment		☐	☐
Gesamtwirt-schaftliches Umfeld	Mangelhaft		Ausreichend		Befriedigend		Gut		Sehr gut		☐	☐

© Kurt Nagel „Systeme für den Erfolg"

Auswertungsergebnisse der Diagnose

Im Expertengutachten werden in einer ersten Variante die Ergebnisse als Diagramme für jeden der acht Bausteine dargestellt. Die unterschiedlich starken Ausprägungen unterstützen die Empfehlungen des Gutachtens und weisen auf den Handlungsbedarf hin.

In einer zweiten Darstellung wird das Ergebnis für jeden Baustein als Matrix präsentiert. Zu dieser Darstellung ist notwendig, dass zuvor alle Bewertungen in Diagnosebausteine eingetragen wurden. Es ergibt sich eine Matrix mit folgenden vier Feldern:

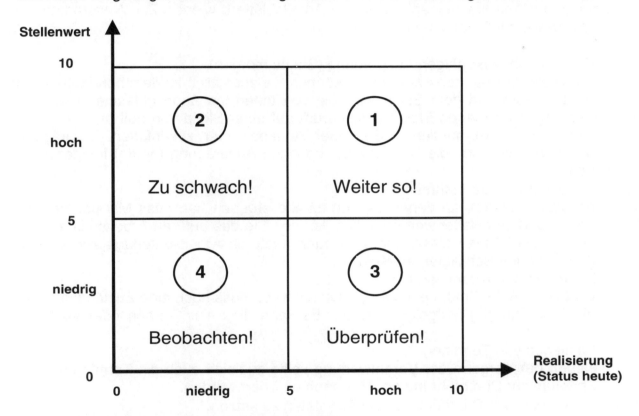

Feld 1: Hoher Stellenwert und starke Realisierung
Die Elemente haben für Ihr Unternehmen einen hohen Stellenwert. Die Positionen weisen eine mittlere bis sehr gute Realisierung auf. Je mehr Elemente in diesem Feld sind, umso besser ist es für Ihr Unternehmen. Achten Sie darauf, dass diese Vorteile bestehen bleiben bzw. ausgebaut werden.

Feld 2: Hoher Stellenwert und niedrige Realisierung
Die Elemente haben für Ihr Unternehmen einen hohen Stellenwert. Die Positionen weisen eine niedrige bis mittlere Realisierung auf. Je mehr Elemente in diesem Feld sind, umso schlechter ist dies für Ihr Unternehmen. Achten Sie darauf, dass diese Schwachstellen rasch beseitigt werden.

Feld 3: Niedriger Stellenwert und starke Realisierung
Die Elemente haben für Ihr Unternehmen einen niedrigen Stellenwert. Die Positionen weisen eine mittlere bis sehr gute Realisierung auf. Es ist wahrscheinlich, dass Sie auf Nebenkriegsschauplätzen Weltmeister sind. Überprüfen Sie diese Elemente.

Feld 4: Niedriger Stellenwert und niedrige Realisierung
Die Elemente haben für Ihr Unternehmen einen niedrigen Stellenwert. Die Positionen weisen eine niedrige bis mittlere Realisierung auf. Es gilt, die ein-

zelnen Positionen im Auge zu behalten. Beobachten Sie insbesondere die Entwicklung des Stellenwertes.

Zusammenfassung der Ergebnisse

Wenn alle acht Diagnosebausteine beantwortet sind und die Standortauswertungen der Elemente mit den entsprechenden Empfehlungen vorliegen, kann in der Zusammenfassung weitergearbeitet werden. Diese Zusammenfassung erstreckt sich über insgesamt vier Arbeitsblätter, auf denen wiederum jeweils zwei Bausteine zusammengefasst sind. Die in den einzelnen Bausteinen definierten Ergebnisse des Expertengutachtens erscheinen auf diesen Arbeitsblättern wieder. Zur Weiterarbeit sei hier auf bewährte Empfehlungen verwiesen:

- Ermitteln der zukünftigen Ausprägung (Status morgen)
  Wenn Sie es erachtenswert finden, können Sie zusätzlich zu dem bereits fixierten Status heute und dem Stellenwert die von Ihnen ins Auge gefasste zukünftige Ausprägung für jedes Element wiederum auf einer Skala von null bis zehn definieren und dokumentieren. Bei jeder Angabe einer zukünftigen Ausprägung (morgen) wird auch die Differenz zur heutigen Ausprägung (heute) festgeschrieben.
- Definition von Maßnahmen
  An allen Punkten, an denen es sich für Sie ergeben hat, dass Maßnahmen ergriffen und eingeleitet werden sollen, können Sie das auf den Arbeitsblättern angeben. Sie können diese Übersicht dann auch als Arbeitsunterlage zur Abstimmung mit den Beteiligten machen.
- Zuordnen der Verantwortung
  Dort wo eine Maßnahme ins Auge gefasst wird, muss auch eine Zuständigkeit für die Durchführung festgelegt werden. Es kann dies eine Person oder auch ein Team sein.
- Festlegen von Terminen
  Neben der Vergabe der Verantwortung sollte zugleich auch ein Termin oder ein Zeitraum zur Durchführung der Maßnahmen fixiert werden.
- Versuchen Sie, Prioritäten für die Aktivitäten zu setzen.
- Diskutieren Sie die Vorschläge zur Durchführung von Maßnahmen in kleineren Kreisen.
- Machen sie aus Betroffenen Beteiligte.
- Denken Sie daran, dass jede initiierte Aktivität auch beendet wird.
- Überprüfen Sie die Ergebnisse der Aktivitäten.
- Werden Sie zu einer lernenden Organisation.

Finden bei der Bearbeitung der folgenden vier Arbeitsblätter zur Zusammenfassung diese Gesichtspunkte Berücksichtigung, so werden diese zu echten Arbeitsunterlagen in komprimierter Form, auf denen der Fortschritt und der Erfolg im Unternehmen laufend dokumentiert werden kann.

© Kurt Nagel „Systeme für den Erfolg"

„Top im Mittelstand" – Das Phasenmodell zur Betriebsdiagnose

Zusammenfassung Teil 1: Firma: [ ]   Ersteller: [ ]   Datum: [ ]

Bausteine/Elemente	Lfd. Nr.	Ausprägung heute	Ausprägung morgen	Differenz	Stellenwert	Maßnahme	Verantwortlich	Termin
1. Grundsätze und Strategien								
1.1 Geschäftsgrundsätze	1							
1.2 Wettbewerbsanalyse	2							
1.3 Produkt- und Dienstleistungsanalyse	3							
1.4 Strategische Ausrichtungsanalyse	4							
1.5 Kooperationen und Allianzen	5							
1.6 Strategieumsetzung	6							
2. Ziele und Ergebnisse								
2.1 Zielsystem	7							
2.2 Planung und Kontrolle	8							
2.3 Abteilungs- und Mitarbeiterziele	9							
2.4 Kennzahlen	10							
2.5 Kostensituation	11							
2.6 Erlössituation	12							

© Kurt Nagel „Systeme für den Erfolg"

"Top im Mittelstand" – Das Phasenmodell zur Betriebsdiagnose

Zusammenfassung Teil 2:   Firma: Datum:

Ersteller:

Bausteine/Elemente	Lfd. Nr.	Ausprägung heute	Ausprägung morgen	Differenz	Stellenwert	Maßnahme	Verantwortlich	Termin
3. Organisation und Logistik								
3.1 Aufbauorganisation	13							
3.2 Ablauforganisation	14							
3.3 Prozessorganisation	15							
3.4 Informationssystem	16							
3.5 Logistik	17							
3.6 Lernende Organisation	18							
4. Unternehmer/Führungskräfte								
4.1 Unternehmerpersönlichkeit	19							
4.2 Führungsmannschaft	20							
4.3 Generationswechsel	21							
4.4 Führungsstil	22							
4.5 Betriebsklima	23							
4.6 Motivation	24							

© Kurt Nagel „Systeme für den Erfolg"

"Top im Mittelstand" – Das Phasenmodell zur Betriebsdiagnose

Zusammenfassung Teil 3: Firma: ____ Datum: ____
Ersteller: ____

Bausteine/Elemente	Lfd. Nr.	Ausprägung heute	Ausprägung morgen	Differenz	Stellenwert	Maßnahme	Verantwortlich	Termin
5. Mitarbeiter								
5.1 Kompetenz	25							
5.2 Identifikation	26							
5.3 Leistungsbeurteilung	27							
5.4 Leistungsbereitschaft	28							
5.5 Entlohnung	29							
5.6 Weiterbildung	30							
6. Produkte und Dienstleistungen								
6.1 Produkte und Dienstleistungen	31							
6.2 Problemlösungen	32							
6.3 Prozessoptimierung	33							
6.4 Produktinnovationen	34							
6.5 Problemlösungsinnovationen	35							
6.6 Prozessinnovationen	36							

© Kurt Nagel „Systeme für den Erfolg"

110900w

"Top im Mittelstand" – Das Phasenmodell zur Betriebsdiagnose

Zusammenfassung Teil 4: Firma: Ersteller: Datum:

Bausteine/Elemente	Lfd. Nr.	Ausprägung		Differenz	Stellenwert	Maßnahme	Verantwortlich	Termin
		heute	morgen					
7. Kundenorientierung								
7.1 Stellenwert	37							
7.2 Bearbeitung	38							
7.3 Beratung	39							
7.4 Betreuung	40							
7.5 Beziehung	41							
7.6 Bindung	42							
8. Umfeld								
8.1 Branchenattraktivität	43							
8.2 Lieferanten	44							
8.3 Steuern und Abgaben	45							
8.4 Konkurrenz	46							
8.5 Ökologie	47							
8.6 Gesamtwirtschaftliches Umfeld	48							

© Kurt Nagel „Systeme für den Erfolg"

4. Das Expertensystem „Kreditrating"

Notwendigkeit von Ratingsystemen – Gesetzliche-/Bankenvorschriften

---

§ 18 KWG (Kreditwesengesetz)

§ 18 Abs. 1 Satz 1 verlangt: „Ein Kreditinstitut darf einen Kredit von insgesamt mehr als 500.000 Deutsche Mark nur gewähren, wenn es sich von dem Kreditnehmer die wirtschaftlichen Verhältnisse, insbesondere durch Vorlage der Jahresabschlüsse, offenlegen lässt." Nach § 18 KWG, haben die Kreditinstitute von bestimmten Kreditnehmern die wirtschaftlichen Verhältnisse, insbesondere durch Vorlage der Jahresabschlüsse, zu überprüfen.

Diese Vorschrift soll eine Schutzvorschrift für die Gläubiger der Kreditinstitute darstellen. Das Kreditinstitut, welches keine zeitnahen Unterlagen über die wirtschaftlichen Verhältnisse seiner Kreditnehmer hat, kann eventuelle wesentliche Veränderungen nicht rechtzeitig feststellen und gefährdet somit seinen eigenen Bestand und damit auch die Einlagen seiner Gläubiger.

Die Vorschriften in § 18 KWG haben dazu geführt, dass traditionell die Analyse von Jahresabschlüssen zur Informationsgewinnung bei der Beurteilung der Kreditwürdigkeit von Unternehmen im Vordergrund steht. Zur Aufbereitung von Jahresabschlüssen verwenden Kreditinstitute detaillierte Gliederungsbögen für die Bilanz sowie die Gewinn- und Verlustrechnung. Insofern liegen bei allen Kreditinstituten Standards vor. Nahezu alle Kreditinstitute verlangen die Offenlegung bei jedem Kredit, auch unter 500.000 DM. Es zählt nicht die Inanspruchnahme, sondern die Summe aller Kreditzusagen. Kredite an Firmen und Privatpersonen werden in der Regel zusammengerechnet.

Auflagen des Bundesaufsichtsamtes für das Kreditwesen [1]

- Jahresabschlüsse sind vorzulegen und zu analysieren.
- Zu prüfen ist, ob der Kreditnehmer nachhaltig in der Lage ist, die Kredite zurückzuführen.
- Jahresabschlüsse müssen zeitnah sein. D. h., dass große und mittelgroße Kapitalgesellschaften die Jahresabschlüsse innerhalb von neun Monaten, kleine Kapitalgesellschaften und sonstige Unternehmen innerhalb von zwölf Monaten nach Bilanzstichtag die testierten Jahresabschlussunterlagen vorlegen müssen.
- Nicht prüfungspflichtige aber bilanzierungspflichtige Kreditnehmer müssen weitere aussagefähige Unterlagen, wie z. B. Auftragsbestände, Umsatzzahlen, betriebswirtschaftliche Auswertungen, Umsatzsteuervoranmeldungen, Erfolgs- und Liquiditätspläne, Einkommensnachweise etc. vorlegen.

[1] *(Rundschreiben 16/99 des BAKred)*

KonTraG: Gesetz zur Kontrolle und Transparenz im Unternehmen

Zum 1.5.1998 ist das Gesetz zur Kontrolle und Transparenz im Unternehmensbereich (KonTraG) in Kraft getreten. Ziel dieses Gesetzes ist es, die Überwachung der Unternehmen (Kontrolle) und den Einblick für Dritte (Transparenz) – z. B. für Aktionäre und Gläubiger – zu verbessern. KonTraG verpflichtet die Unternehmen für ein angemessenes Risikomanagement und für eine angemessene interne Revision zu sorgen. Zentrale Vorschriften finden sich in der Ergänzung in § 91 AktG (Organisation; Buchführung). Der Vorstand hat geeignete Maßnahmen zu treffen, insbesondere ein Überwachungssystem einzurichten, damit den Fortbestand der Gesellschaft gefährdende Entwicklungen früh erkannt werden. Die relevanten Vorschriften des Handelsgesetzbuches (HGB) liegen insbesondere im:

- § 289/1 HGB ...dabei ist auch auf Risiken der künftigen Entwicklung einzugehen.
- § 317 HGB Die Prüfung ist so anzulegen, dass Unrichtigkeiten und Verstöße gegen die in Satz 2 aufgeführten Bestimmungen, die sich auf die Darstellung des sich nach § 264/2 ergebenden Bildes der Vermögens-, Finanz- und Ertragslage des Unternehmens wesentlich auswirken, bei gewissenhafter Berufsausübung erkannt werden.
- § 322/2 HGB ...auf Risiken, die den Fortbestand des Unternehmens gefährden, ist gesondert einzugehen.

Aus dem KonTraG ergeben sich folgende Konsequenzen:

1. ein funktionierendes Überwachungssystem zu installieren,
2. eine systematische Erfassung der Risiken zu betreiben,
3. Maßnahmen zur Vermeidung oder Verringerung der Eintrittswahrscheinlichkeit der Risiken zu ergreifen,
4. die finanziellen Auswirkungen für das Unternehmen zu fixieren,
5. ein umfassendes Risiko-Managementsystem ist zu etablieren.

Basler Ausschuss für Bankenaufsicht

Hier werden die Mindestanforderungen zur Beurteilung von Kreditrisiken in Banken festgelegt.

Kapitaladäquanzrichtlinie

Die Eigenkapitalvorschriften für Kreditinstitute verdeutlichen, dass risikobehaftete Aktiva (vorwiegend Kredite) in gewissem Umfang durch Eigenkapital zu decken sind. Eine klassische Faustregel ist, dass 10 Prozent des Kreditvolumens durch Eigenkapital gedeckt sind. Diese Regel wird verstärkt nach den Risiken modifiziert.

Anforderungen an Ratingsysteme

Im Laufe der letzten Jahre hat man erkannt, dass die reine Analyse eines Jahresabschlusses einen eingeschränkten Erkenntniswert besitzt. Deshalb wurde diese Methode der Informationsgewinnung durch jahrzehntelange Übung und Erfahrung immer weiter verfeinert. Die zeitliche Entwicklung kann wie folgt gekennzeichnet werden:

- Einzelanalyse eines Jahresabschlusses,
- Einzelanalyse eines Jahresabschlusses und Ermittlung von Kennzahlen,
- Zeitvergleich mehrerer Analysen von Jahresabschlüssen einschließlich Kennzahlenvergleich.

Mit diesen Analyseinstrumenten und ihrer Auswertung war jedoch eine Objektivierung der aus Jahresabschlüssen gewonnenen Bonitätsaussagen nicht möglich. Kreditsachbearbeiter haben zwar auf Grund ihrer Erfahrungen bestimmte subjektive Vorstellungen, z. B. welche Eigenkapitalquoten, welche Rentabilität oder welche Liquidität „gut" oder „mangelhaft" ist. Die unterschiedliche Beurteilungen der Bedeutung einzelner Kennzahlen macht jedoch in Grenzfällen eine fundierte Aussage häufig unmöglich. Um bessere Bonitätsurteile zu ermöglichen, setzen einige Kreditinstitute seit ein paar Jahren mathematisch-statistische Verfahren im Rahmen der Jahresabschlussanalyse ein. Dadurch werden insbesondere folgende Ziele angestrebt:

- Objektivierung der aus Jahresabschlüssen gewonnen Bonitätsaussagen,
- Rationalisierung der Kreditsachbearbeitung,
- Risikoverringerung und Risikostreuung des Kreditgeschäftes.

Es hat sich herausgestellt, dass für die Gewinnung von Frühwarninformationen die Jahresabschlussanalyse mit mathematisch-statistischen Verfahren der traditionellen Jahresabschlussanalyse überlegen ist.

Alle angewendeten Methoden der Jahresabschlussanalyse gehen jedoch ausschließlich von einer zahlengestützten Beobachtung eines Kreditnehmers aus. Die Kreditinstitute haben erkannt, dass eine zahlengestützte Beobachtung eines Kreditnehmers nicht mehr ausreicht und bei einem zukunftsorientierten Kreditinformations- und Kreditüberwachungssystem auch eine Beurteilung qualitativer Größen (Rating) verschiedenster Art erforderlich ist.

Durch die Einführung eines Ratingsystems betreiben die Kreditinstitute auch eine neue Art von Risikomanagement im Kreditgeschäft. Hierdurch sollen Hinweise auf spezifische Einzelrisiken sowie Risikokonzentrationen gewonnen werden. Die Anwendung von Ratingsystemen erfolgt sowohl im Rahmen der laufenden Prüfung und Überwachung von Kreditnehmern wie auch bei Entscheidungen über Kreditanträge von Neukunden.

Rating wird dabei als Verdichtung der vielfältigen Aspekte der Bonitätsbeurteilung anlässlich einer Kreditentscheidung in einer ziffernmäßigen Bewertung ohne Berücksichtigung von Sicherheiten verstanden. Das Ratingsystem soll nicht die Kreditbearbeitung ersetzen. Dieses System wird vielmehr als Folgeschritt aus der Kreditbearbeitung angesehen, die im Ratingergebnis zusammengefasst wird.

Das Ratingkonzept ist damit kein isoliertes Kreditentscheidungssystem. Es zielt auf eine Dokumentation und Zusammenfassung der Beurteilung durch Vorgabe ausgewählter Bonitätskriterien in Verbindung mit Klassifizierungshinweisen. Die erforderliche Flexibilität für eine einzelfallbezogene Betrachtung wird dabei in der Regel durch die mögliche Aufnahme von Sonderfaktoren gewahrt. Der zeitliche Rahmen für die Bonitätseinschätzung liegt bei einem Zeitraum von zwölf Monaten. Dies soll eine regelmäßig, einmal jährlich durchzuführende Aktualisierung des Ratings sicherstellen. Innerhalb des Zeitraums ist eine Modifizierung des Ratings dann erforderlich, wenn gravierende Veränderungen bekannt werden.

Gerade Unternehmen aus dem Mittelstand sind vielfach zu einem nicht unerheblichen Anteil durch Kreditinstitute fremdfinanziert. Die Gründe hierfür liegen darin, dass die kleinen und mittleren Firmen in der Regel keinen direkten Zugang zum Kapitalmarkt haben. Mit steigender Kreditfinanzierungsquote durch die Banken partizipieren die finanzierenden Institute zunehmend auch am unternehmerischen Risiko der Unternehmen. Besonders in wirtschaftlichen schwierigen Zeiten wird eine zukunftsorientierte Kreditwürdigkeitsprüfung für die Banken daher immer wichtiger.

Die heute von den Kreditinstitutionen verwendeten Ratingsysteme sehen insbesondere folgende Kriterien der Bonitätsbeurteilung von Kreditnehmern vor:

- Ertragskraft,
- Kapital-/Finanzstruktur,
- Branchenentwicklung,
- Wettbewerbsposition,
- Produkte/Dienstleistungen,
- Strategie/Ziele,
- Umweltrisiken,
- Produkthaftung,
- Reaktionsmöglichkeiten auf Umsatzrückgänge,
- Qualität des Managements,
- Qualität der Unternehmensprognosen und Unternehmensplanung,
- Kontoführung,
- Informationsverhalten gegenüber dem Kreditinstitut,
- Kontrollinstrumente im Unternehmen.

Die Kreditexperten sind angewiesen, sich ein Urteil über jede einzelne Determinante zu machen. Die nachfolgenden Übersichten geben Auskunft, welche Punkte die Hauptkriterien üblicherweise bestimmen:

- **Determinanten des Faktors „Management":**
  technische und kaufmännische Qualifikation,
  Nachvollziehbarkeit der Unternehmenskonzeption,
  Kooperationsbereitschaft mit der Bank,
  Managementstruktur.

- **Determinanten des Faktors „Markt/Branche":**
  Kenntnisstand über den Markt,
  Kenntnisstand über wesentliche Wettbewerber,
  Kenntnisstand über Kunden,
  Grad der Konjunkturabhängigkeit,
  Wettbewerbsintensität,
  Abnehmer- bzw. Lieferantenstreuung,
  mittel und langfristige Branchenaussichten.

- **Determinanten des Faktors „Produkte/Dienstleistungen":**
  Wettbewerbsfähigkeit des Leistungsprogramms (heute und künftig),
  Preis/Leistung,
  Differenzierung zum Wettbewerb,
  Qualität,
  Bekanntheitsgrad/Image.

- **Determinanten des Faktors „Kundenbeziehung/Kontoführung":**
  Informationsverhalten gegenüber der Bank,
  einwandfreie Kontoführung.

- **Determinanten der Faktoren „Jahresabschluss" und „Unternehmensentwicklung":**
  Kennzahlen der Jahresabschlussanalyse,
  Umsatz-/Betriebsleistungsentwicklung,
  Entwicklung seit letzter Bilanzvorlage,
  Auftragslage.

- **Determinanten des Faktors „Technische Ausstattung":**
  Stand der Technik bei Produktionsanlagen und Produktionsverfahren,
  Ersatzinvestitionen, Rationalisierungsinvestitionen, Erweiterungsinvestitionen.

Zur Bewertung der oben dargestellten Faktoren gibt es bei den Banken verschiedene Ansätze. Die einen orientieren sich am Schulnotensystem und bewerten jeden Faktor mit einer Note. Eine Gesamtaussage über die Bonität ergibt sich dann aus dem arithmetischen Mittel der Einzelbenotungen. Andere Ratingmodelle bewerten nicht nach dem Schulnotensystem, sondern orientieren sich an Scoringsystemen. Dazu vergeben sie pro Kriterium abgestufte Wertungspunkte, die später aufsummiert werden und eine Gesamtpunktzahl ergeben. Für die Bonitätseinstufung sind dann Intervalle fixiert, denen das jeweilige Ergebnis zugeordnet werden kann.

Für mittelständische Unternehmen empfiehlt es sich, diese Prüfungskriterien der Banken im Vorfeld zu antizipieren und sich entsprechend auf das Finanzierungsgespräch vorzubereiten. Das im folgenden dargestellte System gibt konstruktive Hinweise, eine Unternehmung zu analysieren und zeigt methodische Ansätze zur Problemlösung auf. Im Zuge dieser „Systematik" werden eine ganze Reihe prüfungsrelevanter Kriterien der Banken behandelt. Für den mittelständischen Unternehmer sollte es daher kein Problem mehr sein, den Firmenkundenbetreuer im Finanzierungsgespräch zu überzeugen. Das Ratingsystem ist nicht nur aus Bankensicht notwendig, sondern jedes Unternehmen sollte mit Hilfe eines Frühwarnsystems wissen, wo es steht.

Zukunftsorientierung bedeutet, die Notwendigkeit zur Installation eines strategischen Frühaufklärungssystems zu erkennen. Strategische Frühaufklärung verlangt nach einer systematischen Überwachung des für das Unternehmen relevanten Umfeldes und eine bewusste Einbeziehung der Ergebnisse bei Entscheidungen der Unternehmensführung. Je frühzeitiger Entwicklungen erkannt, richtig bewertet und bei unternehmerischen Entscheidungen berücksichtigt werden, um so größer sind die alternativen Handlungsmöglichkeiten und Spielräume. In diesem Zusammenhang ist der Faktor „Zeit" von erheblicher Bedeutung.

> **Mangelnde Aufmerksamkeit und Analyse bei Veränderung**
>
> - des allgemeinen und speziellen Wissens,
> - des relevanten Umfeldes,
> - der internen Verhältnisse
>
> können die Existenz eines Unternehmens gefährden.

Bei Unternehmen, denen eine dauerhafte Existenz wichtig ist, muss das kurzfristige Gewinnziel von dem Ziel der Sicherung der (Über-)Lebensfähigkeit des Unternehmens überlagert werden. Mit diesem Ziel der Sicherung der (Über-)Lebensfähigkeit ist das kurzfristige Gewinnziel in Einklang zu bringen.

Auf der Basis eines Ratingsystems kann jedes Unternehmen feststellen, wo es derzeit steht und welche Chancen und Risiken die Zukunft bringt.

Das Ratingmodell für die Analyse Ihrer Firma

Das vorgestellte Ratingmodell beurteilt die Firma in den folgenden vier Bereichen mit den Determinanten:

1. Finanzstärke

1. Kapitalkraft
2. finanzielle Leistungsfähigkeit
3. Rendite
4. Verschuldung
5. Liquidität

2. Marktstärke

1. Branchenattraktivität
2. Produkt-/Dienstleistungsattraktivität
3. Problemlösungen
4. Stellenwert der Kundenorientierung
5. Innovation

3. Erfolgsfaktorenstärke

1. Führung
2. Mitarbeiter
3. Strategie
4. Ziel-/Kontrollsystem
5. Organisation/Informationstechnologie

4. Sicherheitenstärke

1. Investitionsrisiko
2. Stand der Technologie

© Kurt Nagel „Systeme für den Erfolg"

3. Informationsverhalten zur Bank
4. Sicherheiten
5. Nachfolge

Diese zwanzig Kriterien können Anhaltspunkte für die Beurteilung einer Firma geben. Die individuellen Besonderheiten können bei diesem Modell nicht berücksichtigt werden. Sie sind häufig ausschlaggebend und bedürfen daher einer besonderen Würdigung. Es ist daher sinnvoll, bei diesem Expertensystem auf dem beigefügten Blatt die Spezifitäten des Unternehmens und die daraus resultierenden Chancen bzw. Risiken zu notieren.

Der Wert dieses Ratingsystems hängt in erster Linie von der Ehrlichkeit der Einordnung ab. Es ist wichtig, die Einstufung der Daten mit den Verantwortlichen der Firma vorzunehmen. Im Zweifelsfall sollten Ratgeber (z. B. Steuerberater, Firmenkundenbetreuer usw.) mit herangezogen werden.

Unsere Besonderheiten

1.
2.
3.
4.

Daraus resultieren:

die Chancen	die Risiken

Das werden wir tun:

1.
2.

© Kurt Nagel „Systeme für den Erfolg"

Hinweise zur Einordnung der Daten in das Ratingsystem

- **Finanzstärke:**
  Für die Ermittlung der ersten vier Kennzahlen sind die Bilanz- und GuV-Daten heranzuziehen.

- **Marktstärke:**
  Hier sind die Kriterien des Marktes bezüglich der richtigen Einordnung relevant.

- **Erfolgsfaktorenstärke:**
  Es gilt hier, die Erfolgsfaktoren vor dem Hintergrund des Unternehmens zu bewerten.

- **Sicherheitenstärke:**
  Die Kriterien sind bezüglich den Spezifika des Unternehmens zu interpretieren.

Die Anwendung des Ratingsystems

Die folgenden vier Übersichten bilden die Basis für die Bewertung des Unternehmens. Die zutreffende Einordnung ist zu kennzeichnen. Das zugrunde liegende Computersystem erstellt das Auswertungstableau, die Auswertungsgrafik und die Auswertungsanalyse. Das Gutachten enthält daneben für jedes Kriterium eine kurze verbale Bewertung.

Anwendungsbeispiel:
Zum besseren Verständnis wurden die vier Eingabeübersichten mit Bewertungszahlen versehen. Das nachfolgende Auswertungstableau greift auf diese Bewertungszahlen zurück. Die Auswertungsgrafik „Fadenkreuz" und die Auswertungsanalyse „Fieberkurve" stellen das Ergebnis dieser Bewertung dar (vgl. Seiten 284 und 285).

I. Finanzstärke

Ausprägungsphase Kriterien	Phase I Wert 1	Phase II Wert 2	Phase III Wert 3	Phase VI Wert 4	Phase V Wert 5
Kapitalkraft **Eigenkapital-Quote** EK : GK Wert der Ausprägung: **4**	Negativ	> 0% < 10%	> 10% < 20%	> 20% < 30%	> 30%
Finanzielle Leistungsfähigkeit **Cash-flow in % der Betriebsleistung** CF : BL Wert der Ausprägung: **3**	Negativ	> 0% < 5%	> 5% < 8%	> 8% < 10%	> 10%
Rendite **Gesamtkapitalrentabilität** (BE+FKZ) : GK Wert der Ausprägung: **2**	Negativ	> 0% < 8%	> 8% < 12%	> 12% < 15%	> 15%
Verschuldung **Schuldtilgung in Jahren** (FK-FLM) : CF Wert der Ausprägung: **4**	> 30 Jahre	< 30 Jahre > 12 Jahre	< 12 Jahre > 5 Jahre	< 5 Jahre > 3 Jahre	< 3 Jahre
Liquidität Wert der Ausprägung: **3**	Chronische Probleme	Hohe Anspannung	Gelegentliche Engpässe	Gut lösbar	Keine Probleme

© Kurt Nagel „Systeme für den Erfolg"

110900w

II. Marktstärke

Ausprägungsphase / Kriterien	Phase I Wert 1	Phase II Wert 2	Phase III Wert 3	Phase IV Wert 4	Phase V Wert 5
Branchenattraktivität	Sehr bescheiden (auslaufend, absterbend)	Niedrig (Do-it-yourself)	Durchschnittlich (wird auf Grund von Bestimmungen benötigt)	Überdurchschnittlich (Innovationen auf Grund neuer Technologien)	Äußerst positiv (der Markt „boomt")
Wert der Ausprägung: 3	Keine Marktchancen, in der Zukunft schwach	Niedrige Marktchancen	Mitläufer Träge Marktchancen	Gute Markt-Chancen	Sehr gute Marktchancen Neue Märkte mit langfristiger Zukunft
Produkt-/Dienstleistungsattraktivität	Qualität austauschbar	Nachteile sind gegeben, solide Qualität, aber kein Bekanntheitsgrad	Durchschnittlich Etablierung im Markt	Gute Chancen Differenzierung von Mitbewerbern	Sehr gut Spitzenprodukte und Spitzen-Dienstleistungen
Wert der Ausprägung: 2	Eignet sich nur zur Bedarfsbefriedigung			Mehrwert wird erkennbar	Originäre Alleinstellungsmerkmale
Problemlösungen	Bieten wir nicht an	Erkenntnis: „Wir sollten etwas tun."	Durchschnittlich Erste Ansätze für einzelne Zielgruppen (Kunden-Zielgr.-Segmentierung) Probleme der Kunden werden ermittelt	Lösungen für alle Zielgruppen werden angeboten	Beste, individuelle Lösungen mit allen Beteiligten
Wert der Ausprägung: 3	Rein produzierende Verrichtung nach Vorgabe	Bedeutung wird erkannt			Langfristige strategische Wettbewerbsvorteile
Stellenwert der Kundenorientierung	Kunde ist Geschäftsvorfall Abarbeitung	Ermittlung der Bedürfnisse, Standardisierte Unterstützung	Orientierung an Markt- und Kundensegmenten Individuelle Unterstützung Mehrwert wird erkennbar	Aktive Produkt- und Dienstleistungsstrategie Kunde wird zum Partner Nutzen ist konkret gegeben	Optimierung aller Anforderungen Abstimmung der Strategie auf langfristige Partnerschaft (Gewinner-Gewinner-Spiel)
Wert der Ausprägung: 2					
Innovationen	Imitation	Erkenntnis: „Stellenwert der Innovation nimmt zu"	Durchschnittlich Es bestehen generelle Ansätze Erste Gehversuche mit eigenen Innovationen	Gute Ideen Innovationen für jede Zielgruppe Lernen von den Besten (Benchmarking)	Innovationsführer Attraktive Innovationen mit hoher Kundenbindung
Wert der Ausprägung: 3	Innovationen sind mangelhaft ausgeprägt oder unbekannt	Bedeutung wird erkannt			

© Kurt Nagel „Systeme für den Erfolg"

III. Erfolgsfaktorenstärke

Kriterien \ Ausprägungsphase	Phase I Wert 1	Phase II Wert 2	Phase III Wert 3	Phase VI Wert 4	Phase V Wert 5
Führung	Autoritäre/ patriachalische Führung	Geringe Einbindung der Mitarbeiter	Einbindung der Mitarbeiter	Führung folgt der Strategie	Führungssystem gewährleistet Umsetzung der Strategie
Wert der Ausprägung: 2	Starre Strukturen	Verstärkte Delegation	Kooperatives Führungsverhalten	Führungsgrundsätze und -methoden	
Mitarbeiter	Keine Identifikation	Vorgesetzter-Mitarbeiter-Verhältnis bestimmt Engagement	Ehrliche Leistungsbereitschaft Schriftlich fixierte Mitarbeiterziele	Klare Ziele ermöglichen Identifikation Priorisierung von Firmeninteresse vor Privatinteressen	Höchste Identifikation
Wert der Ausprägung: 3	Aufgabenerfüllung nach Stellenbeschreibung		Teamgeist		Mitarbeiter ist Mitunternehmer
Strategie	Zum Teil angedacht	Erste Grundsätze sind fixiert	Teilweise formale Umsetzung	Geschäftsgrundsätze	Grundsätze werden gelebt
Wert der Ausprägung: 1	Notwendigkeit wird erkannt	Kurzfristige Ausrichtung	Mittelfristige strategiesche Ansätze	Längerfristige Strategien	Aufeinander abgestimmte marktorientierte Strategien
Ziel-/ Kontrollsystem	Daumenregel Kontrolle über Buchhaltung	Generelle Jahresumsatzziele Einzelne Kontrollpunkte	Zielsetzungen für Bereiche, Abteilungen etc. Kontrollsystem	Organisationsübergreifende Ziele Frühwarnsystem	Flexibles Zielsystem Effizientes, vorbeugendes Kontrollsystem
Wert der Ausprägung: 1					
Organisation/ Informationstechnologie (IT)	Chaotische Verhältnisse Hoher Improvisationsgrad Einzelne klassische Anwendungen Unterstützende Funktionen	Streben nach Verbesserungen - Betroffene wirken gelegentlich mit. Integration der klassischen Anwendungen Kostenvorteile	Konzentration auf optimale Abläufe Beseitigung der Schwachstellen logistische Anwendungen Produktivitätsvorteile	Zunahme der Prozessorganisation – effiziente Arbeitsprozesse Vertriebs-, Entwicklungs- und Planungsanwendungen Wettbewerbsvorteile	Innovative Organisation. Starke Kunden- und Marktorientierung. „Strategische Waffe"
Wert der Ausprägung: 2					

© Kurt Nagel „Systeme für den Erfolg"

IV. Sicherheitenstärken

Ausprägungs-phase Kriterien	Phase I Wert 1	Phase II Wert 2	Phase III Wert 3	Phase VI Wert 4	Phase V Wert 5
Investitionsrisiko Wert der Ausprägung: 3	Amortisation > 60 Monate	Amortisation < 60 Monate > 45 Monate	Amortisation < 45 Monate > 30 Monate	Amortisation < 30 Monate > 15 Monate	Amortisation < 15 Monate
Stand der Technologie Wert der Ausprägung: 3	Dringend erneuerungsbedürftig	Erneuerungsbedürftig	Durchschnittlich	Guter Stand	Neueste Technologie
Informations-Verhalten gegenüber der Bank Wert der Ausprägung 3	Verschlossen, äußerst restriktiv	Zurückhaltend	Wir kommunizieren durchschnittlich	Aktives Informationsverhalten	Wir sind vorbildlich
Sicherheiten Wert der Ausprägung: 2	Keine	Begrenzte Sicherheiten	Angemessene Sicherheiten	Gute Sicherheiten	Beste Sicherheiten
Nachfolge Wert der Ausprägung: 2	„Wird sich schon regeln!" Zufallsprinzip	Erste Überlegungen: * personeller Art * rechtliche Belange * Zeitpunkt	Einbindung der Betroffenen, gezielte Vorbereitung des Nacholfgers/der Nachfolgerin	Planmässiges Vorgehen, detaillierte Absprachen über die einzelnen Übergabeschritte	Bestmögliche Vorsorge im Sinne einer langfristigen Unternehmensstrategie

© Kurt Nagel „Systeme für den Erfolg"

Auswertungstableau

	gleiche Gewichtung Wert	Präferenz der Finanzen und Sicherheiten Gewichtung		Präferenz des Marktes und der Erfolgsfaktoren Gewichtung	
I. Finanzstärke					
1. Kapitalkraft	4	130%	5,2	70%	2,8
2. Finanzielle Leitungsfähigkeit	3	130%	3,9	70%	2,1
3. Rendite	2	130%	2,6	70%	1,4
4. Verschuldung	4	130%	5,2	70%	2,8
5. Liquidität	3	130%	3,9	70%	2,1
Summe:	16		20,8		11,2
Durchschnitt:	**3,2**		**4,16**		**2,24**
II. Marktstärke					
1. Branchenattraktivität	3	70%	2,1	130%	3,9
2. Produkt-/Dienstleistungsattraktivität	2	70%	1,4	130%	2,6
3. Problemlösungen	3	70%	2,1	130%	3,9
4. Stellenwert der Kundenorientierung	2	70%	1,4	130%	2,6
5. Innovationen	3	70%	2,1	130%	3,9
Summe:	13		9,1		16,9
Durchschnitt:	**2,6**		**1,82**		**3,38**
III. Erfolgsfaktorenstärke					
1. Führung	2	70%	1,4	130%	2,6
2. Mitarbeiter	3	70%	2,1	130%	3,9
3. Strategie	1	70%	0,7	130%	1,3
4. Ziel-/Kontrollsystem	1	70%	0,7	130%	1,3
5. Organisation/IT	2	70%	1,4	130%	2,6
Summe:	9		6,3		11,7
Durchschnitt:	**1,8**		**1,26**		**2,34**
IV. Sicherheitenstärke					
1. Investitionsrisiko	3	130%	3,9	70%	2,1
2. Stand der Technologie	3	130%	3,9	70%	2,1
3. Informationsverhalten zur Bank	3	130%	3,9	70%	2,1
4. Sicherheiten	2	130%	2,6	70%	1,4
5. Nachfolge	2	130%	2,6	70%	1,4
Summe:	13		16,9		9,1
Durchschnitt:	**2,6**		**3,38**		**1,82**

© Kurt Nagel „Systeme für den Erfolg"

110900w

Auswertungsgrafik „Fadenkreuz"

	Bei Gleicher Gewichtung	Präferenz bei Gewichtung Finanzen + Sicherheiten	Präferenz bei Gewichtung Markt + Erfolgsfaktoren	Optimum
Finanzen	3,2	4,16	2,24	5
Markt	2,6	1,82	3,38	5
Erfolgsfaktoren	1,8	1,26	2,34	5
Sicherheiten	2,6	3,38	1,82	5

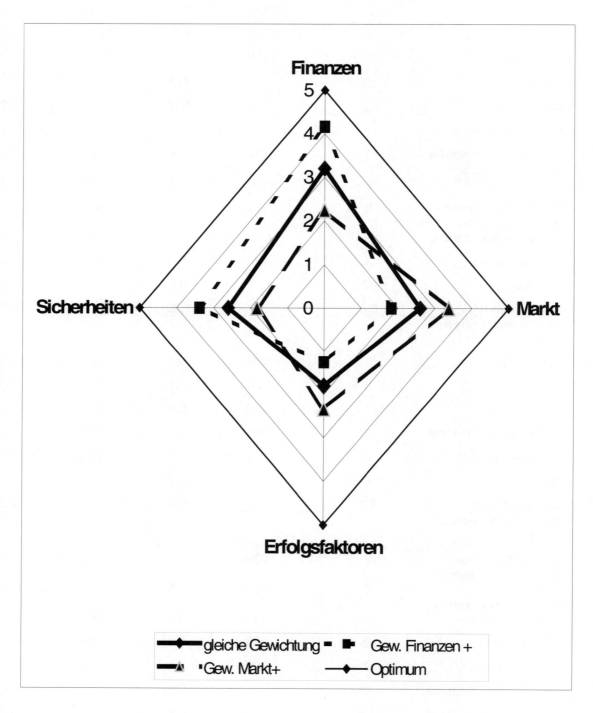

© Kurt Nagel „Systeme für den Erfolg"

Auswertungsanalyse „Fieberkurve"

	Gleiche Gewichtung Wert	1	2	3	4	5
I. Finanzstärke						
1. Kapitalkraft	4				x	
2. Finanzielle Leistungsfähigkeit	3			x		
3. Rendite	2		x			
4. Verschuldung	4				x	
5. Liquidität	2		x			
Summe:	16					
Durchschnitt:	3,2			⊗		
II. Marktstärke						
1. Branchenattraktivität	3			x		
2. Produkt-/DL-Attraktivität	2		x			
3. Problemlösungen	3			x		
4. Stellenwert der Kundenorientierung	2		x			
5. Innovationen	3			x		
Summe:	13					
Durchschnitt:	2,6			⊗		
III. Erfolgsfaktorenstärke						
1. Führung	2		x			
2. Mitarbeiter	3			x		
3. Strategie	1	x				
4. Ziel-/Kontrollsystem	1	x				
5. Organisation/IT	2		x			
Summe:	9					
Durchschnitt:	1,8		⊗			
IV. Sicherheitenstärke						
1. Investitionsrisiko	3			x		
2. Stand der Technologie	3			x		
3. Informationsverhalten zur Bank	3			x		
4. Sicherheiten	2		x			
5. Nachfolge	2		x			
Summe:	13					
Durchschnitt:	2,6			⊗		

Kommentare:

© Kurt Nagel „Systeme für den Erfolg"

Die Folgerungen der Standortbewertung:

Die Bewertung kann auf der Basis der folgenden Auswertungen/Kommentierungen vorgenommen werden:

1. vier Einzeldarstellungen,
2. zusammenfassende Übersicht,
3. graphische Darstellung „Fadenkreuz",
4. graphische Darstellung „Fieberkurve",
5. Kurztext- Kommentierung,
6. Analyse „Spezifitäten".

Auf der Basis dieser Auswertungen sind die Maßnahmen in die folgende Aktivitätenliste einzutragen.

Die größten Gefährdungen / Risiken	Aktivitäten	Termin
Zu nutzende Chancen	Aktivitäten	Termin

© Kurt Nagel „Systeme für den Erfolg"

Weiterführende Analysen

Neben diesen Auswertungen können zusätzlich zur Bewertung herangezogen werden:

Im Folgenden werden diese Bewertungsanalysen näher erläutert.

Ergänzende Bewertung der Risiken

Die konkrete Bestimmung einzelner Risiken ist nach dem folgenden Modell differenzierter anzugeben. Es sind hierfür drei Schritte erforderlich:

1. Listen Sie Ihre spezifischen Risiken auf.
2. Versuchen Sie die Wahrscheinlichkeit des Eintritts zu quantifizieren (auf der Skala von 0 – 10; 0 = sehr niedrig; 5 = durchschnittlich; 10 = sehr hoch).
3. Versuchen Sie die Höhe des Verlustes ebenfalls auf einer Skala von 0 – 10 zu quantifizieren.

Beispiel

Risiken	Nr.	Wahrscheinlichkeit	Höhe des Verlustes
Fremdkapitalzinsen steigen	1	6	4
Nachfolgeregelung	2	6	8
Sinkende Margen	3	8	9
Feuer/Gasexplosion	4	2	7
Veränderung der Währungsparitäten	5	9	2

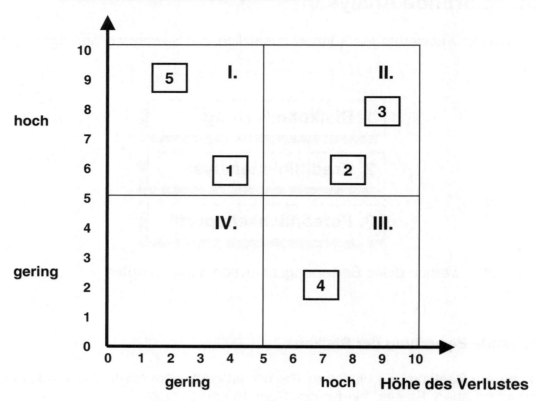

Ableitend aus dieser Matrix sind die einzelnen Maßnahmen zu entwickeln.

Die höchsten Risiken sind im Feld II positioniert, d. h. eine relativ hohe Wahrscheinlichkeit trifft auf einen relativ hohen Verlust. Das dargestellte System kann nach unterschiedlichen Aspekten bewertet und analysiert werden.

Kreditlinienanalyse

	Monat x-1	Monat x	Monat x+1	Monat x+2
Umsätze/ Ist und Soll				
Gesamtkosten				
Über-/Unterdeckung				
Kreditlinie				
Puffer				

Das Polaritätsprofil zur persönlichen Kreditwürdigkeitsprüfung

Kreditinstitute binden verstärkt die Bewertung der Persönlichkeit des Unternehmens in das Ratingsystem mit ein. Die folgenden Ausführungen gehen daher über das Ratingmodell hinaus und können ergänzend zu diesem herangezogen werden.

Besondere Bedeutung kommt der Persönlichkeitsanalyse bei der Finanzierung von Existenzgründern zu, da hier kein objektiv verwertbares Zahlenmaterial vorhanden ist.

Empirische Untersuchungen machen deutlich, dass Kreditexperten folgende Wertungen zur persönlichen Kreditwürdigkeit abgeben:

- 60,8 Prozent sagen, dass sie die persönliche Kreditwürdigkeit für genauso wichtig einschätzen, wie die materielle Kreditwürdigkeit.
- 35,4 Prozent halten die persönliche Kreditwürdigkeit für noch wichtiger als die materielle Kreditwürdigkeit.

Auf der Basis der von der Kreditwirtschaft entwickelten Polaritätsprofile hat gettop in Anlehnung an diese das folgende Polaritätsprofil zur Prüfung der persönlichen Eigenschaften entwickelt.

Versuchen Sie für sich dieses Polaritätsprofil auszufüllen.

	① sehr positiv	② positiv	③ neutral	④ negativ	⑤ sehr negativ	
Ehrlich						Unehrlich
Vertrauenswürdig						Unglaubwürdig
Zuverlässig						Unzuverlässig
Zielorientiert						Ziellos
Kooperativ						Starrsinnig
Innovativ						Ideenarm
Entscheidungsfähig						Entscheidungsunfähig
Agierend						Reagierend
Kontrollierend						Nachlässig
Überzeugend						Unsicher
Wertungen						
Gesamteindruck Note:						

Kommentare:

VIII. Abschließende Empfehlungen

Die dargestellten Methoden und Systeme sollen dazu beitragen, Unternehmensanalysen schnell und punktgenau durchzuführen. Für Mitarbeiter und Führungskräfte ist heute das Wissen um die Methoden sehr wichtig. Mit guten Methoden können die Tatbestände

- objektiviert,
- transparent und
- nachvollziehbar

dargestellt werden.

In der Umsetzung bewirken Methoden eine

- planmäßige,
- strukturierende und
- stringente

Vorgehensweise.

Neben der fachlichen, sozialen und unternehmerische Kompetenz gewinnt die Methodenkompetenz immer mehr an Bedeutung. Diese Entwicklung ist aus unterschiedlichen Quellen zu erfahren: aus Stellungnahmen der Praxis, aus wissenschaftlichen Publikationen und auch aus empirischen Studien.

Sehr eindrucksvoll belegt diesen Trend eine empirische Studie, die von Antoni und Sommerlatte zum Thema „Wie deutsche Firmen ihr Wissen profitabel machen" veröffentlicht wurde. Die Ergebnisse finden sich nachstehend. Die Basis bildet die Frage nach dem für Firmen und Behörden notwendigen Wissen.

Der Begriff „Wissen" wird in der betrieblichen Praxis mit unterschiedlichen Inhalten und Prioritäten gefüllt. Ausgangsbasis für die Inhalte des Wissens eines Unternehmens ist die Frage, welches Wissen für die Erreichung der Ziele des Unternehmens notwendig ist. Ein Beispiel dafür, welche Prioritäten unterschiedliche Wissensinhalte für ausgewählte Unternehmen besitzen, zeigt dieses Ergebnis:

Bedeutung unterschiedlicher Wissensinhalte	
Methodenwissen	78%
Produktwissen	51%
Kundenwissen	41%
Marktwissen	29%
Wissen über Wettbewerber	27%

Bei den Wissensinhalten besitzt das Methodenwissen, d. h. das Wissen um, „wie es gemacht wird?" und „wie man es am besten macht?" zentrale Bedeutung. An zweiter Stelle wird die Bedeutung des Wissens über das Produkt bzw. die Dienstleistung und deren Eigenschaften eingeschätzt. Das Wissen über Kunden, Markt und Wettbewerber steht an dritter Stelle der Prioritätenskala.

Die dargestellten Analysearten, Instrumente und Methoden sollen u. a. dazu beitragen, unternehmerische Erfolgspositionen aufzubauen bzw. zu verbessern, das Klima und den Geist einer Organisation zu fördern und nicht zuletzt den persönlichen Erfolg eines jeden Einzelnen zu generieren. Für die Autoren dieses Werkes ist es enttäuschend, in der Praxis feststellen zu müssen, wie wenig an gesichertem Wissen über Unternehmensanalysen vorhanden ist und wie begrenzt bewährte Techniken und Instrumente eingesetzt werden. Daher wurde dieses Buch mit einer Zusammenfassung wesentlicher Analysemethoden veröffentlicht. Frischen Sie Ihr Methodenwissen auf und nutzen Sie dieses im unternehmerischen und persönlichen Bereich. Gehen Sie bezüglich der Anwendung immer von zwei Fragestellungen aus:

1. Mit welchen Werkzeugen löse ich mein Problem?
2. Wo kann ich diese Werkzeuge am besten einsetzen?

Die dargestellten Werkzeuge und Anwendungsprogramme haben Ihre Bewährungsprobe in der Praxis bestanden. Wir würden uns freuen, wenn es zu einem regen Gedankenaustausch mit den Lesern dieses Buches kommen könnte.

Stichwortverzeichnis

80 zu 20-Regel 158

A

Ablauforganisation 141
Aftersale(s-) 49
  -Services 104
Aktivität(en-), hohe 102
  -plan 99, 250
Alleinstellungsmerkmale 242
Allgemeinarztpraxis 26
Allianzen 50
  -strategische 14f.
Altersstruktur 48
Amortisationsdauer 68f., 74, 192
Analyse(-)
  -ganzheitliche 155, 157, 159
  -bericht 247
  -instrumente 184
  -workshop 151
Antoni 293
A-Priorität 56
Arbeits-
  -belastung 141
  -blatt Kundenanalyse 31
    -- Wettbewerbsanalyse 27
  -umfeld 176
  -zeiten, flexible 176, 244
  -zeitregelung 140
Aufstiegschancen 140
Auftragslage 275
Aufwand, zeitlicher 159
Ausbildungsmaßnahmen 136
Automobilbranche 25

B

Banken-
  -regel 195
    -- Goldene 209, 213
  -vorschriften 271
Basler Ausschuss für Bankenaufsicht 272
Bearbeitung 122f.
Bedrohung 55, 180
Beeinflussbarkeit 176
Beraterwerkstatt 170, 174
Beratung(s-) 113, 122f.
  -ansatz 232
  -hilfe 249ff.
  -methode 231
Beschaffung 63
Betreuung(s-) 113, 122f.
  -konzept 49

Betriebs-
  -diagnose 257, 267ff.
  -klima 140
  -leistungsentwicklung 275
  -vergleich 195
Bewertungsanalyse 287
Beziehung 122f.
Bilanz-
  -analyse 195
    -- strategische 186
  -struktur 200
Bindung 122f.
Bonitäts-
  -aussagen 273
  -urteile 273
B-Priorität 56
Branchen-
  -aussichten, langfristige 274
  -erfolgsfaktoren 89
  -fitness 253
Break-even-point 195
Bruttoumsatz 217
Bundesaufsichtsamt für das Kreditwesen 271

C

Cash-Flow 223ff.
Clusteranalyse 121
Coach 150
  -externer 132, 136
  -interner 136
Corporate-Identity 145
C-Priorität 56

D

Daten(-)
  -aus der Buchhaltung 197
  -im Unternehmen 197
  -zu den kalkulatorischen Kosten 197
  -zur Unternehmensstruktur 197
  -erfassung 197
  -verknüpfung 201
Deckungsbeitrag 206, 213
Diagnose(-) 265
  -bausteine 266
Dienstleistungen 262
  -Analyse der 182
Dienstleistungsportfolio 35
Dokumentation der Analyseergebnisse 162
Dringlichkeit 54

E

Eigenkapitalquote 65, 223, 273
Einkommen, höheres 176
Engagement
  -persönliches 104
  -unternehmerisches 104
Entgeltsysteme, flexible 244
Entscheidungs-
  -befugnis 176
  -findung 246
  -prozesse 82
Entwicklungsphasen 256
Erfolg, die vier P für den 10
Erfolgsfaktoren(-)
  -generelle 89f.
  -spezifische 89
  -analyse 163, 165, 177
  -plan 99
  -stärke 281
Erfolgs-
  -kontrolle 162
  -rechnung, betriebswirtschaftliche 200
Erfüllung der Erwartungen 108
Ergebnisse 258
Erlösschmälerung 218
Erscheinungsbild 241
  -bestes 238
Erwartungen des Kunden 108
Expectation 108

F

Fachkompetenz 132, 136, 137
„Fadenkreuz" 284
Fehlentscheidung 17
Fehlzeitenstatistiken 158
Fertigungs-
  -struktur 199
  -unternehmen 96
„Fieberkurve" 285
Finanz-
  -analyse 163, 168f., 184
  -fitness 253
  -stärke 279
Finanzierung 210, 223ff.
Fitnesstest für Ihr Unternehmen 252
Flexibilität 9
Fragebögen 119
Fremdbild(-) 126, 132, 136
  -ansatz 23
Führungs-
  -fähigkeiten 141
  -kräfte 260
  -stil 126, 130f., 141
    -- des Vorgesetzten 129

G

Gefühlsentscheidungen 192
Gehälter 200
Gemeinkosten 221
Grillparzer, Franz 17
Grundeinstellung, positive 238
Grundhaltung 132, 136f.
Grundsätze 257

I

Image 275
Informations-
  -grad, hoher 76
  -systeme, effiziente 238
Infrastruktur 114
Innovation(s-) 9
  -Analyse der 183
  -fähigkeit 113
Innovatoren 47
INSZENARIO 150
Interview 119
Investitionsrahmen 208

J

Jahresabschlussanalyse 275

K

Kapitaladäquanzrichtlinie 272
Kartenabfrage 174
Kennzahlenanalyse 185
Kompetenzen 55
Konkurrenz, Verhältnis zur 117
Kontoführung 275
KonTraG 272
Kontrollvorschriften, interne 71
Kooperation 14, 50
Kosten(-)
  -kalkulatorische 199
  -analyse 168f., 184
  -ersparnisse 75
  -rechnung 195
  -steigerungen 75
Kralicek 66
Kredit-
  -geschäft 273
  -linienanalyse 289
  -sachbearbeitung 273
  -wesengesetz (§ 18 KWG) 271
  -würdigkeitsprüfung 290
Kunden-
  -analyse 30
    -- Arbeitsblatt 31

-betreuung 123
-erwartungen 48
-gruppen 116
  -- Analyse der 181
-meinungen 179
-orientierung 70, 102, 245, 263
  -- beste 238
-zufriedenheit(s-) 104, 106ff.
  -- Erhebung der 119
  -- Messung der 110, 113, 121
--portfolio 107

L

Lagerhaltung 63
Leanversion 212
Leibinger, Berthold 45
Leistungs-
  -kennzahlen 207
  -programm 275
Lernorganisation 236
Liquidität 195, 210, 223ff., 273
Logistik 259
Lösungsmatrix 176

M

Makrobetrachtungen 195
Marketing
  -aktives 238
  -allianzen 14
Markt-
  -analyse 166f.
  -stärke 280
Maßnahmenkatalog 162
Materialaufwand 219
Megatrends 53
Mehrwert(-)
  -allgemeiner 36
  -argumente
    -- allgemeine 41
    -- generelle 39
Merkmale, qualitative 37, 44
„Metaplantechnik" 174
Methodenkompetenz 293
Miete, kalkulatorische 200
Mikrobetrachtungen 195
Mitarbeiter(-) 261
  -kompetente 114
  -motivierte 114
  -befragung 244
  -potenzial 244
Mitbewerber(-) 22
  -Analyse der 181
  -analyse 28
Mitsprachemöglichkeiten 141
Mittellohn 200

Mitunternehmer 244
Mitverantwortung 50

N

Netzwerke, strategische 13
Nullstellung 225
Nutzen-
  -argumente 37
    -- generelle 39
    -- spezifische 41
    -- zielgruppenspezifische 40
  -kategorie 75f., 78
  -Risiko-Tabelle 80
  -vermittlung 38

O

Objektivierung 82
  -von Gefühlsentscheidungen 85
Onlineberatung 233
Organisation 243, 259
  -flexible 238
  -lernende 234
Orientierung, strategische 29

P

P, die vier des Qualitätssystems 145
P, die vier für den Erfolg 10
Pareto, Vilfredo 157
Pareto-Regel 157
Partnerschaften 12
Passivität, geringe 102
Perception 108
Personal-
  -aufwand 220
  -wesen 62
PERTAN 150
Philosophie 145
Polaritätsprofil 290
Politik 145
Portfolio(-)
  -Projektmanagement 73
  -faktoren, Ermittlung der 34
  -matrix 33
Preis/Leistung 113
Presale 49
Priorisierung der Aktivitäten 163, 189
Prioritäten(-) 56
  -analyse 152
Privateinnahmen 200
Problemanalyse 152, 163f.
Problemlösung 12, 172
Produkte 262
  -Analyse der 182

-austauschbare 47
Produkt-
　-gruppen 116
　-imitator 11
　-lebenszyklus 32, 103
　-portfolio 35
Projektpriorisierung 72
Prozessoptimierung 12

Q

QM-(Qualitätsmanagement-)Bereich 144
Qualifikation
　-kaufmännische 274
　-technische 274
Qualität(s-)
　-der Produkte 113
　-des Services 113
　-philosophie 146, 148
　-politik 146, 148
　-praxis 147, 149
　-prozeduren 147, 149
　-systems, die vier P des 145
Quick-Check-ups, ganzheitliche 20
Quicktest 185, 209, 214

R

Ratgeber 171, 174
Rating-
　-modell 276
　-system(s) 278, 271, 273f.
　　-- Anwendung des 278
Ratnehmer 170, 174
Reaktionsgeschwindigkeit 70
Realisierungschance 78
Rechnungswesen 61
Rechtsvorschriften, externe 71
Renommee 140
Rentabilität 69, 74, 192, 195, 210, 223ff.,
　273
Ressourcen, knappe 75
Return on Investment (ROI) 213, 208
Revisionsvorschriften, interne 71
Risiken 103, 287
Risikoverringerung 273
Rivalität 180
ROI 195, 208

S

Schlüsselpersonenfitness 253
Schnelligkeit 9
Schuldentilgungsdauer 65, 223
Schwachstellen(-) 255
　-analyse 234

　-Quicktest 235
Selbst-
　-analyse 152
　-bild 126, 132, 136
　　--ansatz 23
Service
　-persönlicher 105
　-unternehmerischer 105
Sicherheitenstärke 282
Simulationen 222
Simulationsmodell 215
Sommerlatte 293
Sozialleistungen 140
Speditionsbranche 97
Standard-
　-aufteilung 78
　-produkte 11
Standort-
　-bestimmung 16
　　-- Führungssystem 93
　　-- Informationssystem 92
　　-- Kundennähe 93
　　-- Mitarbeiter 92
　　-- Organisation 91
　　-- Strategie 91
　-bewertung 286
Stärken 55
Strategie(-) 257
　-analyse 152
Strategischen Ausrichtung, Analyse der
　182
Stunden, produktive 201
Stundenkostensatz 206, 212
SUBER 2 160, 179
Synergienutzung 174
Systematisierung 82

T

Tätigkeitsstruktur 199
Teamkonflikte 141
Teams 160
Thomas von Aquin 17
Trend(s)(-) 53
　-analyse 57
Trumpf 45

U

Umfeld(-) 52, 264
　-analyse 152
　-fitness 253
Umsatzentwicklung 275
Unternehmens-
　-analyse, Überblick 19
　-analyse, Ziele der 18
　-berater 155

-konzeption 274
-ziele 242
Unternehmer 260
Unternehmerlohn, kalkulatorischer 199

V

Verbesserungsvorschläge 191
Vernetzung(s-) 163
  -der Aktivitäten 189
  -der Erfolgsfaktoren 101
  -matrix 101f.
„Verschwendungssucht" 189
Vertrieb 63
Vorschriften, gesetzliche 271

W

Wachstumsstrategie 85
Weiterbildungs-
  -maßnahmen 136
  -möglichkeiten 140
Wertschöpfung(s-) 212f.
  -interne 187f., 216, 229
-betrag 217ff.
Wettbewerbs-
  -analyse 25
    -- Arbeitsblatt 27
  -intensität 274
  -kräfte 180
  -position 23
  -vorteile 11, 13, 15, 104
Wissensinhalte 293

Z

Zeitersparnis 76
Ziel(e) 258
  -gruppen 116, 242
    --orientierung 49
Zinsen, kalkulatorische 199
Zufriedenheit des Kunden 103
Zukunfts-
  -annahmen 53
  -modell 46
Zusammenarbeit 141
Zusatznutzen 114
Zuschlagsätze 200

© Kurt Nagel „Systeme für den Erfolg"